国际氢能技术与产业发展研究报告

2023

Research Report on International Hydrogen Technology and Industrial Development

中国产业发展促进会氢能分会 著

中国经济出版社
CHINA ECONOMIC PUBLISHING HOUSE
·北 京·

图书在版编目（CIP）数据

国际氢能技术与产业发展研究报告．2023 / 中国产业发展促进会氢能分会著．-- 北京：中国经济出版社，2023.9

ISBN 978 - 7 - 5136 - 7442 - 3

Ⅰ．①国… Ⅱ．①中… Ⅲ．①氢能 - 能源发展 - 产业发展 - 研究 - 世界 - 2023 Ⅳ．① F416.61

中国国家版本馆 CIP 数据核字（2023）第 171912 号

责任编辑　姜　静　王西琨
助理编辑　王洪聪
营销编辑　汪银芳
责任印制　马小宾
封面设计　任燕飞装帧设计

出版发行　中国经济出版社
印 刷 者　北京富泰印刷有限责任公司
经 销 者　各地新华书店
开　　本　710mm × 1000mm　1/16
插页印张　0.25
印　　张　17.75
字　　数　246 千字
版　　次　2023 年 9 月第 1 版
印　　次　2023 年 9 月第 1 次
定　　价　298.00 元
广告经营许可证　京西工商广字第 8179 号

中国经济出版社　网址 www. economyph. com　社址 北京市东城区安定门外大街 58 号　邮编 100011
本版图书如存在印装质量问题，请与本社销售中心联系调换（联系电话：010–57512564）

《国际氢能技术与产业发展研究报告 2023》
编 委 会

序言一

习近平总书记在党的二十大报告中提出，“积极稳妥推进碳达峰碳中和”，强调“加快规划建设新型能源体系”。党中央为实现碳达峰、碳中和目标而作出的一系列部署，表明了中国走绿色低碳高质量发展道路的坚定决心，彰显了中国主动履行应对气候变化国际责任、推动构建人类命运共同体的大国担当，展现了中国致力于推动人类从工业文明迈向生态文明的时代理念。

当前，新一轮绿色工业革命的大幕正徐徐拉开，在碳达峰、碳中和目标的引领下，认真落实“四个革命、一个合作”能源安全新战略成为能源工作的重中之重。

《氢能产业发展中长期规划（2021—2035 年）》提出，氢能是未来国家能源体系的重要组成部分，是用能终端实现绿色低碳转型的重要载体，氢能产业是战略性新兴产业和未来产业重点发展方向。通过发展氢储能、可再生能源发电电解水制取绿氢，可以大规模消纳风电、光伏发电等波动性能源；通过电氢耦合，可以提高电网抗风险能力和稳定性，增强电力系统韧性。

发展氢能产业，对于推动源端可再生能源消纳利用和终端用能的清洁替代，构建清洁低碳、安全高效的能源体系具有重要意义，同时也有利于实现能源转型升级和培育经济新增长点。

《国际氢能技术与产业发展研究报告》（简称《报告》）着眼于全球氢能发展现状与趋势，从有关国家和地区的氢能发展战略与政策部署，氢能产业和核心技术发展现状，氢能研发、标准与信息服务体系建设领域以及国际氢能合作与交流情况等方面进行了全面梳理，同时分析了我国氢能技术与产业发展现状，并提出相关建议。

历时近一年，《报告》编写团队——中国产业发展促进会氢能分会（简称氢促会）通过分析研究有关国家和地区产业信息，并多次赴产业链各环节企业考察调研，与氢能领域专家广泛沟通交流，完成《报告》。《报告》较为详尽地介绍了有关国家和地区氢能发展经验，解析了氢能在能源低碳转型中的地位和作用，具有专业性、建设性和前瞻性，填补了氢能领域基于国际视野的全产业链发展研究成果的空白，将为行业主管部门相关政策的制定提供支持和咨询。

《报告》显示，近年来，全世界氢能热逐渐升温，氢能产业日渐成为各主要经济体竞相发展的战略性新兴产业，被视为经济绿色转型的重要支撑。截至目前，全球已有41个国家及地区发布了明确的氢能发展战略，还有30余个国家和地区开始布局氢能产业，正在推进氢能战略前期研究工作。在此背景下，全球氢能市场规模加速扩大。

我国高度重视氢能产业发展，2022年，国家发展改革委、国家能源局联合印发《氢能产业发展中长期规划（2021—2035年）》，部署了推动氢能产业高质量发展的重要举措以及产业发展的各阶段目标；国家发展改革委、国家能源局等九部门联合发布的《“十四五”可再生能源发展规划》中明确提出推动可再生能源规模化制氢利用，打造规模化的绿氢生产基地。

与此同时，地方政府布局氢能产业的热情也持续高涨。截至2022年12月，全国已有超过20个省份将氢能发展纳入“十四五”规划，69个市、县、区明确提出要发展氢能相关产业。目前我国各省（区、市）到2025年的氢能规划产值总额已接近1万亿元，巨大市场潜力下的规模效应，将是我国氢能产业迅速发展的基础。

《报告》显示，当前我国已初步形成了较为完整的氢能产业链，氢能技术已基本能够支撑产业发展。但与国际先进技术相比，仍然存在一定差距。主要表现在：一是我国现阶段主要以高压气态长管拖车运输为主，管道运输仍为短板弱项；二是我国目前主要以 35MPa 气态加氢站为主，70MPa 高压气态加氢站占比较小，液态加氢站、制氢加氢一体站建设和运营经验不足；三是我国氢能和燃料电池关键技术装备与国际先进水平尚有差距，部分关键核心零部件和基础材料仍依赖进口；四是相关技术标准以及检测、认证和安全监管体系仍不健全。

我国具有集中力量办大事的体制和广泛的市场空间等优势，具备快速推进氢能规模化应用与技术迭代升级的能力和条件，如果施以适当措施，氢能产业有望在 2030 年前达到国际先进水平。

千里之行，始于足下。在走向碳达峰、碳中和的进程中，氢能产业发展任重道远，需要社会各界凝聚共识，坚定信念，共同促进产业链各环节协同发展，为全球零碳愿景的实现，为人类更好地应对气候变化挑战，提供源源不断的绿色动力。

国家能源局总工程师

2023 年 6 月

序言二

当前，减少二氧化碳等温室气体排放、应对气候变化挑战是全球环境治理的共识和目标，为此，我国向世界做出2030年前实现碳达峰、2060年前实现碳中和的庄严承诺。从碳达峰、碳中和目标出发，需要对能源结构进行根本性调整，意味着在未来近40年中，能源既要持续稳经济，又要不断调结构。

在推进能源变革、实现碳中和愿景的过程中，具有清洁低碳、安全高效、来源广泛、用途多元等特点的氢，是必不可少的绿色动力。氢能作为最具发展潜力的清洁能源之一，是未来能源体系的重要组成部分，可连接多种能源形式，构成耦合发展体系，是支撑可再生能源大规模发展的理想互联媒介，依靠绿电和由绿电生产的绿氢所构成的二次能源，可降低能源结构的二氧化碳排放强度。

同时，氢能也是实现交通、工业和建筑等领域大规模深度脱碳的有效路径，未来，氢能将广泛应用于车辆、船舶、航空、轨道交通、储能、分布式发电、备用电源等领域，还可以作为原料用于生产合成氨、合成甲醇等化工产品，石油炼化以及氢冶金等领域。氢能在促进大气环境治理、平衡南北地区经济发展、推动能源科技创新、提升国际竞争力等方面具有重大意义。

欧美日韩等世界主要发达国家和地区高度重视氢能产业发展，近年来纷纷加快布局，但总体来看，全球氢能产业目前尚处于培育期。《国际氢能技术与产业发展研究报告》基于对氢能发展路线的对比，指出了各国产业布局侧重点的差异。例如，美国主要关注氢能产业推广，对燃料电池汽车、加氢站数量有明确规划，注重液氢相关设备和产品的输出；欧洲更关注氢能发展在碳减排等环境方面的效用，注重标准和技术体系建设；日本、韩国则主要关注技术开发、基础设施建设，政府支持力度大、补贴高，重点扶持燃料电池汽车销售，注重产业技术输出和氢能贸易；我国目前集中进行全产业链技术突破及产业示范，是全球最大的潜在市场。

经过全球范围内近 30 年的持续研发，氢燃料电池在能量效率、功率密度、低温启动等方面已取得突破性进展，燃料电池产业正从小规模示范转向大规模商业化应用。随着产业技术快速发展，氢应用将从化工原料向交通、建筑及储能领域快速渗透，未来氢能技术将有望在氢冶金、绿氢化工、氢储能、综合能源、智慧能源系统中得到全面应用。

近年来，我国氢能产业发展势头迅猛，在可再生能源制氢、燃料电池汽车、氢储能等领域加速布局，相关技术水平快速提升，氢能已成为我国未来产业发展的重要方向。具体而言，我国氢气总产量稳步增长，2022 年氢气总产量超过 3781 万 t，氢能获取正逐步由灰氢、蓝氢向绿氢过渡，规模不断扩大；氢能相关核心技术不断突破，自主化水平快速提升；氢能示范规模和应用场景进一步扩大，截至 2022 年底，燃料电池汽车保有量近 13000 辆，国内在营加氢站总量已达 245 座，建成数量累计 358 座；燃料电池领域专利数量增长呈爆发趋势，我国目前燃料电池领域的专利数量已达 60129 件；燃料电池汽车相关标准体系日趋完善，现行标准 149 项，正在制定的标准 23 项。

其中，绿电制氢是我国氢能产业发展的热门环节。“十四五”“十五五”期间，我国风电、光伏将会迎来大规模发展期，西部风光资源丰富的区域会成为大规模增长的主力，但真正电力负荷大的地区在东部发达地区，存在区域的不匹配问题。所以发展氢能被视为一个解决路径，但目前来看，在这些地区可再生能源就地制氢还存在一些难题，风电、光伏制氢随着自然环境的变化具有间歇性，因此不能像化石能源制氢一样持续、稳定地供应氢气，这对风电、光伏制氢将会带来新的挑战。

面对这些挑战，国内正在尝试将绿氢转变为绿氨，因为氨的储运更容易，可以大规模长距离运输，是一种重要的绿电存储方式；同时，氨还可以用来制化肥，增加了应用场景。2020 年以来，中国石油大学重质油国家重点实验室与宁东基地在这一领域进行了合作，利用当地光伏发电制氢，然后用绿氢合成氨，再进一步生产尿素。此项合作将在绿电制氢、绿氢化工应用一体化发展领域进行有益探索。

综合我国氢能产业发展总体情况，我国在产业规模、技术水平、材料研发、生产工艺、专利和标准输出等方面仍需加强创新攻关，特别是高性能材料和精密制造部件仍存在“卡脖子”现象，氢能各个环节装备及产品的性能、使用寿命、制造工艺等方面较国际先进水平仍有一定差距。我国氢能产业发展尚处起步阶段，需要社会各界的积极参与和大力支持。

阅读《报告》，可以更全面地了解国内外氢能发展现状与趋势，更深刻地理解“双碳”背景下加快氢能发展的必要性。感谢中国产业发展促进会氢能分会作为编写团队历经近一年时间的呕心沥血，通过对包括多家世界 500 强企业在内的产业链各环节企业考察调研，以及与业内专家的广泛沟通，最终形成这一凝结众多业内人士智慧的研究成果，为政府和企业的决策提供专业支持。氢能产业发展道路曲折但前途光明，希望全行业从业者再接再厉，共同迎接氢能时代的到来。

中国科学院院士、中国石油大学教授

2023 年 6 月

前　言

当今世界正面临“百年未有之大变局”，一方面，日益严峻的气候变化挑战等生态环境危机正逼迫着全球走上脱碳减排之路；另一方面，国际地缘政治冲突带来的“去全球化”、贸易壁垒和能源危机，已然成为悬在全人类头顶的“达摩克利斯之剑”。与此同时，新一轮科技革命的兴起，正在让人类看到“工业 4.0 时代”的曙光，并蕴含着人们解决世界面临的多重难题的希望。

面对多重“变局”，能源转型成为打开“未来之门”的钥匙，在这场变革中，风电、光伏、储能等新兴能源先后登场，合奏出一曲未来能源的“交响曲”。而在近年来，随着电解槽和燃料电池技术的发展，一位能源转型进程中新的主角呼之欲出——氢能。氢能作为最具发展潜力的清洁能源之一，一方面可以有效解决可再生能源大规模发展面临的消纳问题，提升能源安全，促进能源转型；另一方面也是实现交通、工业和建筑等领域大规模深度脱碳的有效路径。

随着减排要求的日益迫切，全球各主要经济体都积极布局氢能产业，在各国政府的积极支持和一大批大型企业的参与下，世界各地氢能项目不断涌现，全球氢能产业发展正在进入“快车道”，并逐渐呈现出如下特征：

一、全球氢能产业规模持续扩大

从氢能项目来看，据不完全统计，截至2021年底，全球约有500个氢能项目，其中约120个在建绿氢项目，全球规划中的吉瓦级绿氢项目规模合计达144.1GW。从需求来看，2021年，全球氢气年需求量达9400万t，主要应用于化工和炼化行业，市场规模约1300亿美元。中国产业发展促进会氢能分会预计，到2030年，全球对氢的需求将超过1.5亿t。

二、低碳氢替代趋势逐渐显现

当前，包括蓝氢和绿氢在内的“低碳制氢”取代传统能源制氢的速度正在加快。其中，化石能源制氢和副产氢配备碳捕获、利用与封存（Carbon Capture，Utilization and Storage，CCUS）技术的“蓝氢”，被全球各大能源公司视为向绿氢过渡阶段的主要制氢技术。“绿氢”方面，电解设备运营规模及大型制氢装置建成增速明显，现阶段，电解水制氢占全球氢气产量不足1%，随着可再生能源发电规模的不断扩大、成本的持续下降，以及碱性、质子交换膜（Proton Exchange Membrane，PEM）和固体氧化物电解池（Solid Oxide Electrolysis Cell，SOEC）电解水制氢技术水平逐渐提升，电解水制氢综合成本预计将在10年内下降50%以上，逐步替代化石能源制氢。

三、燃料电池“先导作用”明显

燃料电池是氢能应用的“先导领域”，经过全球范围内近30年的持续研发，当前，燃料电池在能量效率、功率密度、低温启动等方面已取得突破性进展，新一轮的燃料电池汽车产业化浪潮正在迫近。与此同时，全球主要经济体逐步开展燃料电池在各领域示范应用，国际领先企业已开展燃料电池电堆、催化剂、质子交换膜及燃料电池汽车等商业布局，前沿技术、核心材料和先进工艺主要被美国、日本、加拿大、欧洲等国家和地区的企业垄断，燃料电池产业正从小规模示范转向大规模商业化应用。

四、氢能多样化应用蓬勃发展

随着全球氢能热的持续升温，氢能在交通、建筑、冶金、化工等领域的应用均在快速拓展。其中，交通领域，截至2022年底，全球已累计推广燃料电池汽车72000余辆，集中于欧盟、东亚和北美市场，氢能船舶和无人机等技术的研发试验工作也在快速推进；建筑领域，氢能正以热电联产作为主要方式，在日本、德国、韩国等国得到快速发展；冶金领域，以氢代碳成为钢铁行业绿色低碳、高质量发展的主要出路，全球目前在示范的氢冶金项目主要有数十个，氢冶金有望得到快速发展；化工领域，氢作为原料应用具有较长的历史和成熟的经验，未来绿氢的引入将促进化工领域绿色发展。

与此同时，随着电解水制"绿氢"的发展与氢能多样化应用的融合，电力多元化应用"Power to X"模式方兴未艾，成为未来促进全球能源绿色转型的重要方向。

五、氢能基础设施建设不断加快

随着氢能应用的推广，输氢、掺氢管道以及加氢网络等基础设施的建设也在加快。全球以加氢站为主的基础设施尚处在建设初期，各国都在推进加氢网络建设，截至2022年底，全球共建成加氢站超过1000座，主要分布于中国、日本、德国、美国和韩国。根据各国发展战略，预计到2030年，全球加氢站数量将超过4500座，形成多元化、网络化的氢能基础设施体系。

六、储运技术发展"多路并进"

目前，全球氢储运技术主要以管道、高压气态、液态、载体（液体、固体材料）等形式为主，各国依托既有产业技术和产业基础采取了不同的储运方式。随着不同储运技术的日渐成熟，未来储运的选择方式将更加多样化，实现“因地制宜”，支撑氢能全产业链的发展。

七、氢能合作成国际贸易新亮点

在全球氢能产业布局中，各经济体依据自身资源、产业发展条件、需求以及在国际市场中的定位，在产业链布局中，倾向于做出不同的战略选择，并与国际合作伙伴形成优势互补。例如在欧洲，风光资源丰富但消纳不足的南欧，以及德国、英国、法国等经济发达、技术先进但面临能源安全风险的国家，正在积极开展绿氢合作；可再生能源资源丰富的西亚、北非以及澳大利亚，都在积极布局可再生能源制氢，向欧洲和日本等地出口。氢能产业链的跨区域合作，正在成为全球化和国际贸易新的亮点。

分区来看，全球各主要经济体氢能发展的特点存在明显差异。

（1）欧洲布局氢能力度大，且具有一定资源和技术优势

欧洲是发展氢能最积极的地区之一，在减排压力、俄乌冲突引发的能源安全问题和后疫情时代经济复苏需求的多重目标下，欧盟及欧洲各国不断加快对氢能的布局，希望在氢能领域抢占产业竞争的先机，发展经济新动能，为能源转型提供有效路径。目前，欧盟每年消耗氢气的总量约为 800 万 t，占全球氢能需求的 9%。欧洲已经具备相对完善的管道设施，可用于成员国内部氢能贸易，同时，由荷兰、比利时、德国、挪威所环绕的北海地区，已经具备推进大规模制氢产业的基础，工业需求、可再生能源发电基础、管道基础设施、CCUS 技术应用，均为氢能产业发展提供了良好土壤；欧盟氢能科研体系成熟、投资力度大，都为欧洲氢能产业发展提供了有利条件。欧盟委员会预计，氢能占欧盟能源消费的比例有望从目前的 2% 上升至 2050 年的 13%~14%。

（2）北美氢能发展起步早，氢能技术已走向商业化应用

在美洲地区，北美的美国和加拿大氢能产业发展较快，拉丁美洲的智利和巴西等国也建有部分氢能项目。美国是最早提出氢能战略的国家，目前，其氢能技术已逐步走向商业化应用，在制氢、运输、储存、燃料电池、加氢站和氢能涡轮机等方面处于全球领先水平。加拿大是最早研发燃料电池的国家之一，制氢及燃料电池技术较为领先，并已建立了相对成熟的氢能生产供应链，但由于地广人稀，用氢端无法集中，氢能应用场景较小，未来主要将通过氢能技术外输、氢出口、国际合作等提高能源出口效益、培育新经济增长点。

（3）东亚氢能市场潜力大，在全球产业发展地位日益重要

在亚洲，各主要国家正积极探索以风、光、核、氢等新能源为依托的能源转型，中国、日本、韩国作为开发氢能较早的国家，已在全球氢能产业发展中占据越来越重要的地位。其中，日本将氢能发展作为能源安全和实现碳减排的重要战略，提出建设“氢社会”，经过近 50 年发展，其氢能技术和产业水平已走到世界前列，具备了扎实的氢能产业基础，并形成了适应产业发展的政策制定和修订机制。韩国将氢能作为调整能源结构、促进产业发展、带动经济增长的重要部分，将氢经济列为三大创新增长战略之一，交通是该国氢能产业发展的重要领域，氢能及燃料电池技术在能源和交通领域已有了长足发展。

（4）中东地区风光资源丰富，积极打造绿氢供给中心

除了东亚地区，南亚的印度，中东的沙特阿拉伯（简称沙特）和阿拉伯联合酋长国（简称阿联酋）等国也确定了氢能供给的定位，并积极与国际巨头合作，布局蓝氢和绿氢国际贸易。尤其是中东地区，以沙特和阿联酋为代表，正结合欧洲、日韩等地区（国家）的氢能战略，利用自身丰富的化石能源和可再生能源资源以及物流基础条件，形成以氢源为主的全球氢能贸易枢纽，加速构建世界氢能贸易链，该地区将以加速开发低成本蓝氢制取技术、推动绿氢标准和认证、降低绿氢成本作为未来发展重点。

（5）澳大利亚明确出口导向，氢安全氢认证等领域领先

澳大利亚在《国家氢能战略》中，确定了 15 个大发展目标，57 项具体行动，力争在2030年，将澳大利亚打造成亚洲氢能市场的三大供应基地之一，同时在氢安全、氢经济以及氢认证方面走在全球前列，成为有国际影响力的氢能出口国。

总体来看，新一轮“氢能热”目前正在全世界范围内逐渐升温，氢能日渐成为各主要经济体竞相发展的战略性新兴产业，被视为经济绿色转型的重要支撑。但与此同时，全球氢能产业尚处于培育期，把握好氢能产业的发展定位，推动氢能核心技术攻关，完善基础设施建设，促进完整的产业链的构建，并做好氢能国际合作，将是在新一轮国际竞争中取得优势、抢占“制高点”的关键。

为此，中国产业发展促进会氢能分会在本报告中梳理了全球各主要经济体布局氢能的战略、产业链各环节发展现状和趋势、典型项目，总结了各国氢能的产业定位、优势劣势以及发展经验，对比了国内外产业发展的差异，并针对我国氢能技术与产业发展，提出了相关的建议。

布局氢能产业、推动氢能应用发展是我国进一步落实深度脱碳，加快实现“双碳”目标的重要手段。国家《氢能产业发展中长期规划（2021—2035年）》提出，氢能是未来国家能源体系的重要组成部分，是用能终端实现绿色低碳转型的重要载体，氢能产业是战略性新兴产业和未来产业重点发展方向；明确到2035年，形成氢能产业体系，构建涵盖交通、储能、工业等领域的多元氢能应用生态。

目前，我国可再生能源制氢、燃料电池汽车、氢储能等领域加速布局，氢能产业发展趋势总体向好，产业链逐步完善，与国际先进水平差距逐步缩小，国内外合作进一步加强。但现阶段，我国氢能产业仍处于发展初期，市场规模小，应用时间短，研发投入不足，技术、材料、制造、人才、制度方面仍有短板，产业链企业参与研发创新积极性有待进一步提高，社会支持服务体系尚未完善。

针对我国氢能产业发展情况，本报告提出，应充分发挥产业基础雄厚和应用场景丰富的优势，抓住发展机会，促进氢能产业链整体技术水平提升。在传统能源企业的带动下，加快清洁能源制氢布局，推动绿氢发展，拓展绿氢应用领域，加速传统产业深度脱碳，通过示范实现技术创新，通过奖补推动自主技术应用。在产业不断发展情况下，形成稳定的市场需求，加快推动标准创新和标准输出，增加我国氢能领域国际话语权，实现氢能领域的全面赶超。

氢能发展任重道远，氢能产业在全球的发展日新月异，中国产业发展促进会氢能分会将持续关注国际氢能发展动向与趋势，为政府决策和行业发展提供支持。

中国产业发展促进会氢能分会

2023 年 7 月

概　述

作为应对气候变化、实现低碳经济、保障能源安全的关键因素，氢能在各国能源转型中的地位越来越重要。世界主要经济体均高度重视氢能技术和产业的发展，并纷纷发布氢能发展专项战略。以美欧日韩为主的氢能先发地区已形成较为完备的政策体系、技术研发体系和标准体系，具有成熟的示范模式、商业模式和国际合作模式，并在氢能细分领域的设备和技术等方面具备一定优势：美国液氢、燃料电池、重卡和叉车应用等领域的技术和装备处于世界领先水平；欧洲国际氢能标准和技术体系建设、绿氢示范居于世界前列；日本、韩国燃料电池汽车全产业链技术和氢能远洋运输装备制造能力处于优势地位。作为全球最大的潜在氢能消费市场，我国正沿着国际氢能产业发展趋势与本国优势和需求相结合的路线，开展全产业链技术突破与产业示范，随着氢能基础研发体系逐步完善，我国氢能产业和技术正在稳步提升国际竞争力。中国产业发展促进会氢能分会根据各国战略规划，按照发展趋势预测，到 2030 年，全球对氢的需求预计超过 1.5 亿 t。

从氢能产业战略来看，美欧日韩等氢能产业先发国家和地区通过不断修订目标，保证了政策延续性。通过竞争性项目选择和严格的内部控制来选择资助对象，以保证最优秀的科研团队来承担相关课题，并依据国家氢能计划整体目标对各个项目的进程进行系统的跟踪，保证国家氢能计划的高效性。中国于 2022 年 3 月出台的《氢能产业发展中长期规划（2021—2035 年）》系统谋划了我国氢能产业发展方向并提出具体目标和要求，具体的支持性产业政策处于逐步完善阶段。国家氢能战略的制定可依托国内巨大的市场规模优势，优先推动全产业链自主技术发展，加强先进技术和优势资本的引入，并合理规划布局氢能产业。

从研发体系来看，美欧日韩的氢能技术研发由统一的主导部门负责，并形成了多部门协作机制，发布由本国优势企业参与为主的课题，推动政、产、学、研、用的研发模式，同时强调技术要素的优先性、技术路径与市场路径的合理结合，保证在获得技术优势的前提下取得商业应用层面的成功，并提供专项资金作为引导，带动社会资本投入；我国氢能技术研发课题以“揭榜挂帅”和“赛马”等方式发布，征集和选拔课题最佳实施者，提升创新能力并激发创新热情，通过有效市场和有为政府结合的模式促进各类创新主体融合，采用问题导向和目标导向，整合优化科技创新资源配置，广泛聚集优势科研力量，构建高水平自立自强的科技创新研发体系。

从示范项目布局来看，美日韩等国以燃料电池汽车示范为主，依托燃料电池汽车带动技术研发和产业链建设，同时也开展了大量燃料电池发电实证项目；欧洲则广泛开展可再生能源与氢能的耦合系统应用示范和氢在建筑、交通和工业等领域的综合项目示范；我国氢能示范项目主要以燃料电池汽车示范城市群和“氢进万家”为主，并推动可再生能源制绿氢项目在沿海及三北地区进行示范，同步开展氢能在电力、工业和建筑等领域试点示范。

从商业模式来看，各国依托自身战略，形成了产品、技术、应用模式输出和能源输出的本国优势资源出口模式。技术、产品和应用模式方面以美国、欧洲、日本和韩国对外输出为主，通过加大国家资金支持、开展国际合作的形式，提升产品及技术的全球占有率，加快专利布局和抢占国际标准，以此挖深氢能产业护城河，占据氢能贸易主动权，为未来持续的获利奠定基础；能源方面以中东、非洲和大洋洲对外输出为主，通过与欧洲、日本和韩国等建立合作关系，引入相关技术和产品，实现本国氢能出口，并通过氢能生产项目带动可再生能源等产业链配套产业发展，增加就业，实现经济增长。我国大力推动构建国内国际双循环模式带动氢能产业发展，一方面促进国际氢能贸易体系建立，推动国内绿氢及装备出口并加强国际先进技术引进；另一方面通过政策引导，促进企业和社会资本加大氢能基础设施建设投入及燃料电池等技术在交通、工业、能源等领域商业运营模式探索，实现传统产业升级，建立内生循环经济体系。

从标准体系建设来看，美国、欧盟、日本、韩国积极推动氢能相关领域的标准化，建立了较为完善的标准体系。截至 2022 年 12 月，全球主要国家和国际标准化组织（International Organization for Standardization，ISO）已发布逾 700 项氢能及燃料电池标准，涵盖范围基本全面。我国氢能产业高速发展推动氢能标准体系快速建设，颁布出台的各类标准已基本覆盖氢能全产业链并不断向细分领域延伸，但在标准制定过程中仍然大量参考和引用国外标准，且参与制定的国际标准数量较少，国际话语权较弱。

从国际交流合作来看，美国、欧盟和日本等国家和地区正在充分利用国际协调机制，发挥在 ISO、IEC（International Electrotechnical Commission，国际电工委员会）和 IMO（International Maritime Organization，国际海事组织）等组织中的主导作用，参与制定国际标准，加速抢占氢能及燃料电池在交通领域、建筑领域的标准和专利高地，构建符合自身利益的氢能全球合作机制和贸易链。当前我国主要在技术和产品引进方面开展国际合作，未来可积极发挥在“一带一路”合作、《区域全面经济伙伴关系协定》（Regional Comprehensive Economic Partnership，RCEP）、“17+1”合作、亚太经合组织和上合组织中的主导作用，拓宽氢能产业贸易市场，推进国际合作，全力打造我国氢能外循环价值链。

总结：针对我国氢能产业发展情况，未来可充分发挥产业基础雄厚和应用场景丰富的优势，促进氢能产业链整体技术水平提升。在传统能源企业带动下，加快清洁能源制氢布局，推动氢能产业发展，扩大绿氢应用领域，助力传统产业深度脱碳，通过示范加快实现技术创新，通过以奖代补推动自主技术应用，在产业不断发展的情况下，形成稳定的市场需求，加速推动标准创新和标准输出，增加我国氢能领域国际话语权，通过不断突破核心技术并在市场应用中迭代升级，实现对氢能先发国家的赶超。

目 录

表目录

图目录

第 1 章 全球氢能技术与产业发展概况

自人类第一次能源革命以来，伴随着大量化石能源的使用，全球碳排放总量不断增加，气候变暖速率愈发加快，自然环境不断恶化。针对气候变化所产生的威胁，全球达成共识，并于 2016 年在联合国总部共同签署《巴黎协定》，提出实现与前工业化时期相比全球平均气温升幅控制在 2℃以内，并争取把温度升幅限制在 1.5℃以内。由此，世界主要经济体逐步减少化石能源比例，加快发展清洁能源，并相继提出“碳中和”的目标，能源转型成为实现全球碳中和的必由之路。

全球能源结构正在向以清洁能源为主体的方向转变。其中，氢能作为最具发展潜力的清洁能源之一，可连接多种能源形式，构成耦合发展体系，是支撑可再生能源大规模发展的理想互联媒介，也是实现交通、工业和建筑等领域大规模深度脱碳的最佳选择，是未来能源体系的重要组成部分。

全球氢能技术与产业发展，主要有以下几个趋势：

（1）各国积极发布氢能战略

近年来，全球气候治理目标迈入实施阶段，叠加新冠疫情对全球经济造成的巨大压力以及俄乌冲突导致的能源危机等因素，引发各国对能源安全和经济绿色低碳发展的全新思考。氢能作为高效清洁能源和绿色新兴产业的重要发展方向，成为全球各国谋求能源安全和经济可持续发展的一致选择，各国政府纷纷从顶层设计角度出发，加速氢能产业布局。截至 2022 年 12 月，全球已有 42 个国家及地区发布了明确的氢能发展战略和规划，这些国家和地区经济总量占世界的比例超过 80%（按发布时间顺序依次为：美国、日本、法国、韩国、新西兰、澳大利亚、荷兰、挪威、德国、西班牙、欧盟、葡萄牙、俄罗斯、智利、芬兰、意大利、加拿大、斯洛伐克、波兰、摩洛哥、匈牙利、捷克、英国、巴拉圭、卢森堡、哥伦比亚、比利时、瑞典、阿联酋、巴拿马、印度、南非、克罗地亚、丹麦、中国、乌拉圭、奥地利、新加坡、阿曼、哥斯达黎加、纳米比亚、特立尼达和多巴哥）。积极发展氢能产业已成为全球共识，各国依据资源禀赋特点和自身产业优势，在氢能的发展方向和规划目标方面不尽相同，欧盟将发展氢能作为实现经济复苏、清洁能源转型和深度脱碳的重要抓手，大力推广氢能在工业和建筑领域应用，同时高度注重基础技术和共性技术研发投入；美国作为最早提出发展氢能的国家，初期将发展氢能作为能源安全的重要保障，后期将发展氢能先进技术作为战略投资，以保持其国际市场竞争力和技术领先地位；日本将构建“氢能社会”作为终极发展目标，以保障能源安全为驱动，大力发展氢能产业，推动氢能多领域渗透应用；韩国致力于将氢能产业发展成为继显示器、半导体、汽车之后的第四大支柱产业，通过燃料电池技术对外输出带动经济增长；中国以“生态优先，绿色发展”为指引，依托氢气能源和原料的双重属性，在大力发展可再生能源与氢能耦合，实现多能融合供应的同时，以技术全面自主可控为目标，积极开展氢能技术研究，探索扩大氢能应用领域，并且积极开展国际合作，构建国际氢能创新链、供应链和产业链；沙特、阿曼、南非等中东和非洲地区国家以及澳大利亚、智利等可再生资源丰富的国家充分发挥自身优势，大力规划发展可再生能源制氢（制氨）出口项目，将绿氢（绿氨）出口作为未来取代传统化石能源出口、实现经济增长的重要途径；有别于沙特等国的绿氢出口战略，俄罗斯虽然也将氢能作为未来取代传统能源实现能源出口的重要途径，但依托其丰富的天然气资源，俄罗斯将发展天然气裂解制氢作为本国氢能发展的重点方向[①]。全球已布局氢能产业主要国家的具体进程见表 1–1。

---

① 资料来源：各国信息汇总。

表 1–1　部分国家氢能布局时间对照表

年份	1970	—	2000	—	2018	2019	2020	2021	2022	—	2030
欧盟	20世纪70年代，欧共体开始投入氢能科研	1992—2001年欧洲各国关注氢能，开展各领域试验		2002—2006年欧盟建立氢能技术平台，2008年建立欧洲氢能事业联合体		欧盟绿色协定	欧盟氢能战略	2021—2030年加大基础设施投入，建立产业发展联盟，加强国际合作			
				2014—2027年“地平线欧洲”计划，氢能示范项目							
		探索阶段				产品脱碳，市场启动阶段，到2024年布局6GW电解制氢规模				扩大规模阶段，电解氢产能达40GW	
德国				2006年开始实施“国家氢能和燃料电池技术创新计划”	十年间共开展750个氢能项目研究，到2026年总投资超过20亿欧元		国家氢能战略	为本土市场构建氢能基础，明确到2030年德国氢能需求90～110TW·h（230万~280万t），电解制氢能力达到5GW/年，用于制造“绿氢”的可再生能源发电量为20TW·h			
				探索阶段				2020—2025年市场启动阶段，氢谷示范，完善市场法规		2025—2035年市场促进阶段	
美国	氢经济概念	1996—2001年开展氢的研究、开发与示范		2002年国家氢能路线图	燃料电池减少30%税收	氢能源资助计划、氢能经济路线图	氢能项目计划2020	政府23亿美元资金支持	通过市场机制来扩大规模	2022—2025年规模化的早期阶段，降低成本、提升性能	2026—2030年全美范围内扩大基础设施建设
				2003年启动氢能计划							
		探索阶段		专业化应用过渡到商业化应用				采取激励措施		可扩展的市场机制	多元化发展
日本	1973年石油危机后，开始布局氢能研发	1981年启动燃料电池开发		2003年“氢能社会”；2014年基本能源计划	东京宣言	氢能、燃料电池技术战略	绿色增长战略	探索氢能获取方式，开展基础设施建设和扩大氢能应用范围			
							3700亿日元绿色创新基金，用于在未来10年内加速研发和促进氢能的应用				
			从能源供给和交通应用等方面起步，逐步建立了完整的氢能产业链条								
		探索阶段		专业化应用过渡到商业化应用					采取技术输出和气能进口为主的商业模式，推动技术创新，加快专利布局		
韩国				2008年绿色能源产业发展战略；2012年氢燃料电池产业发展方案；2017年可再生能源3020实施方案		氢经济发展路线图	促进氢经济和氢安全管理法		以车为核心的氢经济 燃料电池汽车保有量提升至85万辆，并建设660座加氢站		
						为氢能立法、技术研发和基础设施建设					
				探索阶段			投资准备期			氢能推广发展期	
中国					科技部可再生能源与氢能技术重点专项课题			地方政府积极推动氢能产业的发展			
							燃料电池汽车示范城市群、“氢进万家”		氢能产业发展中长期规划（2021—2035年）		
		1985年开始氢能产业技术研发（非民用领域）		氢能示范项目，民营企业发展氢能				大型央、国企开始布局氢能		依托市场优势，快速发展	

（2）全球氢能市场规模加速扩大

2022年是全球氢能产业规模化发展的元年，世界各国热情高涨，全球氢能领域的直接投资达到2500亿美元，预计到2030年氢能产业规模实现翻倍，达到5000亿美元，到2050年全球氢能需求较2022年将增长10倍，氢能产业规模也将超过2.5万亿美元。据国际能源署统计，2021年全球氢气年需求量达9400万t，氢气主要应用于化工和炼化行业[①]，市场规模约1300亿美元，中国是最大市场（30%），美国（13%）和中东（13%）紧随其后。截至2022年12月，全球新增电解水制氢装机量约0.9GW，累计装机量约1.4GW，为2021年的2.8倍，其中，中国和欧洲分别贡献了总装机量的约40%和30%。预计到2023年全球新增电解水制氢装机量和累计装机量将分别达到4.1GW和5.5GW，较2022年分别实现455%和393%的增幅。在净零排放场景下，2030年全球电解水制氢装机量将达到720GW，目前全球已公布的绿氢项目数量约680个，规划装机量累计超过460GW，其中欧洲以404个项目和149GW总装机量领跑全球，且欧洲项目规模相对偏向小型化；中东、非洲、大洋洲、北美洲和南美洲可再生资源丰富的地区则向大型化发展，其氢能发展战略定位也更加偏重绿色能源输出，其中智利、巴西、埃及、阿曼、纳米比亚、南非、沙特等绿氢潜力巨大的新兴市场国家已成为全球各国和跨国公司争相抢占的投资热土，氢能作为支撑未来能源转型和经济发展的“绿色石油”已成为全球关注的焦点。

（3）低碳制氢（蓝氢、绿氢）技术快速发展

传统化石能源（煤炭、石油、天然气）制氢仍为全球主要的制氢方式，占全球氢气产量的82%以上，副产氢占比18%（见图1-1）。目前，全球各大能源公司多倾向将化石能源制氢和副产氢配备CCUS技术作为向低碳氢过渡阶段的主要制氢技术，低碳制氢取代传统能源制氢的速度在加快，电解设备运营规模及大型制氢装置建成增速明显，根据国际能

① 资料来源：国际能源署，《全球氢能报告2022》。

源署预测，虽然在 2021 年全球低碳氢产量尚不足 100 万 t，但若所有宣布的水电解制氢或 CCUS 化石燃料制氢项目全部实现，到 2030 年这一数字将达到 3000 万 t。

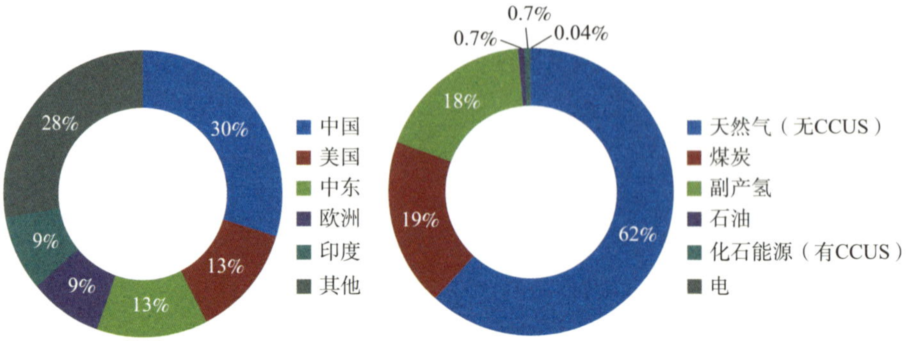

图 1-1　2021 年各地氢气需求占比（左）和氢气生产来源（右）

资料来源：国际能源署

现阶段，电解水制氢占全球氢气产量不足 1%，随着可再生能源发电规模的扩大和成本的下降，以及碱性（ALK）、质子交换膜（PEM）与固体氧化物（SOEC）电解水制氢技术水平逐渐提升，电解水制氢综合成本预计在 10 年内下降 50% 以上，将逐步替代化石能源制氢（见表 1-2）。其中，固体氧化物电解的工作温度在 600~1000℃，制氢效率在 45%~50%，但其仍处于 TRL6-7 的技术示范和系统测试阶段。碱性电解水技术最成熟、市场应用最多，但电解槽无法快速启停，功率调节慢，

表 1-2　电解水制氢技术成本下降预测

项目	碱性（ALK）		质子交换膜（PEM）	
	2022 年	2030 年	2022 年	2030 年
设备折旧（元 /kg）	5.04	3.15	17.54	6.71
能源成本（元 /kg）	25.98	11.2	22.33	11.76
其他（元 /kg）	1.1	1.1	1.1	1.1
综合成本（元 /kg）	31.12	15.45	40.97	19.57

资料来源：中国产业发展促进会氢能分会

难以适应可再生能源波动特性及快速启停需求，无法满足大规模绿电离网制氢的需求；质子交换膜电解水制氢系统响应速度快，负荷范围10%～130%，是最适合可再生能源制氢的先进技术，也是未来绿电制氢的主要发展方向。

国外的PEM电解水制氢技术起步较早，已开始进行商业化推广，目前国际领先水平为直流电耗小于3.9kW·h/Nm^3，单槽产氢量达到500Nm^3/h。在各国PEM制氢设备厂商中，美国普顿、美国康明斯、德国西门子等公司有明显的技术领先优势，且均已推出可用于可再生能源制氢储能的兆瓦级产品。

（4）高效低成本储运氢为氢能产业链发展的关键技术

目前，全球氢储运技术主要以管道运输、高压气态、低温液态、有机液态、固态储氢、液氨储氢、甲醇储氢等形式为主，各国依托既有产业技术和产业基础采取了不同的储运技术发展路线。其中，欧洲以发展管道输氢为主，将利用现有的天然气基础设施，逐步建设泛欧洲氢气管网，到2040年预计总长度达2.3万km；美国管道输氢和液态储运技术成熟，拥有全球一半里程（2700km）的输氢管道，运营15座以上液氢工厂，总产能超过326t/d，居全球首位（全球液氢产能约为480t/d）；日本高压气态储氢和低温液态储氢并行发展，气态储氢方面，日本政府已在法规上将充气压力提高至88MPa，低温液氢方面，日本拥有亚洲2/3的液氢产能，同时积极发展海上液氢运输，并于2022年2月完成了全球首次液氢海上运输实践；韩国积极发展液氢加氢站以及液氨和液氢的跨洋运输供应链；中国目前采用高压气态储运氢为主、多种储运氢路线并行发展的模式，现阶段普遍采用20MPa长管拖车进行氢气运输，积极规划建设以管道输氢和低温液氢储运为主要方向、液氨（甲醇）和固态储氢等为补充的多元储氢体系。

高压气态储氢方面，国际上已实现70MPa的车载储氢Ⅳ型瓶、98MPa的站用储氢容器、52MPa大容积储氢瓶及管束集装箱的量产。

管道运输方面，全球已建成超过5000km氢气长输管道，其中85%

分布在美国和欧洲，最高运行压力为 10.3MPa。

液氢储运方面，航天大国美国和俄罗斯的液氢储运技术居于世界前列，液化单位能耗低于 12kW · h/kg。美国航天应用的地面液氢储罐容积达 $3500m^3$；俄罗斯 JSC 深冷机械制造公司可生产 $1400m^3$ 的球形液氢储罐。

固态储氢方面，由于其较高的储氢密度和安全性，被认为是最具前景的特殊场景储氢技术，以稀土系、Ti–Mn 系储氢合金技术为主，储氢容量可提高至上千立方米，已在分布式发电、船用、车用等领域开展示范应用。日本东芝开发的稀土系合金储氢装置，储氢容量 $1000m^3$，体积储氢密度约 $38kg/m^3$。

有机液体储氢方面，国际上主要储氢载体包括甲基环乙烷和咔唑，理论质量储氢密度分别为 6.2% 和 6.7%。日本千代田选用甲基环乙烷作为氢气载体，脱氢产物甲苯属大宗商品，价格便宜，是理想的液态有机物储氢介质之一。

未来全球氢输配系统将以管道、大规模液氢、高压气态、有机液态、固态等相结合的储运方式，形成适宜不同运距的高效经济氢储运体系。

（5）加氢站建设稳步推进

全球以加氢站为主的基础设施尚处在建设初期，各国都在推进加氢网络建设，液氢加氢站、商用车加氢站和自动无人加氢站正在加速布局。截至 2022 年底，全球共建成加氢站 1024 座①（见图 1–2），主要分布于中国、日本、德国、美国和韩国，站内电解水制氢技术在欧洲加氢站得到广泛采用，我国 35MPa 商用车加氢站及油气氢电混合综合加能站布局速度居全球首位。根据各国发展战略预测，到 2030 年全球加氢站数量将超过 4500 座（见图 1–2），全球主要经济体将形成多元化、网络化的氢能基础设施体系。

---

① 数据来源：氢促会统计。

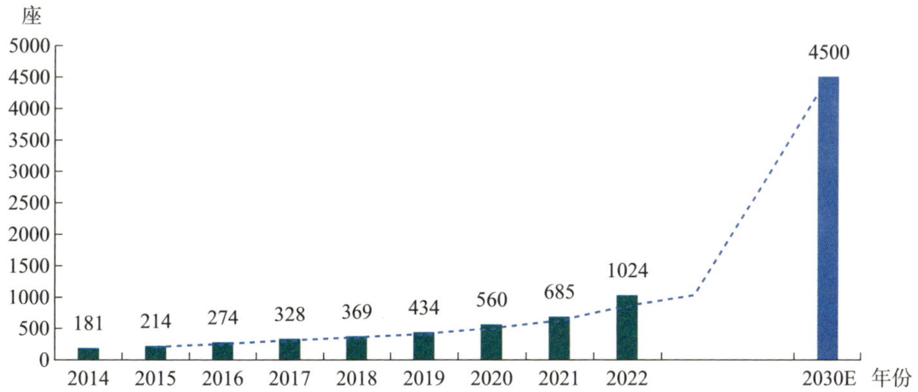

图 1-2　全球加氢站建成数量统计

资料来源：中国产业发展促进会氢能分会（HEIPA）

气氢加注根据供氢压力等级不同，可分为 35MPa 和 70MPa 两种供氢压力。欧美日的加氢站普遍采用 70MPa 压力标准，并实现设备量产。日本从制度上鼓励车载储氢瓶单次充气压力的安全上限值已从 70MPa 提高到 88MPa，进一步实现了技术升级。

气氢加注的核心设备为氢气压缩机与加氢机。国外先进的氢气压缩机的排气压力可达 100MPa，流量为 200~750Nm^3/h，效率可达 80%~85%，生产商以美国 Hydro-PAC、美国 PDC、德国浩夫尔、德国林德等为代表；在加氢机技术上，美国空气产品、德国林德、日东工器、德国 WEH 等企业生产的 70MPa 加氢机的安全性与智能化程度较高。

国外的液氢加注技术也比较成熟。美国液氢加氢站建设企业以普拉格能源、空气产品公司为主；日本岩谷、德国林德等也有液氢加氢站布局。

（6）氢能及燃料电池产业化浪潮加速

经过全球范围内近 30 年的持续研发，燃料电池在能量效率、功率密度、低温启动等方面已取得突破性进展，新一轮的燃料电池汽车①产业化浪潮正在迫近。全球主要经济体逐步开展燃料电池在各领域的示范应用，国际领先企业已开展燃料电池电堆、催化剂、质子交换膜及燃料电池整

① 本报告所描述的燃料电池汽车均指氢燃料电池汽车。

车等商业布局，前沿技术、核心材料和先进工艺主要被美国、日本、加拿大、欧洲等地企业垄断，燃料电池产业正从小规模示范转向大规模商业化应用。

降本增效是燃料电池技术的重要发展方向。目前国际上电堆价格已突破 300 美元 /kW，最大输出功率已超过 200kW，功率密度最高可达到 5.4kW/L；膜电极方面，国际先进水平的功率密度达到 1.5W/cm^2，寿命 25000h；目前燃料电池催化剂铂用量保持在 0.3~0.4g/kW 的水平，铂碳催化剂国际先进水平高于 0.24A/（mg・Pt）且分散均匀，PtCo 合金催化剂高于 0.4A/（mg・Pt）且得到市场验证，催化剂降低铂用量并寻求廉价替代催化剂是发展目标，预计在 2030 年前铂用量可降至 0.1g/kW；质子交换膜方面，戈尔公司占有全球市场最高份额，厚度可达到 8μm；气体扩散层方面，高性能的接触电阻小于 11mΩ・cm^2，透气性在 50~200sec，先进技术主要被日本、美国、加拿大、德国等国家掌握；双极板方面，石墨双极板电导率达到 100S/cm 以上，抗弯强度大于 25MPa，金属双极板腐蚀电流小于 0.5μA/cm^2，接触电阻小于 5mΩ・cm^2，耐久时长超过 5000h。

未来燃料电池系统功率将会逐步提升，适应高速、高续航里程和环境适应性的需求，主要将从提高质子交换膜、膜电极等关键部件的规模化水平，降低燃料电池成本，延长燃料电池寿命等方面推动产业技术进步。

（7）氢能应用技术领域逐渐拓宽

交通领域，截至 2022 年底，全球已累计推广燃料电池汽车 72000 余辆（见图 1–3），集中于欧盟、东亚和北美市场。另外，船舶和无人机方面，欧盟、日本和韩国等都在进行相关产品的研发试验工作；在特种设备方面，美国已推广燃料电池叉车 40000 余辆。

建筑领域，氢能正以热电联产作为主要方式，在日本、德国、韩国等国得到快速发展，日本已推广热电联产设备超过 48 万套，欧洲已部署热电联产设备 10000 余套，韩国安装了总功率 7MW 的热电联产系统，我国也正在山东开展“氢进万家”系列项目。

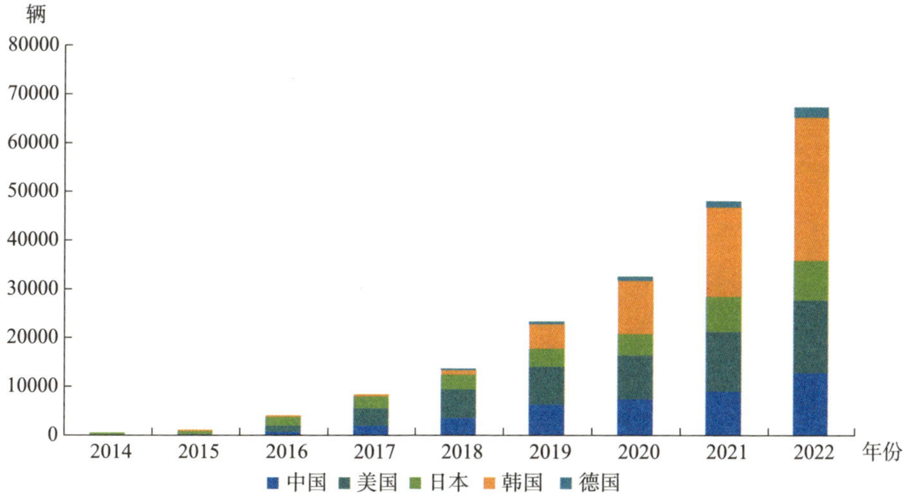

图 1-3 主要国家燃料电池汽车保有量（不完全统计）

冶炼领域，以氢代碳成为钢铁行业绿色低碳、高质量发展的主要出路，欧盟国家和日本等都在积极探索氢能在冶金领域的应用，除中国外，全球目前在示范的氢冶金项目主要有数十个，氢冶金有望得到快速发展（见表 1-3）。

化工领域，氢作为原料应用具有较长的历史和成熟的经验，炼化、化工生产用氢占氢气需求总量的 94.4%。未来，绿氢的引入将促进化工领域绿色发展。

随着产业技术快速发展，逐步明确氢的能源属性，氢能应用从化工原料向交通、建筑及能源领域快速渗透，未来氢能技术将有望在氢冶金、绿氢化工、氢储能等领域得到全面应用。

（8）国际氢能标准体系日趋完善

ISO 设立了氢能标准化技术委员会（ISO/TC197，Hydrogen Technologies），主要负责氢制取、储存、运输、检测和应用等领域的系统和设备的国际标准研究与制定，其他 ISO 标准化技术委员会，如路用车辆标准化技术委员会（ISO/TC22，Road Vehicles）、气瓶标准化技术委员会（ISO/TC58，Gas Cylinders）和低温容器标准化技术委员会（ISO/TC220，Cryogenic Vessels）也发布了氢能技术与应用相关的国际标准。IEC 设立

表 1–3　全球主要氢冶金项目情况（不完全统计，不包含中国）

序号	项目	投资	进展及计划	氢源
1	美国 Midrex		自 1969 年起，Midrex 工厂采用氢气比例超过 50% 的还原气体生产了 9.55 亿 t 直接还原铁	
2	日本 COURSE50	150 亿日元	2008 年启动，2020 年完成实证，2030 年实现商用	焦炉煤气制氢
3	韩国浦项富氢高炉炼铁	1000 亿韩元	2010 年 6 月项目确立	核能制氢
4	瑞典 HYBRIT	10 亿~20 亿瑞典克朗	2016 年成立，2018 年 6 月至 2024 年中试，2021 年开始在 LKAB 位于 Svartoberget 的地下 25~35m 处建造氢储存设施，2035 年实现商业化	清洁能源电解水制氢
5	德国蒂森克虏伯氢炼铁技术	计划到 2050 年投资 100 亿欧元	2019 年 11 月开始试验将氢气注入杜伊斯堡 9 号高炉，计划 2022 年开始在该地区其他 3 座高炉都使用氢气炼铁	法液空管道输氢
6	普锐特冶金—无碳氢基铁矿粉直接还原技术		2019 年 6 月开始技术开发	绿氢、传统蒸汽重整炉的富氢气体或富氢废气
7	安赛乐米塔尔氢能炼铁实证工厂	6500 万欧元	2019 年 9 月开工	天然气制氢、高炉顶气制氢、其他可再生氢
8	德国迪林格和萨尔富氢炼铁技术	1400 万欧元	2020 年开始实施将富氢焦炉煤气输入高炉中，用氢取代部分碳作为还原剂	富氢焦炉煤气
9	萨尔茨吉特低碳项目（SALCOS）	5000 万欧元	2020 年投用	风电制氢，可逆式固体氧化物电解
10	奥钢联 H2Future	1800 万欧元	2035 年实现氢冶金	电解水制氢

资料来源：冶金工业信息标准研究院

了燃料电池技术标准化委员会（IEC/TC105，Fuel Cell Technologies），主要负责所有类型燃料电池及其应用相关的国际标准研究与制定。

截至 2022 年 12 月，ISO 氢能技术的现行标准为 125 项，主要涉及氢能储运、氢能安全、氢能检测试验方法、氢能制取设备和加注环节关键部件；IEC 燃料电池方面技术的现行标准 26 项，主要涉及燃料电池术语、燃料电池模块以及不同类型燃料电池（固定式燃料电池、便携式燃料电池、微型燃料电池）的安全性、相关试验及测试方法等方面。ISO 和 IEC 的标准已被多国直接采用或借鉴，推动了国际氢能标准化进程，同时各国也在积极推动本国氢能标准体系建设。

（9）小结

从全球范围来看，世界主要发达国家从资源、环保等角度出发，都高度重视氢能技术和产业的发展。结合各国氢能发展路线可以看出，侧重点各有不同：美国主要关注氢能产业推广，对燃料电池汽车、加氢站数量有明确规划，注重液氢相关设备和产品的输出；欧洲更关注氢能发展在碳减排等环境方面的效用，注重标准和技术体系建设；日本、韩国则主要关注技术开发、基础设施建设，政府支持力度大、补贴高，重点扶持燃料电池汽车销售，注重产业技术输出和氢能贸易；我国目前集中进行全产业链技术突破及产业示范，是全球最大最具潜力的市场。

作为应对气候变化、实现低碳经济的关键因素，氢能在各国能源变革中的地位不言而喻。中国产业发展促进会氢能分会根据各国战略规划，按照发展趋势预测，到 2030 年，全球对氢的需求预计超过 1.5 亿 t。后续章节将结合中国产业发展促进会氢能分会调研及会员单位提供资料，对全球各区域氢能技术与产业发展情况进行具体分析。

第 2 章 欧洲氢能技术与产业发展

近年来，欧洲对能源转型和气候变化的关注度不断加大，并与其产业政策和经济政策紧密结合。氢能因能量密度高、清洁低碳等特点，受到日益广泛的关注。欧盟内部发展氢能的呼声也越来越高，企业、学界、智库、议会等均呼吁加大对氢能产业投入。2019 年 12 月，新一届欧盟委员会提出了《欧洲绿色协议》，推进欧盟能源和经济向可持续、绿色、低碳方向发展，以实现 2050 年“碳中和”气候目标。目前，欧盟 18 个成员国以及英国都制定了氢能战略，推动以氢能替代化石能源。欧洲各国从吸纳投资、市场监管、科技研发、基础设施投入等多方面制定了一系列产业扶持政策。

欧洲各国大力推动氢能发展，体现了该地区国家希望将可持续发展与当前经济转型相结合、在新兴产业领域抢占先机等重要考量，也是面临新冠疫情严重冲击，推进疫情后经济复苏、加快产业结构转型升级和提升发展动能的重要举措。氢能作为新兴产业有巨大发展潜力和经济拉动潜力，欧洲各国希望在氢能领域抢占产业竞争的先机，发展经济新动能，为能源转型提供有效路径。

2.1 欧盟氢能技术与产业发展

2.1.1 欧盟氢能产业总体发展情况

欧洲是最早探索氢能应用的地区之一，长期以来积极推动相关科技和产业发展。2020 年 7 月，欧盟提出全新的氢能发展战略《气候中性的欧洲氢能战略》(简称《欧盟氢能战略》)，拟从制定氢能发展路线图、建

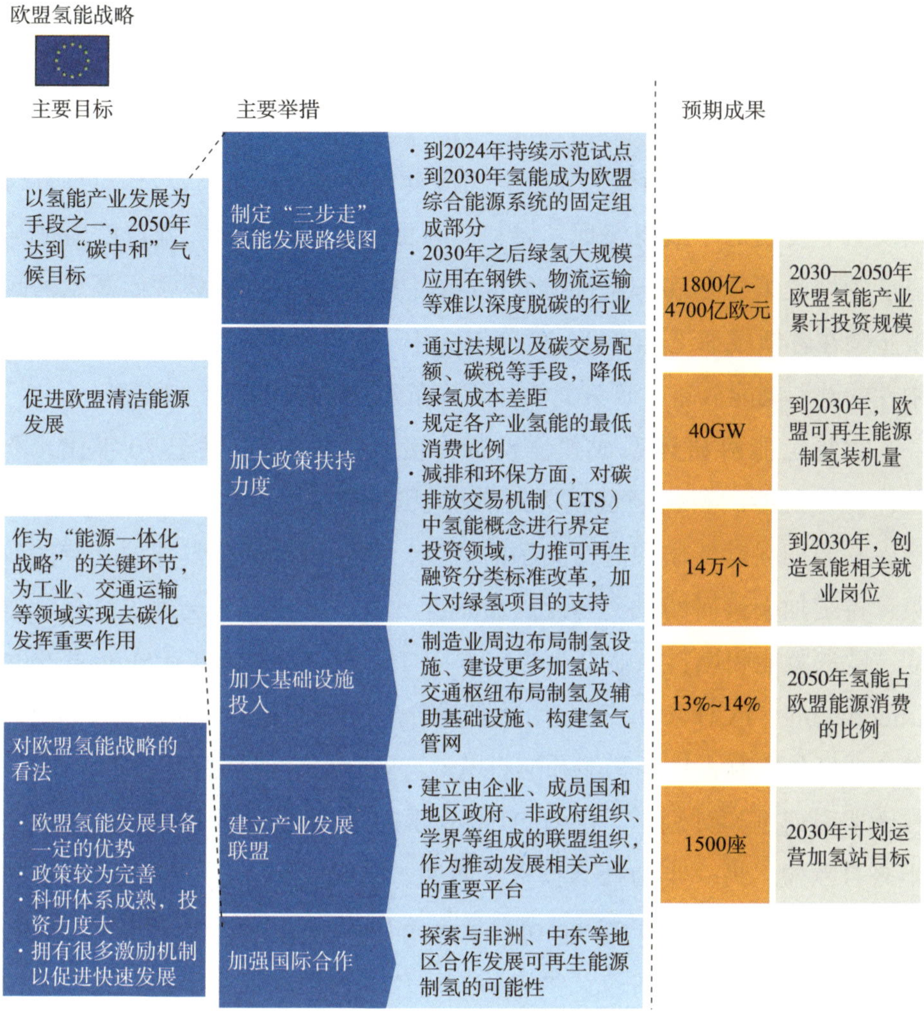

图 2-1　欧盟氢能战略

立产业发展联盟、加大政策扶持力度、加大基础设施投入、加强国际合作等方面，全面推进氢能发展（见图 2-1）。

欧盟氢能发展具备一定的优势。在基础设施领域，欧盟致力于构建氢气干线管网，以实现氢气的低成本长距离运输，目前已经具备相对完善的管道设施，可用于成员国内部氢能贸易。随着天然气需求下降，氢气可以提升管网资产的利用率，进行相关技术改造和基础设施投入在经济上也具备可行性。在产业集群上，由荷兰、比利时、德国、挪威所环绕的北海地区，已经具备推进大规模制氢的产业基础。工业需求、可再生能源发电基础、管道基础设施、CCUS 技术应用，均为氢能产业发展提供了良好土壤。

欧盟氢能发展政策较为完善。2019 年，欧盟发布的《欧洲绿色协议》提及氢能发展对于欧盟实现气候和能源目标的重要作用，建议欧盟加强氢能领域政策规划和产业扶持力度。该协议发布后，欧盟按照规划的政策步骤在各领域细化落实①。2020 年 7 月，欧盟委员会正式发布了《气候中性的欧洲氢能战略》政策文件，并宣布建立欧盟氢能产业联盟。

欧盟氢能科研体系成熟，投资力度大。早在 20 世纪 70 年代，欧共体投入氢能的科研经费就达到 7200 万~8400 万美元②。进入 21 世纪后，欧盟加强对气候和能源问题的关注，不断提出氢能发展的支持性政策，持续加大科研的投资力度。2008 年 5 月，欧盟理事会通过决议，建立“欧洲氢能和燃料电池事业联合体”（The Fuel Cell and Hydrogen Joint Undertaking，FCH JU），建立由欧盟委员会、产业协会、企业等共同组成的产业合作机制，推动氢能和燃料电池产业发展、应用并开展技术研发。在欧盟科研框架计划下，FCH JU 共获得超过 20 亿欧元的投资，其中一半来自欧盟，另一半为社会投资。同期，欧盟发起设立“欧洲共同利益重要项目”（Important Projects of Common European Interest，IPCEIs），对事关欧盟未来经济和科技竞争力的关键技术、基础设施项目，在欧盟层面给予公共支持。该项目计划投资 650 亿欧元，支持 24 个成员国完成 12 万辆燃料电池汽车和 1300 个加氢站投运的目标③。2022 年 5 月欧委会提出的 REPowerEU 计划中为加速推进氢能项目，预留了额外的 2 亿欧元资金用于研究。

---

① In focus：Hydrogen – driving the green revolution，2021–04，https：//ec.europa.eu/info/news/focus-hydrogen-driving-green-revolution-2021-abr-14_en.

② 董一凡 . 欧盟氢能发展战略与前景 [J]. 国际石油经济，2020，28（10）：23-30.

③ The IPCEI on Hydrogen，2019–10，https：//static1.squarespace.com/static/5d3f0387728026000121b2a2/t/5e206129f5403e49cd93d7f6/1579180330743/b_DG+GROW_CW_Hydrogen+IPCEI8.pdf.

欧盟氢能产业需要更多激励机制以促进快速发展。目前，欧盟每年消耗氢气的总量约为 800 万 t，占全球氢能需求的 9%[①]，欧盟生产的氢气大多来自天然气，可再生能源制氢产能较小。欧盟委员会预计，氢能占欧盟能源消费的比例有望从目前的 2% 上升至 2050 年的 13%~14%，但氢能的产业规模和经济性仍是制约其发展的主要因素。对于欧盟氢能发展来说，欧盟内部市场环境条件有待改善。能否借鉴成熟的可再生能源发展激励机制、利用差价合约（CfD）等创新灵活的市场机制吸引更多的社会资本进入氢能领域，是欧盟实现氢能快速发展的关键。

2.1.2 《欧盟氢能战略》

2020 年 7 月，欧盟委员会发布了《欧盟能源系统融合战略》和《欧盟氢能战略》[②]，这两个战略为欧盟提出了一个新的清洁能源一体化投资议程，并与欧盟委员会的下一代欧盟复苏计划和《欧洲绿色协议》相呼应，为欧盟清洁能源发展，尤其是氢能行业的发展明确了方向（见表 2–1）。

表 2–1　欧盟近年来发布的气候政策及涉及氢能发展规划内容

战略规划	涉及氢能发展相关内容
《2050 年长期战略》（2018 年）	“地平线欧洲”计划（欧洲的 2021—2027 年研究和创新计划）中，将拿出 35%（超过 30 亿欧元）投资气候相关目标，开发具有成本效益的创新型解决方案； 主要涉及高投资风险的颠覆式创新领域，包括电气化（可再生能源、智能网络和电池）、氢和燃料电池、储能、能源密集型产业的碳中和转型等
《欧洲绿色协议》（2019 年）	绿色协议下的首批气候行动倡议包括：欧洲气候法将 2050 年气候中和目标纳入欧盟法律；到 2030 年将温室气体净排放量进一步减少至少 55% 的 2030 年气候目标计划（“Fit for 55”）；其中除了明确到 2030 年工业部门的氢能应用中绿氢占比超过 50%，还对航运用燃料电池和加氢站建设提出了更具雄心的发展目标

① IEA. The Future of Hydrogen：Seizing today’s opportunities［EB/OL］. 2019–06. https：//www.iea.org/reports/the–future–of–hydrogen.

② A hydrogen strategy for a climate–neutral Europe，2020–07，https：//ec.europa.eu/energy/sites/ener/files/hydrogen_strategy.pdf.

续表

战略规划	涉及氢能发展相关内容
《可持续欧洲投资计划》（2020 年）	欧盟长期预算中至少有 25% 将用于气候行动； 欧洲投资银行业提供资金支持； 下一步还将出台绿色融资战略
《REPowerEU 计划》（2022 年）	力争到 2030 年实现 2000 万 t 绿氢的供应，其中 1000 万 t 在欧盟内生产，1000 万 t 进口； 成立“欧洲氢能银行”，投资 30 亿欧元助力发展氢能市场； 推出不同的碳合同，以支持工业对绿色氢的吸收，并在创新基金下为 REPowerEU 提供特定融资

资料来源：EU

《欧盟氢能战略》强调，“氢能战略”作为“能源一体化战略”的关键环节，将为工业生产、交通运输等领域实现去碳化发挥重要作用。该战略旨在通过投资、监管、市场以及研究创新等一系列措施来实现碳减排（见表 2–2）。

表 2–2　欧盟气候目标演变

项目	2020 年	2014 年设定的 2030 年目标	“Fit for 55”设定的 2030 年目标	REPowerEU 设定的 2030 年目标
减排目标（与 1990 年比）	下降 20%	下降 40%	至少下降 55%	至少下降 55%
可再生能源目标（在能源总消费中的占比）	20%	至少 32%	40%	45%
能效目标	20%	至少 32.5%	36%	36%

资料来源：EU，Bruegel

制定“三步走”氢能发展路线图（见图 2–2、图 2–3）。第一步，到 2024 年，欧盟计划安装可再生能源制氢设备至少 6GW，清洁氢产量达到 100 万 t/a，为此欧盟将建造一批单个功率达 100MW（制氢能力约 1.7t/h）的电解设备；第二步，到 2030 年，计划安装至少 40GW 的电解水制氢设备，清洁氢产量将达到 1000 万 t/a，氢能成为欧盟综合能源系统的重要组成部分，届时欧盟的氢能市场规模将从目前的 20 亿欧元上升至 1400 亿欧元，并创造 14 万个相关就业岗位；第三步，2030 年之后，争取将绿氢大规模应用在钢铁、物流运输等难以实现深度脱碳的行业中。同时欧盟呼吁各成员国将氢能列入国家能源与气候发展的中长期目标规划。

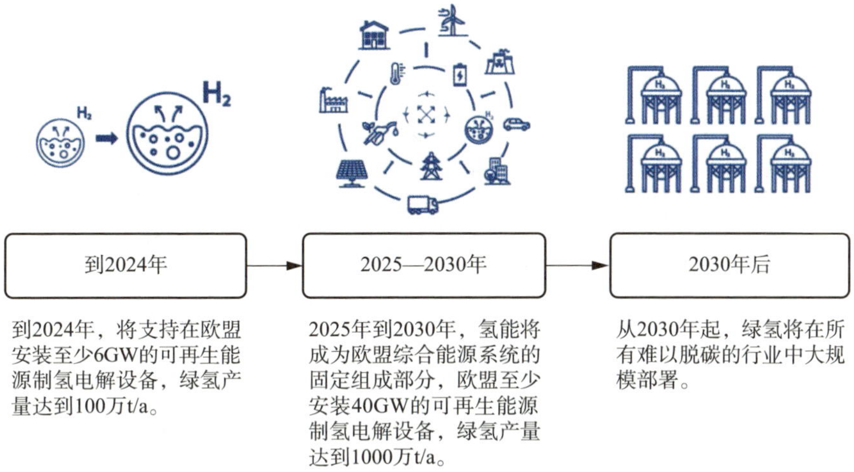

图 2-2 欧盟氢能发展“三步走”①

翻译制图：中国产业发展促进会氢能分会（HEIPA）

加大政策扶持力度。在市场监管方面，欧盟将通过法规以及碳交易配额、碳税等市场手段，帮助绿氢缩小与化石能源制氢的成本差距；在国家补助政策上，欧盟将自 2021 年起制定有关氢能发展的国家补助政策框架，规定各产业使用氢能的最低消费比例，保证氢能获得足够的市场需求；在减排和环保政策上，欧盟将对碳排放交易机制（Emissions Trading System，ETS）中有关氢能以及制氢方法的概念进行界定，使化石燃料制氢受到碳排放交易机制的成本约束；在投资领域，欧盟将力推可再生融资项目分类标准改革，引导投资者加大对绿氢等绿色项目的支持。欧盟诸多公共投资机制，包括新的多年期预算框架下的区域发展基金、团结基金、投资欧盟（InvestEU）等，均将加大对氢能项目的支持力度；在科研方面，欧盟 2014—2020 年期的“地平线 2020”框架计划，支持设立了燃料电池和氢能联合项目，2021 年后，“地平线欧洲”将作为后续计划，持续加大对氢能技术研发的支持。

---

① A Hydrogen Strategy for a climate neutral Europe #EUGreenDeal，2020-07，https：//ec.europa.eu/commission/presscorner/api/files/attachment/865942/EU_Hydrogen_Strategy.pdf.pdf.

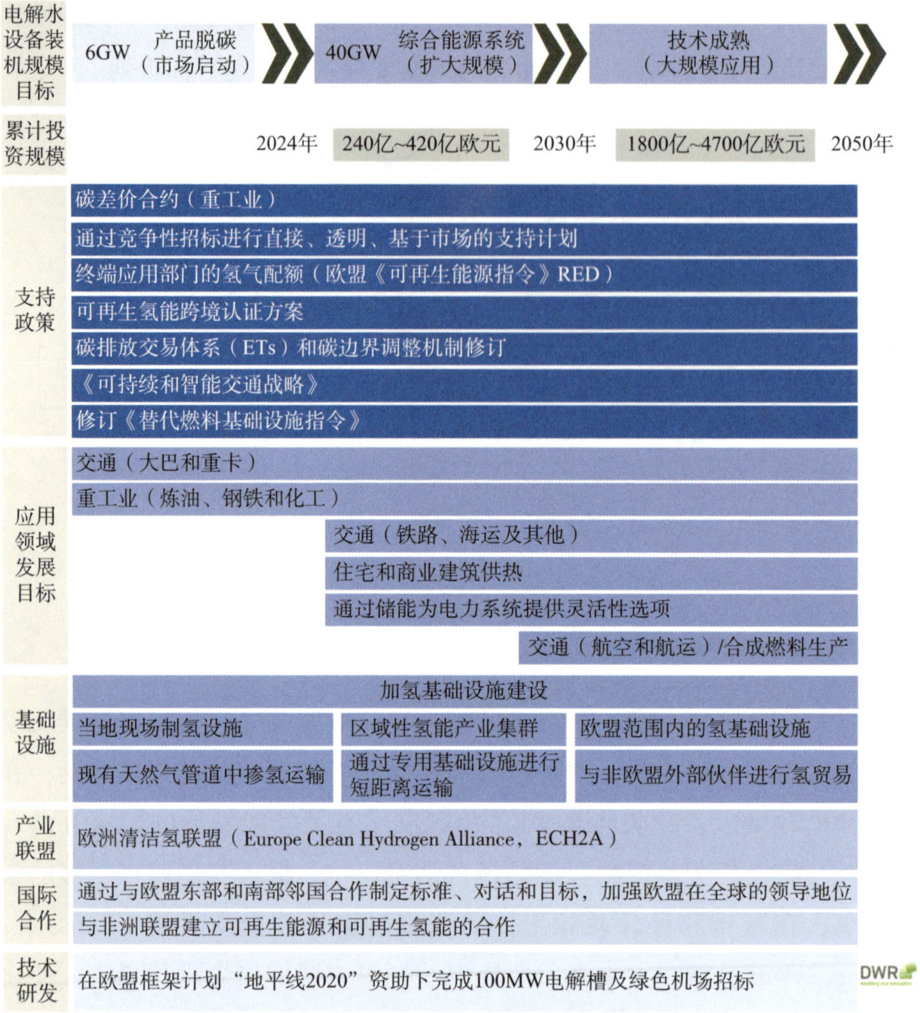

图 2-3 《欧盟氢能战略》主要内容及时间节点

资料来源：A Hydrogen Strategy for a climate neutral Europe，2020，DWR-eco

翻译制图：中国产业发展促进会氢能分会（HEIPA）

加大基础设施投入。在制造业领域，欧盟提出将制氢电解槽部署在炼油厂、钢铁厂和化工厂的周边，以提供能源和原料，利用可再生能源发电制氢，促进这些行业绿色低碳转型。在交通领域，为燃料电池公交车和卡车建设更多加氢站，并围绕加氢站部署电解槽产能，在港口和机场等交通枢纽布局制氢及辅助基础设施。此外，将建设更多氢气管网，推动氢气远距离输送，并服务于氢能贸易。法国与德国天然气管网运营商已开始讨论建设欧洲首条跨境纯氢输送管线。德国、奥地利、法国、荷兰、比利时和卢森堡的能源部长也共同强调加大对氢气运输基础设施的投资力度。

建立产业发展联盟。在欧盟推进气候和能源转型的政策框架中，建立由企业、成员国和地区政府、非政府组织、学界等组成的联盟组织，并作为推动发展相关产业的重要平台。主要联盟包括：已有超过260家企业加入的氢能欧洲（Hydrogen Europe）①；汇集业内超过90家大学和研究机构的欧洲氢能研究所（Hydrogen Europe Research）②；欧盟为推动氢能产业链整合及强化，与能源企业、制氢公司建立的欧洲清洁氢联盟（ECH2A）③。

加强国际合作。欧盟将探索与非洲，特别是北非地区，合作发展可再生能源制氢的可能性。推动欧盟东部和南部周边邻国发展绿氢产业，2024年实现制氢产能达到40GW的目标并向欧盟出口。在投融资方面，欧盟将通过其主导的多边投资机构或开发银行，支持周边国家绿氢项目建设，其中，“西巴尔干投资促进框架”将作为重要抓手。在国际机制层面，欧盟致力于成为氢能技术标准的国际领导者，将推动与国际伙伴就氢能发展达成更广泛的协议，并建设“基于规则的氢能市场”，防范潜在的贸易扭曲和市场壁垒。

2.1.3 欧洲氢能和燃料电池事业联合体（FCH JU）项目及主要成果

2008年5月，欧盟理事会通过决议，建立“欧洲氢能和燃料电池事业联合体”（FCH JU），创立由欧盟委员会、产业协会、企业等共同组成的产业合作机制，推动氢能和燃料电池产业发展、应用并开展技术研发。2014年5月，欧盟理事会再次通过决议，决定将对FCH JU的支持延期

① https://www.hydrogeneurope.eu/about-us/115-2/.
② https://www.hydrogeneurope.eu/about-us/research/.
③ https://www.ech2a.eu/.

至 2024 年底，2014—2020 年主要由欧盟框架计划“地平线 2020”资助，总匹配预算至少为 1.33 亿欧元。

（1）欧盟科研与创新体系——欧盟框架计划

“地平线 2020”框架计划的前身为始于 1984 年的“欧盟科研框架计划”，是欧盟成员国共同参与的中期重大科研计划，也是世界上规模最大的官方综合性科技研发的计划之一，主要研究国际前沿和竞争性科技难点问题。进入 21 世纪以来，主要开展了 3 次框架计划和“地平线 2020”（H2020，2014—2020）。作为“地平线 2020”的后续框架计划，欧盟委员会于 2021 年 3 月启动了新一轮欧盟研发与创新计划，即“欧洲地平线”计划，预计投资总额为 955 亿欧元（见图 2-4）。

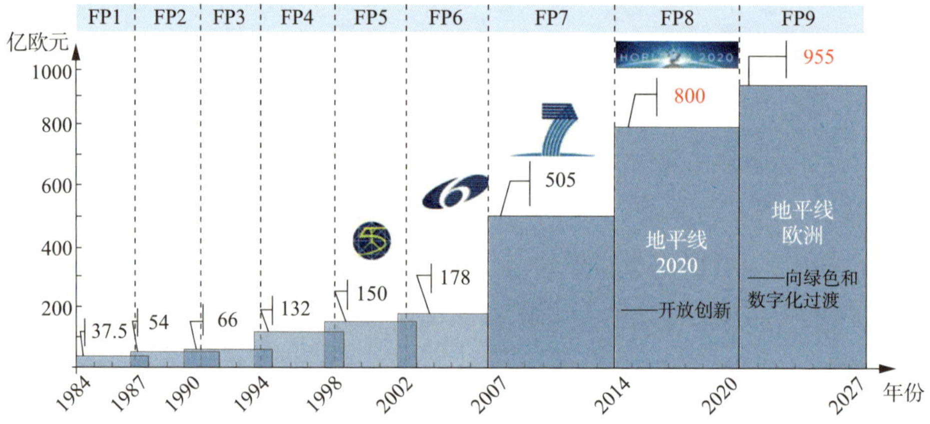

图 2-4 欧盟框架计划发展及资助总额

资料来源：cordis.europa.eu

翻译制图：中国产业发展促进会氢能分会（HEIPA）

（2）FCH JU 的组织架构和主要发展目标

FCH JU 是一个公私合作伙伴组织，主要包括三个运营管理方：欧盟委员会、氢能欧洲（代表燃料电池和氢能行业的行业组织）、欧洲氢能研究所（代表学术界的研究机构）（见图 2-5）。之所以选择政府组织、工业组织和研究机构三方合作伙伴的模式，是因为氢能技术的研发难度和市场规模都超过了单一公司或研究机构的技术和财务能力范围。只有通过资源汇集并创建联合发展促进平台，将决策者、企业和研究机构聚集在一起，才能构建稳定的研究与投资框架，最大限度地保障多方战略合作的成功。

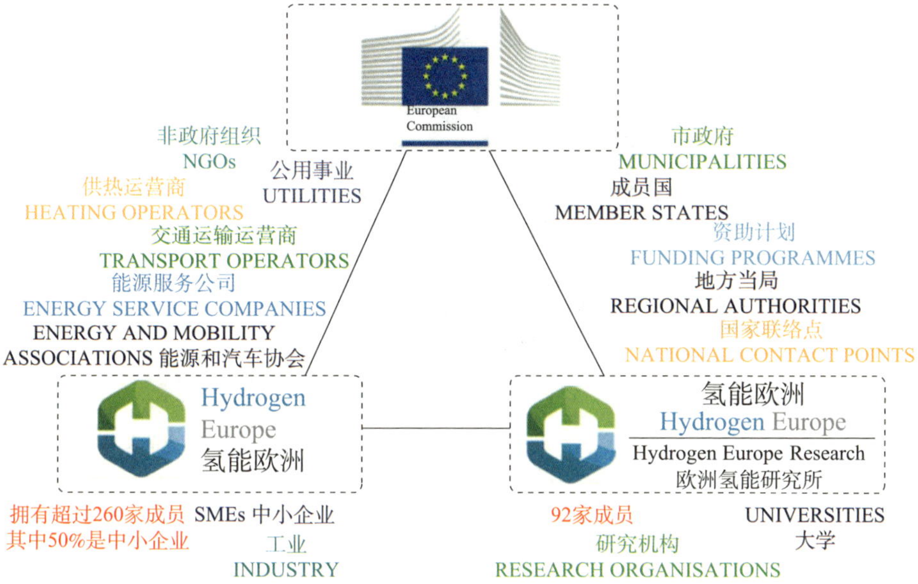

图 2-5　FCH JU 的组织架构

资料来源：fch.europa.eu

翻译制图：中国产业发展促进会氢能分会（HEIPA）

FCH JU采用开放申请模式，每年根据市场需求匹配优先方向及主题，发出项目申请邀请。收到申请后 FCH JU 与独立专家评估每个申请并打分，最后选取高分项目提供资金支持。

FCH JU 计划围绕三个主要领域开展项目：

- 交通领域：旨在通过示范和研究项目，加速燃料电池技术在交通领域应用的商业化。
- 能源领域：通过提高效率并同步降低成本来加速固定式燃料电池和低碳制氢技术的商业化。
- 交叉领域：该计划侧重于氢能相关辅助服务、培训和技术工具开发等项目。

2008 年以来，FCH JU 共获得超过 20 亿欧元的资助，其中 10.7 亿欧元来自欧盟，10.8 亿欧元来自业内企业（见图 2-6）。

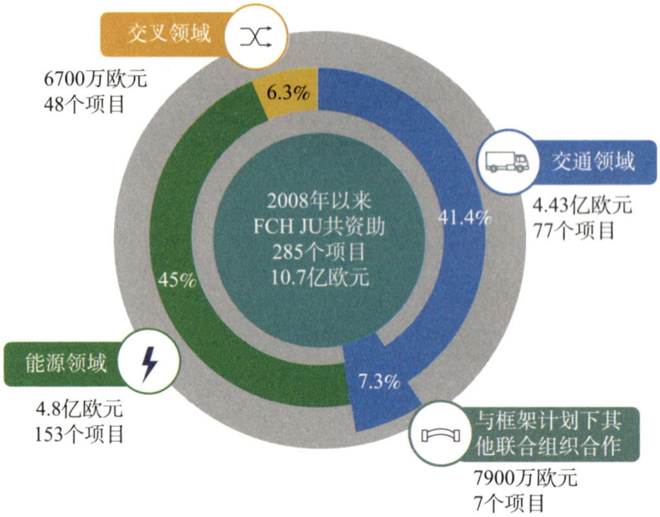

图 2-6　2008—2020 年 FCH JU 资助项目数量及金额

资料来源：fch.europa.eu

翻译制图：中国产业发展促进会氢能分会（HEIPA）

FCH JU 的五大目标如图 2-7 所示。

图 2-7　FCH JU 的五大目标

资料来源：fch.europa.eu

翻译制图：中国产业发展促进会氢能分会（HEIPA）

“地平线 2020”框架计划下的 7 年间，FCH JU 受资助的项目超过 130个，欧盟资助总额达到6.4亿欧元并取得一定成果（见表2-3~表2-5，图 2-8~图 2-11）。

表 2-3　FCH JU“地平线 2020”框架计划下能源领域资助项目情况

序号	项目缩写	项目名称	项目年份	欧盟资助金额（万欧元）	欧盟资助在项目预算中的占比	主导企业及机构	主导国家
1	HyBalance	HyBalance	2014	800	51%	法液空	法国
2	DEMOSOFC	以污水处理厂的沼气为燃料的大型SOFC 系统示范	2014	449	76%	都灵理工大学	意大利
3	INNO-SOFC	开发创新的 50kW SOFC 系统和相关价值链	2014	400	100%	芬兰 VTT 技术研究中心	芬兰
4	AutoRE	汽车衍生能源系统	2014	350	78%	阿尔斯通能源	英国
5	BIONICO	基于膜反应器技术的沼气制氢装备	2014	315	93%	米兰理工大学	意大利
6	D2Service	对技术和应用服务设计	2014	295	81%	德国航空航天中心	德国
7	SElySOs	新型电极材料的开发和固体氧化物高温电解槽降解机制	2014	294	100%	Idryma Technologias Kai Erevnas	希腊
8	HEALTH-CODE	嵌入式 Eis PEM 燃料电池健康状态监测和诊断	2014	236	100%	萨勒诺大学	意大利
9	ELYntegration	用于能源应用的电网集成多兆瓦高压碱性电解槽	2014	186	56%	阿拉贡新氢技术开发基金会	西班牙
10	PACE	通往竞争激烈的欧洲 FC mCHP 市场的途径	2015	3393	40%	欧洲热电联产促进协会	比利时
11	GrInHy	通过可逆高温电解获得绿色工业氢气	2015	450	100%	德国杜伊斯堡研究所	德国

续表

序号	项目缩写	项目名称	项目年份	欧盟资助金额（万欧元）	欧盟资助在项目预算中的占比	主导企业及机构	主导国家
12	HEATSTACK	用于燃料电池mCHP的量产型热交换器和燃料电池堆	2015	290	100%	Senior英国	英国
13	HyGrid	用于从NG电网中回收H_2的灵活混合分离系统	2015	253	80%	埃因霍温科技大学	荷兰
14	HPEM2GAS	用于经济高效的电网平衡应用的高性能PEM电解槽	2015	250	77%	意大利国家研究委员会	意大利
15	ECo	用于高效可再生能源的高效电解槽–ECo	2015	250	94%	丹麦技术大学	丹麦
16	ELY4OFF	PEM电解槽用于离网可再生能源装置运行	2015	232	100%	阿拉贡新氢技术开发基金会	西班牙
17	Cell3Ditor	用于商业应用的经济高效且灵活3D打印SOFC电堆	2015	218	100%	加泰罗尼亚能源研究所	西班牙
18	SOSLeM	固体氧化物堆精益制造	2015	199	68%	SOLIDpower	意大利
19	H2Future	氢能满足低碳制造价值链的未来需求	2016	1200	67%	VERBUND电力公司	奥地利
20	CH2P	使用富含甲烷气体的固体氧化物系统进行热电联产	2016	400	58%	意大利布鲁诺·凯斯勒基金会	意大利
21	BIOROBURplus	先进直接沼气燃料处理器分散式制氢	2016	300	79%	都灵理工大学	意大利
22	Demo4Grid	用于电网平衡服务的4MW加压碱性电解槽的示范	2016	293	38%	DIADIKASIA商务咨询	希腊

续表

序号	项目缩写	项目名称	项目年份	欧盟资助金额（万欧元）	欧盟资助在项目预算中的占比	主导企业及机构	主导国家
23	INSIGHT	使用信号分析在实际SOFC系统中实施监控和诊断工具以延长使用寿命	2016	250	79%	法国原子能和替代能源委员会	法国
24	PECSYS	太阳能制氢大型光电化学系统技术示范	2016	250	100%	德国赫姆霍兹柏林联邦材料与能源研究所	德国
25	qSOFC	固体氧化物燃料电池堆的自动化量产和质量保证	2016	211	100%	芬兰VTT技术研究中心	芬兰
26	MEMPHYS	基于膜的氢气净化系统	2016	200	96%	约瑟夫·斯特凡研究所	斯洛文尼亚
27	QualyGridS	电网服务电解槽的标准化评价测试	2016	200	71%	德国航空航天中心	德国
28	REFHYNE	欧洲清洁炼油厂氢气	2017	1000	51%	挪威科技工业研究院（SINTEF）	挪威
29	ComSos	商业规模的SOFC系统	2017	749	73%	芬兰VTT技术研究中心	芬兰
30	EVERYWH2ERE	提升氢气的经济性，实现可持续运营并遍布欧洲城市	2017	500	74%	Rina咨询公司	意大利
31	REMOTE	具有多种选择的偏远地区能源供应集成氢基技术	2017	500	66%	都灵理工大学	意大利
32	Haeolus	具有优化的变电站上游电解槽的氢能源	2017	500	74%	SINTEF	挪威
33	GRASSHOPPER	电网辅助模块化PEM发电	2017	439	100%	INEA集团	斯洛文尼亚
34	MAMA-MEA	使用高速沉积工艺大规模制造MEA	2017	319	100%	开姆尼茨工业大学	德国

续表

序号	项目缩写	项目名称	项目年份	欧盟资助金额（万欧元）	欧盟资助在项目预算中的占比	主导企业及机构	主导国家
35	GAMER	高温蒸汽电解槽具有用于加压制氢的新型管状电池和电堆结构	2017	300	100%	挪威科技工业研究院（SINTEF）	挪威
36	OxiGEN	适用于小型固定应用的下一代固体氧化物燃料电池堆和热箱解决方案	2017	300	100%	欧洲耐火制品协会（SEFPRO）	法国
37	REFLEX	用于优化局部能量混合的可逆 SOC 电解槽和燃料电池	2017	300	100%	法国原子能和替代能源委员会	法国
38	HySTOC	使用液态有机氢载体的氢气供应和运输	2017	250	100%	Hydrogenious Lohc	德国
39	PRETZEL	用于高压 PEM 水电解槽技术的新型模块化堆叠设计	2017	200	100%	德国航空航天中心	德国
40	NEPTUNE	新一代 PEM 电解槽	2017	193	100%	ITM	英国
41	Djewels	Delfzijl 大规模电解制绿氢联合开发	2018	1100	25%	诺力昂化工	荷兰
42	ELECTROU	兆瓦燃料电池微电网和国王十字区的区域供热	2018	600	58%	大都会国王十字有限公司	英国
43	GrInHy2.0	蒸汽电解制绿色工业氢气	2018	400	68%	德国杜伊斯堡研究所	德国
44	HYDROSOL-beyond	太阳能结构反应器中的热化学制氢：面临挑战和超越	2018	300	100%	希腊国家研究技术发展中心	希腊
45	RoRePower	强大的远程电源	2018	300	71%	芬兰 VTT 技术研究中心	芬兰
46	LOWCOST-IC	用于 SOC 应用的低成本互连与高度改进的接触强度	2018	234	100%	丹麦技术大学	丹麦

续表

序号	项目缩写	项目名称	项目年份	欧盟资助金额（万欧元）	欧盟资助在项目预算中的占比	主导企业及机构	主导国家
47	HyCARE	通过氢载体和储热相结合的可再生能源存储创新方法	2018	200	100%	都灵大学	意大利
48	WASTE2WATTS	以低成本清洁和热集成与 SOEC 利用生物废物资源	2018	168	100%	洛桑联邦理工学院	瑞士
49	WASTE2GRIDS	转换余热以通过高效 SOC 提供灵活电网平衡服务	2018	53	100%	洛桑联邦理工学院	瑞士
50	HEAVENN	荷兰北部山谷氢能应用	2019	2000	20%	荷兰能源谷基金会	荷兰
51	MultiPLHY	多兆瓦高温电解槽产生绿氢，生产优质化工产品	2019	699	72%	法国原子能和替代能源委员会	法国
52	NewSOC	下一代固体氧化物燃料电池和电解技术	2019	500	100%	丹麦技术大学	丹麦
53	RUBY	用于提高燃料电池固定装置性能和耐久性的稳健可靠的通用管理工具	2019	300	100%	萨勒诺大学	意大利
54	SWITCH	原位完全集成和连续多源制氢的智能方法	2019	299	80%	意大利布鲁诺·凯斯勒基金会	意大利
55	NEWELY	具有改进组件和材料的下一代碱性膜水电解器	2019	220	85%	德国航空航天中心	德国
56	HIGGS	气体管网中的氢气：高压管网掺氢系统验证方法	2019	211	100%	阿拉贡新氢技术开发基金会	西班牙
57	ANIONE	用于大规模可再生氢生产阴离子交换膜电解槽	2019	200	100%	意大利国家研究委员会	意大利
58	CHANNEL	基于阴离子交换膜电解具有成本效益的制氢装置的开发	2019	200	100%	挪威科技工业研究院（SINTEF）	挪威

续表

序号	项目缩写	项目名称	项目年份	欧盟资助金额（万欧元）	欧盟资助在项目预算中的占比	主导企业及机构	主导国家
59	EMPOWER	欧洲甲醇动力燃料电池 CHP	2019	150	100%	芬兰 VTT 技术研究中心	芬兰
60	GREEN HYSLAND	马略卡岛上 H_2 生态系统	2020	1000	49%	西班牙国家天然气公司	西班牙
61	HYPSTER	用于大型生态系统复制的氢试验储存	2020	500	38%	Storengy Sas	法国
62	OYSTER	来自岸边风力发电机集成电解槽的海上氢气	2020	500	64%	元素能源公司	法国
63	MegaSyn	兆瓦级高温电解作为用于电力合成燃料合成的合成气生成	2020	500	100%	丹麦技术大学	丹麦
64	WINNER	用于电化学反应的创新型纳米级优化电极和电解质	2020	293	100%	SINTEF	挪威
65	SO-FREE	热电联产固体氧化物燃料电池：面向未来的能源	2020	274	90%	ENEA	意大利
66	REACTT	高级诊断和控制工具，可延长 SOC 使用寿命	2020	271	100%	约瑟夫·斯特凡研究所	斯洛文尼亚
67	SHERLOHCK	基于液态有机氢载体的用于氢和储能应用的可持续且具有成本效益的催化剂	2020	256	100%	法国原子能和替代能源委员会	法国
68	PROMETEO	高温固体氧化物电解槽中太阳能热发电制氢	2020	250	71%	ENEA	意大利
69	E2P2	用于数据中心主要电源的燃料电池	2020	250	100%	瑞典研究所（RISE）	瑞典
70	HyStorIES	欧洲地下储氢	2020	250	90%	Geostock Sas	法国

资料来源：fch.europa.eu

表 2-4　FCH JU“地平线 2020”框架计划下交通领域资助项目情况

序号	项目缩写	项目名称	项目年份	欧盟资助金额（万欧元）	欧盟资助在项目预算中的占比	主导企业及机构	主导国家
1	H2ME	氢动力欧洲	2014	3200	51%	元素能源	英国
2	H2REF	开发具有成本效益且可靠的氢燃料电池汽车加注系统	2014	597	84%	法国国家科学研究中心（CNRS）	法国
3	VOLUMETRIQ	用于运输和质量保证的 PEM FC 电堆批量制造	2014	496	99%	法国国家科学研究中心（CNRS）	法国
4	NewBusFuel	为欧洲氢能巴士站的新巴士加氢	2014	244	99%	元素能源	英国
5	H2ME 2	氢动力欧洲 2	2015	3500	35%	元素能源	英国
6	INSPIRE	集成新型电堆组件以提高性能和耐用性	2015	688	100%	庄信万丰	英国
7	BIG HIT	在孤岛上建立创新的绿色氢系统：欧洲的试点	2015	500	65%	阿拉贡新氢技术开发基金会	西班牙
8	COMPASS	基于金属支撑电堆技术车辆辅助动力装置	2015	392	100%	AVL	奥地利
9	Giantleap	延长汽车 PEM 燃料电池使用寿命提高自动化	2015	326	100%	SINTEF	挪威
10	JIVE	氢动力汽车联合倡议	2016	3200	29%	元素能源	英国
11	INN-BALANCE	汽车 PEMFC 系统工厂组件创新成本改进	2016	499	81%	西班牙塞维利亚研究基金会	西班牙
12	DIGIMAN	数字材料特性证明过程自动组装	2016	349	100%	法国原子能和替代能源委员会	法国
13	INLINE	为 PEMFC 制造设计灵活、可扩展的生产线	2016	329	100%	Profactor Gmbh	奥地利
14	Fit-4-AMandA	未来燃料电池技术：适合自动化制造和组装	2016	300	100%	荷兰代夫特咨询	荷兰
15	MARANDA	在严苛的北极条件下验证的新型燃料电池动力系统的船舶应用	2016	294	79%	芬兰 VTT 技术研究中心	芬兰

续表

序号	项目缩写	项目名称	项目年份	欧盟资助金额（万欧元）	欧盟资助在项目预算中的占比	主导企业及机构	主导国家
16	COSMHYC	分散式储能加气站氢气压缩机组合混合方案	2016	250	100%	Eifer 欧洲能源研究所	德国
17	JIVE 2	氢动力汽车联合倡议 2	2017	2500	21%	元素能源	英国
18	FLHYSAFE	用于飞机应急运行的燃料电池氢气系统	2017	506	69%	赛峰动力	法国
19	ZEFER	欧洲零排放车辆	2017	500	28%	元素能源	英国
20	REVIVE	欧洲垃圾车创新和验证	2017	499	53%	Tractebel	比利时
21	TAHYA	Tank Hydrogen 汽车	2017	400	100%	Optimum Cpv	比利时
22	PEGASUS	基于铂族金属的PEMFC阴极	2017	283	100%	法国原子能和替代能源委员会	法国
23	CRESCENDO	PEMFC 关键原材料电催化剂替代设计	2017	274	100%	法国国家科学研究中心（CNRS）	法国
24	H2Haul	用于重型零排放物流的氢燃料电池卡车	2018	1200	43%	元素能源	英国
25	FLAGSHIPS	欧洲的清洁水上运输	2018	500	74%	芬兰 VTT 技术研究中心	芬兰
26	GAIA	下一代汽车膜电极组件	2018	449	100%	CNRS	法国
27	H2Ports	在港口实施燃料电池和氢技术	2018	400	97%	西班牙瓦伦西亚港基金会	西班牙
28	HEAVEN	液态氢燃料空中客车高功率密度燃料电池系统	2018	400	87%	西班牙塞维利亚研究基金会	西班牙
29	DOLPHIN	具有新型材料、工艺、架构和优化接口的PEMFC 堆栈	2018	296	100%	法国原子能和替代能源委员会	法国
30	THOR	优化和可回收的热塑性氢气瓶	2018	285	100%	法国弗吉亚系统公司	法国
31	COSMHYC XL	超大型加氢站金属氢化物混合解决方案	2018	275	100%	Eifer 欧洲能源研究所	德国

续表

序号	项目缩写	项目名称	项目年份	欧盟资助金额（万欧元）	欧盟资助在项目预算中的占比	主导企业及机构	主导国家
32	WIND2HYRAIL	用于零排放燃料电池列车大规模电解制氢	2019	1100	31%	瑞典大瀑布电力公司	丹麦
33	ShipFC	兆瓦级氨船用燃料电池	2019	998	76%	Maritime Cleantech	挪威
34	CAMELOT	运输燃料电池中的电荷、质量和热传递	2019	230	100%	挪威科技工业研究院（SINTEF）	挪威
35	FURTHER-FC	高电流密度传输限制相关的未来燃料电池电极	2019	220	80%	法国原子能和替代能源委员会	法国
36	VIRTUAL-FCS	燃料电池系统开发的虚拟和物理平台	2019	190	100%	挪威科技工业研究院（SINTEF）	挪威
37	FCH2RAIL	用于铁路应用的燃料电池混合动力组	2020	1000	75%	德国航空航天中心	德国
38	HyShip	为海事部门演示液氢	2020	799	74%	威尔·威尔赫姆森控股有限公司	挪威
39	StaSHH	重载应用标准化燃料电池模块	2020	750	49%	SINTEF	挪威
40	CoacHyfied	用于区域和长途客运的氢燃料电池动力系统	2020	500	68%	德国 FEV 集团	德国
41	IMMORTAL	通过超耐用组件改善重型卡车的使用寿命	2020	383	100%	法国国家科学研究中心	法国
42	COSMHYC DEMO	用于分散式储能和加氢站的多压缩机混合解决方案	2020	300	79%	Eifer 欧洲能源研究所	德国
43	SH2APED	氢气储存替代开发	2020	199	100%	法国彼欧集团（P.O）	比利时

资料来源：fch.europa.eu

表 2-5　FCH JU“地平线 2020”框架计划下交叉领域资助项目情况

序号	项目缩写	项目名称	项目年份	欧盟资助金额（万欧元）	主导企业及机构	主导国家
1	HY4ALL	全欧洲氢能	2014	200	法液空	法国
2	HySEA	通过对排放爆燃的预先规范研究提高能源应用的氢安全	2014	149	Gexcon As	挪威
3	HYTECHCYCLING	燃料电池和氢技术在回收和拆解阶段的新技术和策略	2015	50	阿拉贡新氢技术开发基金会	西班牙
4	NET-Tools	基于与氢和燃料电池技术相关的数字教育和培训工具	2016	160	卡尔斯鲁厄理工学院	德国
5	HyLAW	确定适用于燃料电池和氢技术部署法律规则和行政程序	2016	114	Hydrogen Europe	比利时
6	HYDRAITE	氢气输送风险评估和杂质耐受性评估	2017	350	芬兰 VTT 技术研究中心	芬兰
7	ID-FAST	PEM 燃料电池加速压力测试降解机制研究和协议定义	2017	275	法国原子能和替代能源委员会	法国
8	PRESLHY	液氢安全使用规范前研究	2017	172	卡尔斯鲁厄理工学院	德国
9	TeacHy	在“地平线 2020”内开展燃料电池和氢科学与工程教学	2017	125	伯明翰大学	英国
10	AD ASTRA	新型 SOC 寿命预测算法	2018	301	ENEA	意大利
11	HyTunnel-CS	PNR 用于氢气驱动车辆的安全以及密闭空间的运输	2018	250	阿尔斯特大学	英国
12	FCHgo	燃料电池氢能学校教育模型	2018	50	摩德纳雷焦艾米里亚大学	意大利
13	THyGA	测试天然气掺氢混合应用	2019	247	法国 Engie 集团	法国
14	PRHYDE	重载应用加氢协议	2019	149	奥托布伦公司	德国

续表

序号	项目缩写	项目名称	项目年份	欧盟资助金额（万欧元）	主导企业及机构	主导国家
15	HyResponder	欧洲氢能培训响应者培训师	2019	100	阿尔斯特大学	英国
16	e-SHyIPS	客船氢能应用标准中的生态系统知识	2020	250	米兰理工大学	意大利
17	MultHyFuel	多燃料加氢站克服技术和行政障碍的共创研究和实验	2020	200	Hydrogen Europe	比利时
18	SH2E	协调氢能源系统可持续评估	2020	200	IMDEA	西班牙
19	BEST4Hy	回收报废燃料电池的可持续解决方案	2020	159	意大利都灵商业园	意大利
20	eGHOST	建立氢系统和技术的经济模式设计指南	2020	100	IMDEA	西班牙

资料来源：fch.europa.eu

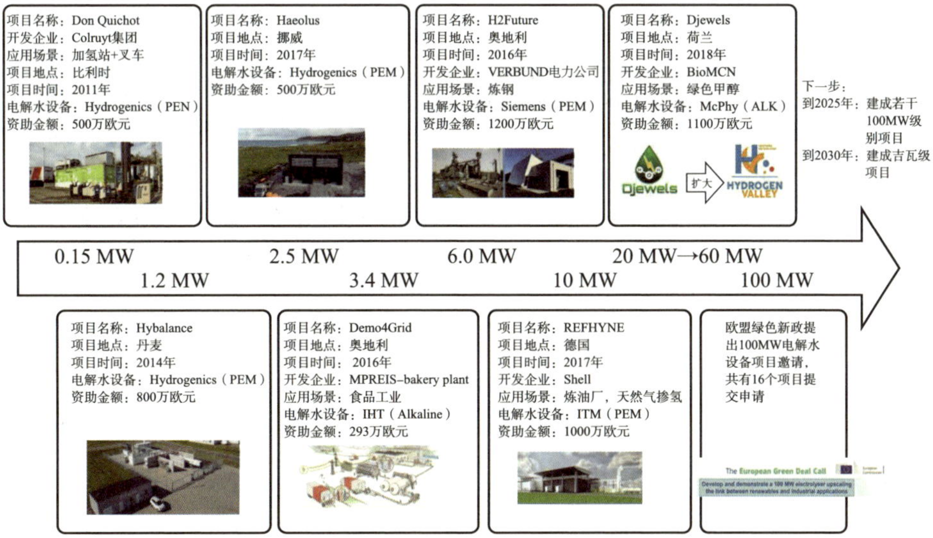

图 2-8　FCH JU 电解水设备项目及成果：增加容量和降低成本

资料来源：fch.europa.eu

翻译制图：中国产业发展促进会氢能分会（HEIPA）

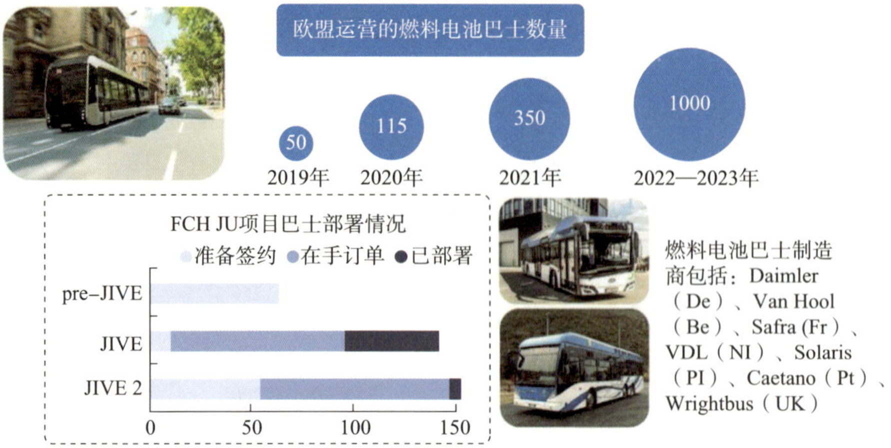

图 2-9　FCH JU 成果——大规模部署燃料电池巴士

翻译制图：中国产业发展促进会氢能分会（HEIPA）

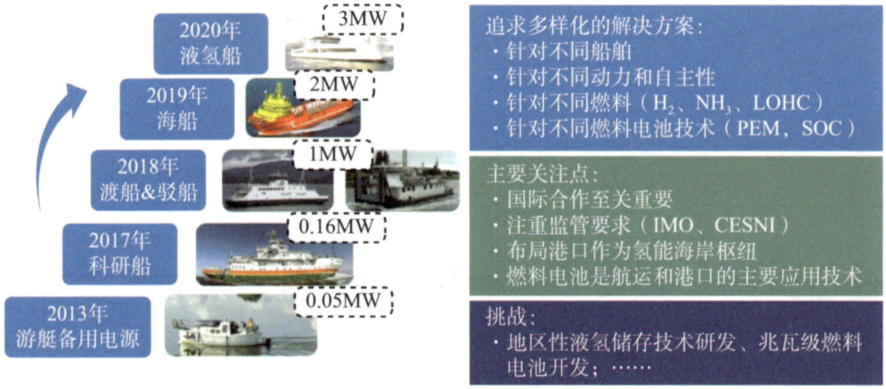

图 2-10　FCH JU 成果——海运氢能项目[①]

翻译制图：中国产业发展促进会氢能分会（HEIPA）

① https：//www.fch.europa.eu/event/workshop-maritime-and-port-applications.

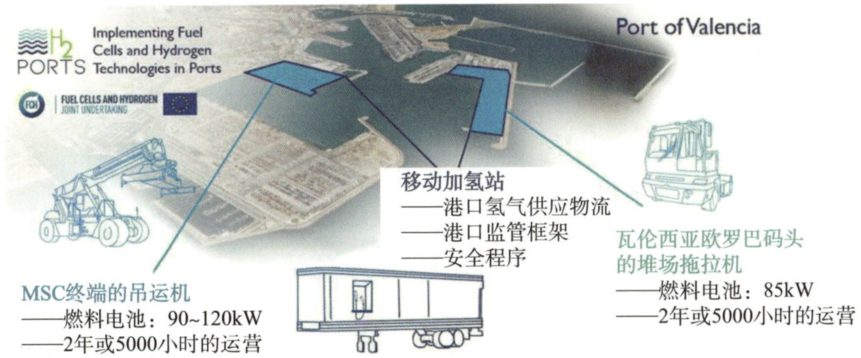

图 2-11 FCH JU 成果——瓦伦西亚港的 H2Ports 项目

翻译制图：中国产业发展促进会氢能分会（HEIPA）

2.1.4 欧盟及成员国相关标准体系情况

欧洲标准化体系的构成主要包括欧洲标准化委员会（European Committee for Standardization，CEN）、欧洲电工标准化委员会（European Committee for Electrotechnical Standardization，CENELEC）及一些行业和协会标准团体。CEN 由欧洲经济共同体（European Economic Community，EEC）、欧洲自由贸易联盟（European Free Trade Association，EFTA）所属的国家标准化机构组成，包括欧盟、英国、北马其顿共和国、塞尔维亚、土耳其、冰岛、挪威和瑞士等 44 个成员。其职责是贯彻国际标准，协调各成员的标准化工作，加强相互合作，制定欧洲标准及从事区域性认证，以促进成员之间的贸易和技术交流。CEN 发布的欧洲标准由委员会制定，达成共识后建立并由 CEN 成员自愿采用。

CEN 和 CENELEC 于 2015 年初在“能源管理”部门论坛下创建了“氢”工作组（SFEM/WG Hydrogen）。SFEM/WG Hydrogen 围绕电解制氢系统与电网、天然气系统和氢气系统的接口开展工作（见图 2-12）。核心是将电力、天然气与氢整合到能源系统中，涵盖了天然气掺氢和氢电耦合等领域，并重点关注与经济相关的市场（见表 2-6）。

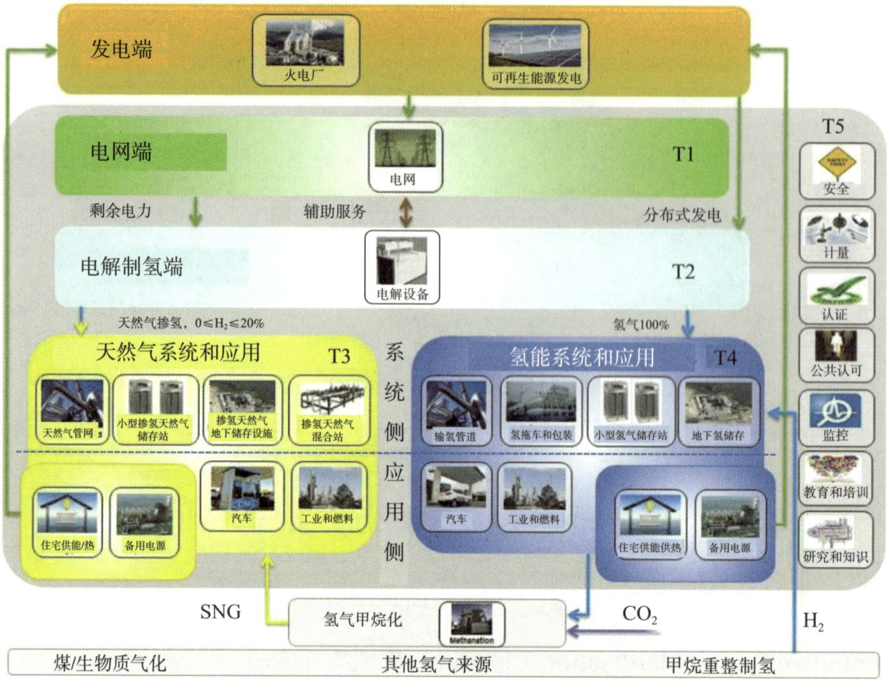

图 2-12　SFEM/WG Hydrogen 氢能领域的工作范围 ①

翻译制图：中国产业发展促进会氢能分会（HEIPA）

表 2-6　全球及欧盟氢气及天然气掺氢领域标准化情况

（CEN/CLC 能源管理和能源转型氢能工作组）

序号	标准化组织编号	范围	涉及标准	涉及内容	工作小组	领域
1	IEC/SC 22H	不间断电源系统（UPS）	IEC 62040-X	安全性、性能测试	氢气	家用和（半）工业设备
2	CEN/TC 106	大型厨房用具	EN 203-X	餐饮设备	天然气掺氢	家用和（半）工业设备
3	CEN/TC 62	独立燃气空间加热器	EN 509，613，1265	装饰燃料效应燃气器具	天然气掺氢	家用和（半）工业设备
4	CEN/TC 299	燃气吸附设备	EN 1458，12309	安全性、用能测试	天然气掺氢	家用和（半）工业设备

① CEN-CENELEC Sector Forum Energy Management-Working Group Hydrogen，https：//www.gerg.eu/wp-content/uploads/2019/10/sfem-wg-hydrogen_final-report.pdf.

续表

序号	标准化组织编号	范围	涉及标准	涉及内容	工作小组	领域
5	CEN/TC 49	燃气灶具	EN 30–X	安全性、用能	天然气掺氢	家用和（半）工业设备
6	ISO/TC 244	工业炉级相关加工设备	ISO 13577，13579	燃烧器、加热控制	天然气掺氢	家用和（半）工业设备
7	ISO/TC 11	锅炉和压力容器	ISO 16528	性能要求	天然气掺氢	家用和（半）工业设备
8	CEN/TC 48	家用燃气热水器	EN26，89	即热热水储水器	天然气掺氢	家用和（半）工业设备
9	ISO/TC 285	炉灶	—	燃料、场景测试	天然气掺氢	家用和（半）工业设备
10	ISO/TC 291	家用燃气灶具	—	安全性、性能测试	天然气掺氢	家用和（半）工业设备
11	CEN/TC 131	使用风扇的燃气燃烧器	EN 676	鼓风燃烧器	天然气掺氢	家用和（半）工业设备
12	ISO/TC 109	石油及天然气燃烧器	ISO 22967	鼓风燃烧器	天然气掺氢	家用和（半）工业设备
13	CEN/TC 180	分散式燃气供暖	EN 416，419，777，1196	安全性、用能、通风	天然气掺氢	家用和（半）工业设备
14	ISO/TC 161	燃烧器保护装置及用具	ISO 23551–X，23552–X	安全阀、调节器、控制器	天然气掺氢	家用和（半）工业设备
15	CEN/TC 399	燃气轮机	—	安全性	天然气掺氢	家用和（半）工业设备
16	ISO/TC 192	燃气轮机	ISO 12789，2314	设计、安装、操作	天然气掺氢	家用和（半）工业设备
17	CEN/TC 109	中央供暖炉	EN 13203–X，15502–X，303–X	家用、mCHP、控制	天然气掺氢	家用和（半）工业设备
18	CEN/TC 58	燃烧器安全和控制装置	EN 88–X，126，298	调压器、阀门、过滤器、控制系统、燃气/空气系统	天然气掺氢	家用和（半）工业设备

续表

序号	标准化组织编号	范围	涉及标准	涉及内容	工作小组	领域
19	ISO/TC 197	氢能技术	ISO 22734	电解槽安全性	电解水	电网
20	IEC/SC 8A	可再生能源发电并网	—	大型可再生能源并网系统	电网	电网
21	IEC/TC 8	电力供应系统	IEC/IEEE/PAS 63547	分布式资源	电网	电网
22	CLC/BTWG 143-2	NTSO-E	—	—	电网	电网
23	ISO/TC 197	氢能技术	ISO 19880	充装站	氢气	充装站
24	CEN/TC 268	低温容器 / 氢技术	EN ISO 19880，17268，14687	氢气质量、连接器、加氢站	氢气	充装站
25	ISO/PC 252	天然气充装站	ISO/DIS 16923	充装站	天然气掺氢	充装站
26	CEN/TC 326	天然气汽车供气系统	—	充装站、燃料系统	天然气掺氢	车辆
27	ISO/TC22/SC25，37，41	气体燃料道路车辆	ISO 12619-X（压缩气态氢气），14469，23273（氢气）	车辆安全、组件	氢气及天然气掺氢	车辆
28	CEN/TC 408	天然气 / 生物甲烷车辆及天然气加注	EN 16723-X	规范	天然气掺氢	车辆
29	ISO/TC 70	内燃机	ISO 15550，3046-X	性能、试验、要求	天然气掺氢	发动机
30	CEN/TC 270	内燃机	EN 1834，12601	压力、应用	天然气掺氢	发动机
31	ISO/TC 58	气瓶	ISO 11114-X9809，11119-X	气瓶、充装、制造、使用	氢气及天然气掺氢	容器及气瓶
32	CEN/TC 23	移动式气瓶	EN 1968，12245，12257	设计、检验、制造、安全	氢气及天然气掺氢	容器及气瓶
33	ISO/TC 158	过压保护	ISO 4126-X	安全阀、爆破片	天然气掺氢	容器及气瓶
34	CLC/TC 216	气体探测器	EN 50194，50379	结构、安全性、性能测试	天然气掺氢	检测器

续表

序号	标准化组织编号	范围	涉及标准	涉及内容	工作小组	领域
35	CLC/SC 31-9	可燃气体测量电气设备	EN 60079	结构、安全性、性能测试	天然气掺氢	检测器
36	CEN/TC 305	潜在爆炸环境	EN 1839，13463，15967，16020	爆炸极限、预防、防护	天然气掺氢	防爆
37	IEC/TC 31	爆炸性环境设备	IEC 60079-X	气体探测器、分类	天然气掺氢	防爆
38	ISO/TC 158	气体分析	ISO 19229，6145-X	取样、分析方法	氢气及天然气掺氢	测量 / 分析
39	CEN/TC 237	燃气表	EN 12480，12405	隔膜、涡轮、电子转换器	氢气及天然气掺氢	测量 / 分析
40	ISO/TC 30	封闭管道中流体流量测量	ISO 9300	气体流速测量	天然气掺氢	测量 / 分析
41	ISO/TC 193	天然气	ISO 12213，15403，15971	质量、测量及分析方法	天然气掺氢	气体质量
42	ISO/TC 255	沼气	—	分类	天然气掺氢	气体质量
43	ISO/TC 67	石油及天然气	ISO 3183，10427-X	钻井、管线、固井	天然气掺氢	天然气管网、组件
44	ISO/TC 44	焊接及相关工艺	ISO 2503，5175	设备	天然气掺氢	天然气管网、组件
45	CEN/TC 12	石油及天然气	—	材料、设备、离岸设施	天然气掺氢	天然气管网、组件
46	ISO/TC 74	水泥和石灰	ISO 679，9597	检测、成分	天然气掺氢	天然气管网、组件
47	CEN/TC 51	水泥和建筑石灰	EN 203-X	检测、成分	天然气掺氢	天然气管网、组件
48	ISP/TC 45	橡胶 / 塑料软管 / 组件	EN 1762	规范	天然气掺氢	天然气管网、组件
49	CEN/TC 218	橡胶 / 塑料软管 / 组件	EN 1762	规范	天然气掺氢	天然气管网、组件

续表

序号	标准化组织编号	范围	涉及标准	涉及内容	工作小组	领域
50	CEN/TC 208	管路弹性密封件	EN 549，682	材料要求	天然气掺氢	天然气管网、组件
51	CEN/TC 235	天然气压力调节器	EN 334，14382	监测站	天然气掺氢	天然气管网、组件
52	CEN/TC 236	截止阀	EN 331，15069	非工业用手动截止阀	天然气掺氢	天然气管网、组件
53	ISO/TC 118	压缩机	ISO 10400，10439	旋转型、轴流型、离心型	天然气掺氢	天然气管网、组件
54	CEN/TC 232	压缩机、真空泵	EN 1012	安全性	天然气掺氢	天然气管网、组件
55	CEN/TC 234	天然气基础设施	EN 1918–X，12007–X，12186，12583，prEN16726	地下存储、管线、压缩机 / 监测站、测量	天然气掺氢	天然气管网、组件
56	CEN–CLC/WG FCGA	燃料电池燃气器具	EN 50465	材料、设计、结构	氢气及天然气掺氢	家用和（半）工业设备及天然气管网、组件
57	IEC/TC 105	燃料电池技术	IEC 62282–X	安全性、安装性能	氢气及天然气掺氢	家用和（半）工业设备及天然气管网、组件

截至2022年，CEN发布氢能技术相关标准（现行）共计29项（见表2–7）。英国标准协会（British Standards Institution，BSI）、德国标准化学会（German Institute for Standardization，DIN）和法国标准化协会（Association Francaise De Normalisation，AFNOR）均由各自国家政府授权批准，是开展本国标准化工作的机构组织，并代表各自国家参与国际标准工作，也均发布多项氢能技术标准，但主要采用ISO和IEC氢能和燃料电池相关技术标准。

表 2-7　欧盟已发布的氢能技术相关标准（部分）

标准号	标准英文名称	标准中文名称
EN ISO 17268-2016	Gaseous hydrogen land vehicle refuelling connection devices	气态氢车辆氢加注连接设备
EN 62282-2-2012	Fuel cell technologies-Part 2：Fuel cell modules	燃料电池技术—第 2 部分：燃料电池模块
EN 62282-3-100-2012	Fuel cell technologies-Part 3-100：Stationary fuel cell power systems-Safety	燃料电池技术—第 3-100 部分：固定式燃料电池动力系统—安全性
EN 62282-3-200-2012	Fuel cell technologies-Part 3-200：Stationary fuel cell power systems-Performance test methods	燃料电池技术—第 3-200 部分：固定式燃料电池动力系统—性能试验方法
EN 62282-3-201-2013	Fuel cell technologies-Part 3-201：Stationary fuel cell power systems-Performance test methods for small fuel cell power systems	燃料电池技术—第 3-201 部分：固定式燃料电池动力系统—小型燃料电池发电系统性能试验方法
EN 62282-3-300-2012	Fuel cell technologies-Part 3-300：Stationary fuel cell power systems-Installation	燃料电池技术—第 3-300 部分：固定式燃料电池动力系统—安装
EN 62282-4-101-2014	Fuel cell technologies-Part 4-101：Fuel cell power systems for propulsion other than road vehicles and auxiliary power units（APU）-Safety of electrically powered industrial trucks	燃料电池技术—第 4-101 部分：固定式燃料电池动力系统　除道路车辆和辅助动力装置（APU）外的燃料电池动力系统—电动工业卡车的安全性
EN 62282-5-1-2012	Fuel cell technologies-Part 5-1：Portable fuel cell power systems-Safety	燃料电池技术—第 5-1 部分：便携式燃料电池电力系统—安全性
EN 62282-6-100-2010	Fuel cell technologies-Part 6-100：Micro fuel cell power systems- Safety	燃料电池技术—第 6-100 部分：微型燃料电池动力系统—安全性
EN 62282-6-200-2012	Fuel cell technologies-Part 6-200：Micro fuel cell power systems- Performance test methods	燃料电池技术—第 6-200 部分：微型燃料电池动力系统—性能试验方法
EN 62282-6-300-2013	Fuel cell technologies-Part 6-300：Micro fuel cell power systems- Fuel cartridge interchangeability	燃料电池技术—第 6-300 部分：微型燃料电池动力系统—燃料元件互换性

资料来源：CEN

2.2 德国氢能技术与产业发展

2.2.1 德国氢能产业总体发展情况

德国对氢能产业发展高度重视，将氢能产业提升到国家战略高度，积极出台各项政策支持产业发展，抢占氢能技术发展的制高点。德国寄希望于氢能在全球范围的领先发展，进而实现其能源转型目标（见图 2-13）。

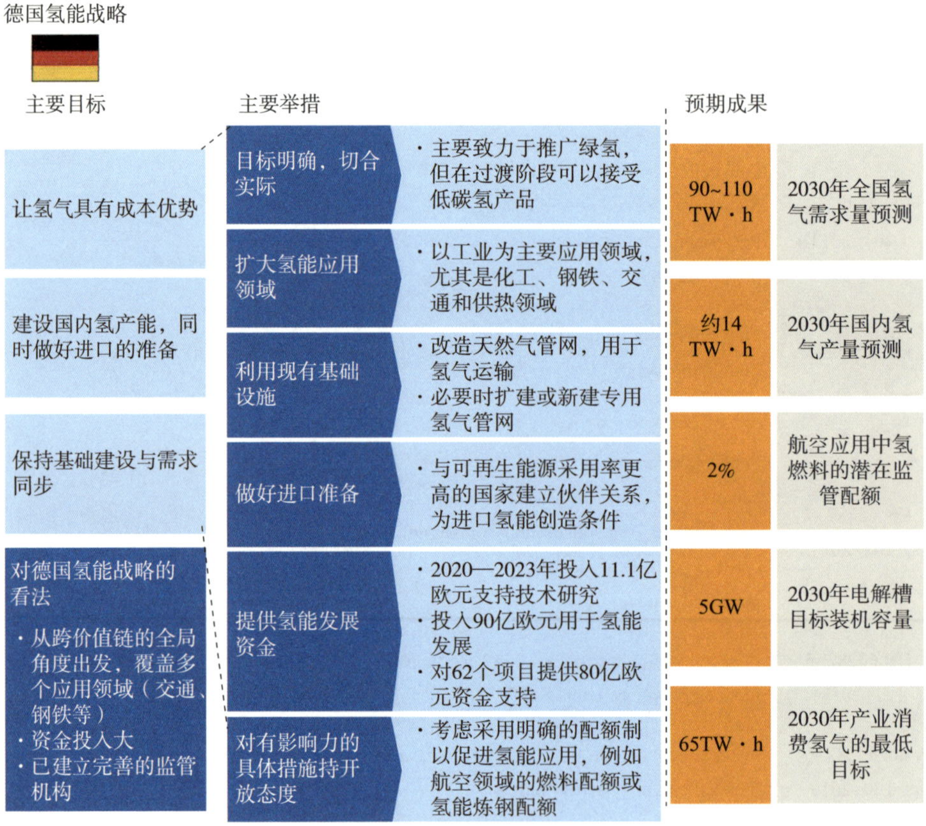

图 2-13 德国氢能战略

制定氢能国家战略。2020 年 6 月 10 日，德国内阁通过了《国家氢能战略》，旨在推进氢能产业发展，占据氢能技术领域的全球领先地位，从而领导全球氢能发展。该战略将可再生能源制氢放到了重点发展方向上，不仅为德国氢能产业确认了“绿氢”的优先发展地位，确保了德国在氢能源技术的开发和出口方面的领导地位，同时也展现了德国大力支持和发展氢能的壮志雄心。

通过创新计划力图成为氢能技术世界第一。德国力图成为氢能技术领域世界第一，尤其是绿氢技术，欲通过打造国内生产和应用市场，带动促进氢技术在全球的推广应用，增强其在氢能产业中的竞争力，以实现技术进步和规模效应的良性循环。为此，德国政府、工业和科学界达成战略联盟，实施“国家氢能和燃料电池技术创新计划”（NIP），资助相关技术研发，第一期的十年间共开展750个氢能项目研究，目前正在进行NIP 2期的研究。此外，还启动了“氢技术2030”与燃料电池和电解槽双极板项目（Bipolarplatten für Brennstoffzellen und Elektrolyseure，BEPPEL）等专项，加快创新成果转化速度。

加大科研资金投入。从2006年开始，德国政府持续对NIP项目投入，到2026年总投资将超过20亿欧元。除此之外，德国政府计划在2020—2023年，针对扩大“绿氢”应用型基础研究、加强氢能技术的应用型能源研究以及能源转型仿真实验室的投入分别达到3.1亿欧元、2亿欧元以及6亿欧元。《国家氢能战略》中宣布至少投入90亿欧元用于发展氢能，其中70亿欧元用于氢能技术在国内市场的推广，20亿欧元用于国际合作。2021年6月，德国的62个氢能项目还获得IPCEI计划80亿欧元的支持，预计带动超过200亿元的社会投资。

健全组织结构，完善监管机制。为促进氢能产业发展，德国成立专门机构，明确各部门的分工，以保障产业有序发展。德国政府在2004年成立了国家氢能与燃料电池组织（NOW），以支持氢能产业发展。该组织管理层由来自德国联邦交通和数字基础设施部、经济与能源部、教育和科技部，以及环境、自然保护和安全部等多个部门的人员组成。为配合《国家氢能战略》的实施，德国还成立了国家氢能委员会、氢能协调中心以及各州协调小组。

注重应用领域多元化发展。德国不断扩大氢能应用领域，优先考虑应用于交通和工业领域，支持高效燃料电池热电联产系统，促进供热领域的应用。为了验证技术的可行性，德国积极建设氢能示范区，目前共确定了25个氢能示范区试点，重点项目包括侧重于理念验证的HyStarter项目、侧重于创建集成概念可行性分析的HyExperts项目、侧重于具体实施的HyPerformer项目。另外德国鼓励燃料电池的应用，投入大量的资源推动燃料电池在乘用车、公共汽车、重型车辆、叉车、列车、船舶等交通工具上的应用与商业化，同时积极建设氢能基础设施，截至2022年底，德国已建成105座加氢站，由多家企业组成的联盟联合建设和运营。

2.2.2 氢能发展战略与相关政策

（1）德国《国家氢能战略》

2020年6月，德国政府公布《国家氢能战略》①，明确到2030年德国氢能需求90~110TW·h（230万~280万t），电解制氢设备装机容量达到5GW，用于制造“绿氢”的可再生能源发电量为20TW·h。2035—2040年，德国将再增建5GW的电解制氢设备（见图2-14）。

《国家氢能战略》明确不同时期的发展思路。近期夯实国内市场基础，中长期拓展欧洲与国际市场。主要目标有以下几点（见表2-8）：

- 通过可再生能源制氢并结合后续氢能衍生产品推动德国能源转型，实现相关领域的全面脱碳；
- 为氢能技术的市场增长制定政策框架，开拓国内氢能生产和应用市场；
- 降低氢能生产成本，开拓国际市场；
- 通过促进与氢能技术有关的创新技术出口，增强德国工业竞争力；
- 保障德国未来能源供应安全。

为达到这些目标，德国联邦政府在氢气制取和应用领域、基础设施和研究创新以及国际合作等方面共制定了38项措施（见图2-15~图2-17），

---

① The National Hydrogen Strategy，2020-06，https：//www.bmwi.de/Redaktion/EN/Publikationen/Energie/the-national-hydrogen-strategy.html.

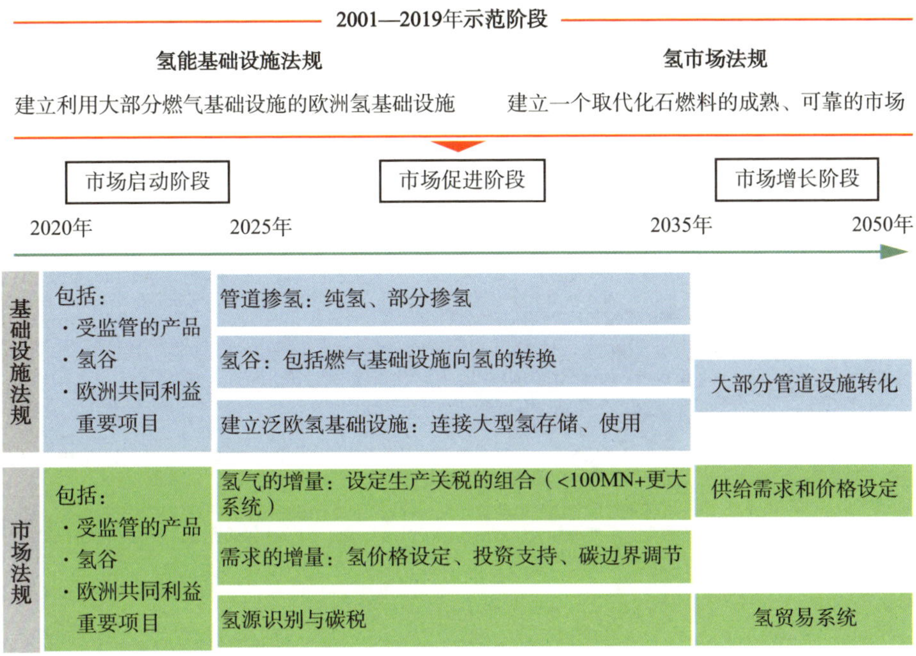

图 2-14　德国氢发展进程及规划

资料来源：TÜV 南德

翻译制图：中国产业发展促进会氢能分会（HEIPA）

表 2-8　德国氢能发展战略主要内容

项目	内容
氢能制备原料	可再生能源；工业副产氢
氢能利用方向	工业（化工、钢铁）；交通（飞机、船舶、汽车）；供热
氢能储运方式	国际：管道、液体有机物储氢；国内：管道、液体有机物储氢
政策保障	成立跨部门副部长级委员会；修订建设替代燃料基础设施的指令；实施清洁汽车指令
技术保障	氢能技术 2030 研究攻关计划
试点推广	Hyland 德国氢能示范区
宣传引导	将氢能产品纳入绿色产品标识体系
国际定位	原料进口国；技术出口国

氢气制取：可靠、经济和可持续地制取氢是其未来应用的基础。为了能够实现明显降低氢的生产成本，现在就必须建造工业规模的生产设备用于技术展示，并达到相应的级别		
	措施 1　高效利用可再生能源电力，合理设计能源价格构成	高效使用可再生能源发电，由国家主导公平定价的能源价格以加强“绿氢”的生产。在交通和供热领域引入化石燃料二氧化碳定价机制，同时下调《可再生能源法》（EEG）分摊费
	措施 2　完善监管模式，必要时修改监管框架	考察电解槽运营商与电网及天然气网运营商之间新业务模式和合作模式的可能性。在一至两个试点项目中测试，以确保经济性
	措施 3　加大对电解槽的投资	通过对电解槽的扶持支持向氢能转型。对例如用于钢铁和化工产业脱碳的“绿氢”生产的招标模式也将进行审查。一旦有必要，将相应对国家脱碳计划增资
	措施 4　利用海上风能生产绿氢	支持海上风能生产“绿氢”。为了使投资收益良好，要继续开发这方面的框架条件。同时，加强可用于陆上氢生产和 PIX 生产的场地的布局、可再生能源生产所必要的基础设施和额外招标等主题讨论
应用领域：对于氢能市场的继续开发，需要稳定的需求和加大对氢能的应用。鉴于经济性的因素，必须有针对性地逐步开展氢能的市场推广。因此，应推进氢能在交通业的某些领域中作为替代性燃料，或在工业的优先应用领域中作为材料回收再利用的原材料和作为还原剂的应用。中短期内应优先考察：使用氢能已接近达到经济效益的领域，不会形成较大路径依赖性的领域，或不存在替代性脱碳可能性的领域		
交通应用	措施 5　利用绿氢代替传统燃料	迅速严格地执行《欧盟可再生能源指令》（RED Ⅱ），旨在确立“绿氢”应用于动力燃料的生产，以及氢能作为常规动力燃料替代品的地位
交通应用	措施 6　继续实施 NIP 计划	在国家氢能和燃料电池技术创新计划（NIP）的框架下，将继续实施扶持措施。在这方面，由能源和气候基金（EKF）额外提供至 2023 年的资金，增加了氢能和燃料电池技术发展的可能性
交通应用	措施 7　资助电基燃料开发	开发和资助生产电基燃料、特别是电基煤油和高级生物燃料的设备。能源和气候基金（EKF）至 2023 年将提供 11 亿欧元供使用
交通应用	措施 8　促进欧洲基础设施发展	资助合作建造符合需求的汽车加油基础设施，也包括重型公路货运交通、公共短途客运和轨道短途客运中的车辆，能源和气候基金（EKF）至 2023 年提供 34 亿欧元补贴用于加油和充电基础设施的建设。为了促进“绿氢”在重载交通中的应用，将迅速扩建加氢站网
交通应用	措施 9　促进燃料电池跨境交通	致力于欧洲基础设施建设的继续开发，为燃料电池驱动的跨境交通（AFID）提供便利；修订建设替代性燃料基础设施的指令
交通应用	措施 10　建立 FC 配套产业	支持为燃料电池系统建立具有竞争力的配套产业（燃料系统的燃料电池和零部件）
交通应用	措施 11　明确清洁汽车指令	目标明确地实施清洁汽车指令（CVD），用于支持城市交通中的零排放汽车
交通应用	措施 12　完善卡车碳费机制	在欧洲通行收费指令的框架下采用货运卡车根据碳排放差异定价的方式，鼓励采用环保型驱动装置
交通应用	措施 13　倡导国际统一标准	致力于在氢能和燃料电池系统的车辆应用方面采用国际统一的标准（例如加油标准、氢气质量、度量衡、氢能汽车的车型批准、船只的批准等）
工业应用	措施 14　加强氢在钢铁和化工领域的应用	扶持工业生产过程中产生排放的常规化石技术向温室气体低排放或温室气体平衡的工艺转型。特别是在钢铁和化工业中向氢能原材料和燃料的转型起着核心的作用。相关的扶持项目包括“工业脱碳化”基金,“工业生产中的氢能应用”(2020—2024 年）和“在原材料工业中避免产生和使用二氧化碳”等项目
工业应用	措施 15　启动“碳差价合约”试点并推广	在向环保型工艺转型的框架下，除了投资成本补贴，还对电解设备的运营提供支持。为此，联邦政府将针对生产过程造成碳排放的钢铁业和化工业进行“碳差价合约”（CfD）试点项目，进而拉动对环保项目和氢能生产的激励，在试点阶段成功完成后，可以将这类方法扩展到工业的辅助领域，并与欧盟协调推广
工业应用	措施 16　增加低排放工艺产品应用	应增强对借助低排放工艺和用氢生产的工业产品的需求。考虑如何能够在能源密集型工业行业中拉动气候中和产品及回收利用产品市场；检查环保型原材料的需求率，例如绿色钢材
工业应用	措施 17　钢铁、化工、物流、航空长期脱碳	应与各利益相关方，特别是能源密集的工业一道，开发以氢能为基础的长期脱碳化战略（包括化工、钢铁、物流和航空业，其他行业后续跟上）
供热应用	措施 18　能效激励支持	在房屋建筑领域，在住宅和非住宅建筑物中我们自 2016 年起一直在执行能效激励计划（APEE），对购买高效燃料电池加热设备给予扶持。这类扶持将继续下去，联邦政府也打算在必要时加大扶持力度。另外还要审查是否可以扩大其应用范围。在能效激励计划和未来的联邦节能建筑资助计划的框架下，自 2020 年至 2024 年计划投入高达 7 亿欧元，这些资金也可用于资助燃料电池加热设备
供热应用	措施 19　“氢制备”支持	为了将供热的长期重点放在可再生能源的使用上，联邦政府在热电联产的框架下审查资助“氢气制备”设备的可能性

图 2-15　德国《国家氢能战略》的 38 项行动措施：氢气制取和应用领域

力争在2023年前启动国内市场推广，在2030年前增强德国制氢技术在全球市场的推广力度。措施由各个主管职能部门负责，并在有效的预算和财政拨款框架下由各个主管职能部门提供资金。《国家氢能战略》的第一个阶段，计划在2020—2023年启动市场推广，为正常运行的本土市场构建氢能基础。同时，将推进开拓性的主题，例如研究和开发、国际课题等。自2024年起的下一阶段，将巩固已建立的本土市场，构建氢能欧洲和国际维度合作架构，并带动德国经济增长。

基础设施/供应：安全可靠、基于需求和总体高效的氢能供应将是未来氢能市场的核心。只要需要就尽可能地利用现有基础设施的潜力，如有必要则着手建立新的供应结构	
措施20　编制现有基础设施的评估报告	与利益相关方研讨转型过程长期必要的行动需求，并根据行动建议编写报告。这一点同样适用于主要用于未来供氢的管道的转用和再利用等选项。建设和扩建氢能基础设施所需的监管基础要迅速着手进行
措施21　协调电力、天然气和供暖基础设施	继续推进供电、供热和天然气基础设施的交叉融合。规划、融资和监管框架的设计必须使不同的基础设施相互协调，并按照适于能源转型、符合需求和成本高效的要求继续开发。在这方面，必须考虑到现有氢能基础设施的潜力，同时确保基础设施在欧盟内的对接能力
措施22　新建基础设施选址注重需求	在建设新基础设施时，要特别注意按需扩建加氢站网络，无论是在公路交通中，在轨道交通适当的网点上（例如地方交通融资法），还是在水路上（另请参阅应用领域）。这里既针对个人用户，也针对拥有大量氢能或燃料电池驱动汽车的车队运营商
研究、教育和创新：推出促进研究和创新的新举措，旨在沿整个氢能价值创造链为未来市场成功奠定基础。通过绑定有针对性的扶持措施，我们将研究和创新确立为联邦政府能源和工业政策的战略要素。为此通过了第7个能源研究计划	
措施23　制定德国氢工业路线图	将共有的氢能路线图作为指南针：德国希望将自己定位为全球市场上“绿氢”技术的领先供应者。为此，短期内将与科学界、经济界和社会一道，为德国氢能经济制作一份辐射国际的路线图。从应用场景中导出研究和行动需求
措施24　开展绿氢示范	短期内将借助对国际供应链的研究开展“绿氢”示范项目。该项目旨在对基础问题和方面给出答复：应按最理想的形式开发供应商关系和技术关系；应在国际应用中检验强有力的解决方案和模块化的解决方案。发展合作伙伴国中的生产基地也要包括在内
措施25　开展“氢能技术2030”研究	在新的跨职能部门中进行“氢能技术2030”项目研究，将研究措施与氢能关键技术战略性地绑定在一起
措施26　设立科学的政策咨询项目	创建示范项目以验证有利于氢能技术应用创新的框架条件。在此基础上进一步开发国内和欧洲的法律框架，从而可以大规模启动氢能的生产、储存、运输和使用，经济地落实相应的业务模式。尤其突出的方面是：所有安全要求、对系统和设备效率的评估以及依据可靠的测量法与计量兼容的结算。要识别出国内和欧洲法律框架内的障碍，并在此基础上起草针对其继续发展的建议
措施27　开展绿色航运研究	在航空领域，在与欧洲达成一致的文件“飞行轨迹2050”中所描述的目标得到航空研究计划的支持。该计划将继续执行，并为此设立了混合动力电动飞行扶持资金。在航空研究计划中，从2020年至2024年计划将向氢能技术领域投资2500万欧元
措施28　继续实施绿色海运研究	继续实施在交叉主题“绿色海运”（Maritime Green）下海运研究项目的资助措施。在欧盟层面，目前为新“欧洲地平线”计划而设计的伙伴关系倡议“零排放水上运输”正在筹备中，其目标是材料循环呈闭合式的零排放船只。从2020年至2024年，计划向海运研究项目投资约2500万欧元，其中一部分可用于与氢能相关的项目
措施29　强化氢领域的培训和教育	在国内和国际上加强教育和培训：为员工和企业高效、安全运用氢能技术铺平道路。这一点尤其适用于迄今为止氢能仍未受到重视领域内的生产、销售和维护人员的资质认证。其中包括例如设备制造以及交通领域内燃料机动车维修厂员工的培训。除了有资质的专业人员外，还需要出色的科研工作者以及后备人员。为此，我们将采取新的合作方式，将教育和研究结合起来，例如通过高校外科研机构和高校的技能中心，与出口国开展职业培训合作，有针对性地增强教育能力

图2-16　德国《国家氢能战略》的38项行动措施：基础设施和研究创新

欧洲层面行动：德国在2020年下半年担任欧盟理事会轮值主席国，积极推进围绕“氢能”主题的重要资料汇编。其中包括特别是由欧盟委员会制定的“氢能”行动计划以及智能能源系统融合战略	
措施30　支持质量标准、法规的制定	为了有助于能源转型和脱碳化、增强德国和欧洲出口机遇的市场发展，需要可靠的可持续性标准和高要求的高质基础设施、可再生能源电能证明以及“绿氢”及其衍生产品。在欧洲层面，要在氢能和PtX产品领域设立可持续性和质量标准，从而积极参与国际氢能市场的建立。其中也包括为在不同应用领域内制定欧洲规范、准则和标准提供支持，它们不仅为国际市场确立发展方向，而且能保证德国在符合能源转型要求的前提下实现市场增长。同时，德国还将加强与其他国家对共同标准的交流，为这些标准在国际组织内的普及扫清障碍
措施31　扩大绿氢研发示范投资	在欧盟层面，要扩大对“绿氢”研发、示范的投资，其中之一是为氢能技术和系统领域创造新的“欧洲共同利益的重要项目”（IPCEI），作为与其他成员国的联合项目。该项目应考虑氢能的整个价值链和使用链（制取、运输、配送、使用）。为此，联邦政府积极联系欧盟委员会和欧盟成员国，以争取对此类项目的支持，并推动项目的实施
措施32　实施欧盟氢能源倡议	在《欧洲绿色协议》的背景下，联邦政府积极致力于加速实施欧盟氢能倡议的开展。为此，联邦政府在该战略的基础上支持编写欧盟委员会的绿皮书，以从内容上为欧盟氢能战略初步确定基调。随着氢能技术市场的共同增长，我们将开发规模经济，为氢能国内市场的成功奠定基础
措施33　建立欧洲氢能公司	为了共同促进和开发全球生产能力和基础设施，将探讨是否成立一家欧洲氢能公司，并在获得欧洲足够支持的情况下推进此项工作
国际氢能市场和对外经济合作伙伴关系：在氢能方面，国际合作也能为经济、气候、对外政策和发展政策提供机遇。除了与合作伙伴国共同开发氢能技术和市场外，化石能源转型为氢能的生产和出口的可能性和机遇也是一个重点	
措施34　建立能源伙伴关系，促进氢技术出口	将氢能纳入现有的能源合作关系中，与战略性进出口国建立新的合作伙伴关系。例如，以德国技术为基础在合作伙伴国中实现其产品的出口，从而使该经济体摆脱对化石能源的依赖，并满足德国的氢能需求。再例如利用现有的与伙伴国的能源合作伙伴关系，通过建立专门的专业工作组，挖掘以氢能为基础的能源可持续的进口潜力，为德国氢能技术开拓销售市场。与此同时也兼顾各个国家能源需求的进一步发展以及水等自然资源的可用性。能源合作伙伴关系同时还会为相关氢能出口国的自我脱碳化和经济发展做出贡献
措施35　推进与氢能联盟合作	在氢能联盟的框架下，与欧盟倡议活动协调并迅速推进与合作伙伴国的合作。为德国企业在国外市场上的定位搭建平台，从而减轻需要氢能的德国企业获取气候中和能源的困难
措施36　编制绿氢潜力分布图	加强已开展的国际活动的力度，特别是在能源合作关系框架下以及国际经济中的氢和燃料电池合作伙伴关系、国际可再生能源机构（IRENA）或国际能源署（IEA）等的多边合作中，并在考虑到氢能跨地区方面的情况下加以利用。同时，为“绿氢”及其衍生产品的生产制作“潜力分布图”
措施37　合作伙伴国的试点项目	合作伙伴国的试点项目，包括德国经济界参与的德国开发合作的项目，旨在明确指出，是否以及如何能够在那里可持续地、具有竞争力地生产和销售“绿氢”及其衍生产品。为此应开发出方案，并制定出具体的实施措施。同时应注意向德国出口的“氢能”以及以“绿氢”为基的能源应作为各合作伙伴国本地能源生产的补充，而不应成为发展中国家往往并不富足的可再生能源供给的负担。为此，在这些国家的部分干旱地区，氢能的生产不应当对其可持续供水造成不利影响。保持生产的可持续性应贯穿于整个供应链。这些项目旨在将氢能市场的机遇作为合作开发的重要组成部分，从而与合作伙伴国一道开拓可持续价值创造、能源和就业岗位的新机遇，激励各国国民经济脱碳化和建立可持续的供应链
措施38　加强与化石燃料出口商对话	在有利于逐步进行包括氢能在内的全球化能源转型的前提下，联邦政府将加强与当前化石燃料出口国的对话，旨在用氢能至少部分替代化石燃料，与重要的能源政策参与者一道把握住新机遇

图2-17　德国《国家氢能战略》的38项行动措施：国际合作

（2）德国《国家氢能战略》监管机构

为了战略的顺利推进和产业的可持续发展，德国政府建立了一个灵活、以结果为导向的监管机构——氢能国务秘书委员会。若氢能战略的执行发生延缓或与目标出现偏差，国务秘书委员会经与联邦内阁协商后将即刻采取修正措施，并根据新的需求调整行动计划。该委员会旨在确保国家氢能战略与市场的发展保持协调，并从总体上确保目标的实现。

同时，联邦政府任命并组建了国家氢能理事会。该理事会由 26 名来自经济界、科学界和社会的高级专家（不隶属于公共管理机构）组成。氢能理事会的成员具备氢制取、研究和创新、工业脱碳化、交通和建筑/供热、基础设施、国际合作伙伴关系以及气候和可持续性等方面的专业知识。国家氢能理事会的任务是在国家氢能战略的执行和发展的过程中，以提出意见和行动建议的方式向国务秘书委员会提供咨询和支持。在国家氢能战略的实施期间，为了协调联邦政府与氢能理事会之间的工作，并确保理事会与职能部门的实际运作之间保持紧密联系，国务秘书委员会和国家氢能理事会将定期共同举行会议。届时，相关各部的职能部门负责人（例如主管的司局领导）将作为嘉宾列席理事会的会议。氢能理事会每年至少召开两次会议。

除了国家层面措施，各州也在氢能领域启动或筹备出台措施。联邦和各州将充分利用协同效应，预防路径依赖性，交流产业发展经验和确定未来行动计划。为此，联邦政府将建立合适的平台（例如联邦—各州“氢能”工作小组），并确保各州获得有关氢能理事会活动的信息（见图 2-18）。

（3）德国能源转型相关政策

为实施庞大的绿氢计划，德国还计划创造条件促进可再生能源有效利用，例如对制氢用电免税、扶持绿氢制备工业、促成绿氢制备商与天然气生产和利用商或电网运营商探讨新的合作模式等。为了激励电解制氢企业扩大规模，德国出台《管网扩展促进法修正案》，允许运营商建立大规模储能设施，促进氢能产地与消费地连通。

德国的一系列能源与气候政策中，影响最深、意义最重大的就是 20 世纪末开始制定的《可再生能源法》（*Erneuerbare-Energien-Gesetz*, EEG）。德国的《可再生能源法》是为了保障可再生能源优先发展而制定的法律。二十余年来历经七次重大修订（见表 2-9）。2021 年 1 月开始实

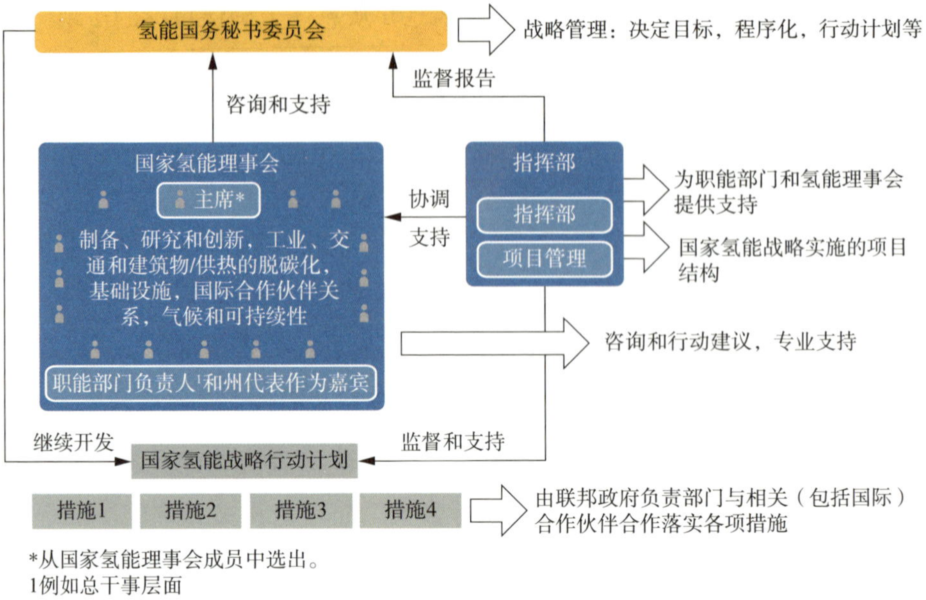

图 2-18　德国国家氢能战略的监管机制

翻译制图：中国产业发展促进会氢能分会（HEIPA）

施 EEG-2021 版本①。EEG-2021 版本提出德国 2030 年的目标是可再生能源电力将占电力总消费的 65%，在 2050 年前实现德国电力生产和消费领域的气候中和。2022 年 7 月在能源危机等复杂国际国内事件冲击下，德国政府展现出对可再生电力部署更大的决心，通过了 EEG-2023 版本，将 2030 年的可再生能源占总耗电量比重的目标从 65% 提高到 80%，电力行业气候中和的目标时间也提前至 2045 年。这将会促进更多的可再生能源进入电力市场，融入电力供应系统，提升公众对发展可再生能源及绿氢的认可度。

德国《可再生能源法》为刺激国内可再生能源发展提供了两种基本的手段和机制：一是优先上网，优先收购，即电网运营商有义务让符合并网要求的可再生能源完全接入电网，并且电网运营商必须购买可再生

① Gesetz für den Ausbau erneuerbarer Energien（Erneuerbare-Energien-Gesetz - EEG 2021），https：//www.gesetze-im-internet.de/eeg_2014/BJNR106610014.html#BJNR106610014BJNG000100000.

表 2-9　德国《可再生能源法》修订情况

修订版本	核心内容	可再生能源占比目标
EEG-2000	建立了对可再生能源电力的优先购买、并网和调度等原则，明确了新建立的可再生能源发电厂可以享有长达 20 年的固定补贴	2050 年超过 50%
EEG-2004	—	2010 年达到 12.5%； 2020 年达到 20%
EEG-2009	完善了新增发电容量的固定上网电价调节机制，同时鼓励自发自用，并首次提出了市场化方面的条款	
EEG-2012	根据不同的技术、安装和施工难度等进行差别定价，鼓励和促进不同规模可再生能源电力的快速发展，并保证了稳定的长期投资环境	2020 年要达到 35%； 2030 年至少达到 50%； 2040 年至少达到 65%； 2050 年至少达到 80%
EEG-2014	调整了可再生能源附加费的收取方式和收取范围	2025 年达到 40%~45%； 2035 年达到 55%~60%
EEG-2017	推广可再生能源拍卖体制；满足可再生能源发电建设与电网扩建步伐的同步性	2030 年达到 65%； 2050 年至少达到 80%
EEG-2021	—	2030 年达到 65%； 2050 年电力气候中和
EEG-2023	2023 年起完全废除可再生能源附加费	2030 年达到 80%； 2045 年电力气候中和

资料来源：德国联邦经济与能源部（Bundesministerium für Wirtschaft und Energie，BMWi）

能源发电的全部电量；二是可再生能源附加费（FIT），可再生能源发电企业享受固定上网电价，上网电价和批发市场电价之间的差价由可再生能源附加费（FIT）来弥补，收购期限为 20 年。

《可再生能源法》为德国的许多创新项目创造了可靠的财务支持，也为德国推动绿氢发展提供了有效的借鉴方案。

德国一直积极将本国能源与气候政策相结合的治理模式向欧盟和国际社会推广，参与并推动了 2018 年欧盟《国家能源和气候计划》（National Energy and Climate Plans，NECPs）和《欧洲绿色新政》出台。2020 年下半年，德国担任欧盟轮值主席国，积极参与和推动欧盟委员会制订首部《欧洲气候法》，将 2050 年实现碳中和的目标写入欧盟法律，这使得 2050 年实现温室气体净零排放的目标对欧盟成员国都具有法律约束力。

2.2.3 氢能产业发展现状及趋势

可再生能源丰富，绿氢制取领域的技术及产业规模全球领先。德国和欧盟地区油气资源匮乏，但可再生能源相对丰富，特别是北海地区的风能资源条件全球最优。2020 年，德国可再生能源发电量已经占到了该国电力消费的 49.1%，南欧还有光伏电力可以供德国进口使用。德国在绿氢制取领域的技术及产业规模全球领先。根据 IEA 氢能项目数据库①，全球在运行的电解制氢项目共 140 余个，其中 43 个项目来自德国。全球范围内 40 个兆瓦级以上的电解制氢项目中德国占 15 个。德国已经宣布 2 个产能规模 10MW 级的项目，另有 3 个 100MW 的项目正在酝酿中。此外，德国石化工业发达，工业副产氢资源相对丰富（见表 2–10）。

表 2–10 德国在运、在建及规划的制氢项目

序号	项目名称	投产年份	制氢技术	装机容量（MWel）	应用领域
1	Regenerativer Energipark Ostfalia/hybrid renewable energy park（HREP）	2009	ALK	0.006	发电
2	Hamburg Hafen City，CEP	2011	ALK	0.6	汽车
3	Hybrid Power Plant Enertrag，Prenzlau	2011	ALK	0.5	发电、汽车、CHP
4	EnBW H2 station，Stuttgart	2011	ALK	0.3	汽车
5	H2Herten	2012	ALK	0.165	发电、汽车、管道掺氢
6	Cotbus	2012	ALK	0.12	管道掺氢

① IEA hydrogen project database，2020–07，https：//www.iea.org/reports/hydrogen–projects–database.

续表

序号	项目名称	投产年份	制氢技术	装机容量（MWel）	应用领域
7	H2 research center BTU Cottbus	2012	ALK	0.14	发电
8	Eucolino Schwandorf	2012	PtX	0.108	管道掺氢
9	HYPOS（Leipzig）	2013	ALK/PEM/SOEC	1.25	发电、汽车、工业等
10	Windgas Haurup，1st phase	2013	PEM	1	发电
11	RH2 Grapzow，Mecklenburg Vorpommern	2013	ALK	1	发电
12	RWE PtG plant Ibbenbüren	2013	PEM	0.15	发电、管道掺氢、CHP
13	PtG plant Hamburg-Reitbrook	2013	PEM	1.5	管道掺氢
14	ETOGAS，Solar Fuel Beta-plant AUDI	2013	ALK	6	管道掺氢
15	Uniper/E-ON WindGas Falkenhagen	2013	ALK	2	管道掺氢
16	MicrobEnergy GmbH，Schwandorf	2013	PEM	0.18	管道掺氢
17	CO2RRECT-Niederaussem	2013	PEM	0.33	管道掺氢、化工
18	H2Move，Fraunhofer ISE	2013	PEM	0.04	汽车
19	P2G plant Erdgas Schwaben	2013	PEM	1	发电、管道掺氢
20	MEFCO2	2014	PEM	1	化工
21	H2BER（Berlin airport）	2014	ALK	0.5	发电、汽车、工业等
22	Hanau，Wolfgang Industrial Park	2014	PEM	0.03	发电、管道掺氢
23	MicroPyros，Staubing	2014	PtX	—	汽车
24	H2ORIZON	2015	PEM	1	发电、汽车、热电联产
25	Hamburg - Schnackenburgallee	2015	PEM	0.185	汽车

续表

序号	项目名称	投产年份	制氢技术	装机容量（MWel）	应用领域
26	Energiepark Mainz	2015	PEM	6	管道掺氢、汽车、工业
27	Dresden	2015	SOEC	0.01	发电
28	Emden II Upscaling	2015	PEM	—	发电
29	RegEnKibo，Kirchheimbolanden（R&D）	2015	Unknown PtX	—	—
30	Stromlückenfüller 1st phase	2015	PEM	0.02	发电
31	Windgas Haurup，1st phase	2016	PEM	0.225	发电
32	Hassfurt	2016	PEM	1.25	发电、管道掺氢、CHP
33	HPEM2GAS（R&D）	2016	PEM	0.2	管道掺氢
34	smart grid solar–arzberg	2016	PEM	0.075	发电、汽车
35	H&R Ölwerke Hamburg–Neuhof	2017	PEM	5	化工
36	Alzey，Exytron Null–E	2017	ALK	0.0625	发电、热电联产
37	Wyhlen hydroelectric power plant，	2017	ALK	1	发电
38	Energy in the Container，Fraunhofer IISB，Erlangen（LZE）	2017	PEM	—	发电
39	Wind to gas Brunsbüttel	2018	PEM	2.4	汽车
40	Rostock，Exytron Demonstrationsanlage	2018	ALK	0.0184	管道掺氢
41	MicroPyros，Altenstant	2018	PtX	0.001125	汽车
42	Methanation at Eichhof	2018	PEM	0.05	—
43	Carbon2Chem	2018	PEM	2	工业
44	Falkenhagen STORE&GO	2019	PEM	—	管道掺氢
45	Stromlückenfüller 2nd phase	2019	PEM	0.2	发电

续表

序号	项目名称	投产年份	制氢技术	装机容量（MWel）	应用领域
46	Kopernikus	2019	SOEC	0.01	合成燃料
47	Hypos-Sunfire	2019	SOEC	0.18	化工
48	REFHYNE	2021	PEM	10	化工
49	Salzgitter Clean Hydrogen project	2021	PEM	2.2	工业
50	eFarm	2021	PEM	1.125	汽车
51	Maximator	2021	PEM	2.5	汽车
52	PtG-Fehndorf	2021	PtX	2	管道掺氢
53	Leuchtturmprojekt Power-to-Gas	2021	PEM	1.3	汽车
54	GrInHy2.0	2021	SOEC	0.72	工业
55	E-CO2MET Raffinerie Mitteldeutschland	2021	SOEC	0.72	化工
56	Kopernikus 2.0	2021	SOEC	1	合成燃料
57	Element One（Element Eins）	2022	PtX	100	工业、管道掺氢
58	Bad Lauchstädt energy park	2022	n PtX	35	热电联产、掺氢
59	Referenzkraftwerk Lausitz	2022	PEM	0.047	发电
60	Hybridge	2023	ALK/PEM	100	汽车、工业、管道掺氢
61	GreenHydroChem Central German	2024	PEM	120	发电、工业、供热
62	Westkuste 100	2025	PtX	30	管道掺氢
63	Get H2 Lingen	—	PtX	105	发电、汽车、工业等
64	Green Hydro Chem	—	PtX	100	工业
65	HySynGas	—	PEM	50	汽车、管道掺氢
66	Lingen BP Refinery	—	PtX	15	工业

资料来源：IEA Hydrogen Project Database（2020-07）

注重陆上氢能管网建设。德国作为位于欧洲中部的陆上能源枢纽，强调建立跨欧洲的氢能管道运输系统。德国还提出发展轻便安全的液体有机物储氢（LOHC）作为远期氢能储运技术发展重点。

德国的氢能应用场景主要为工业、交通和供热。德国以制造业立国，特别是化工和钢铁行业一直稳居世界前列，因此非常注重工业领域的去碳化，将氢能作为工业领域深度脱碳的重要手段。德国主推氢能应用差异化发展，优先应用于难以进行电气化革新的行业，因此在交通领域首选航空和船舶，其次是陆上运输业。

在国际上推广氢能技术和氢能应用。德国通力打造绿氢市场，并以国内市场带动国外市场，在国际上推广氢能技术和氢能应用，以期促进成本下降，实现规模化和技术进步的良性循环，从而增强氢能竞争力。

2.2.4 氢能研发企业机构及关键技术情况

德国绿氢生产技术领先、企业众多，拥有蒂森克虏伯和Green Hydrogen等知名的碱液电解槽企业，西门子、H-TEC等质子交换膜电解槽企业和Sunfire等走在世界前列的固体氧化物电解槽企业。另外，在政策引导下德国还形成了产学研合作机制，各单位依托先进技术积极参与德国及欧洲绿氢项目建设。

德国企业和研究机构深度参与了欧盟“地平线2020”框架计划。根据统计，德国企业共获得了超过1.5亿欧元的框架计划资助①。其中“地平线2020”框架计划下有18个氢能相关项目由德国企业和研究机构主导，涉及电解水制氢、液态储氢、加氢站、燃料电池、光电转换制氢等技术（见表2-11～表2-13）。欧盟框架计划的项目主导方一般为在相关领域存在技术、资金和项目经验优势的企业或组织。

---

① https：//www.fch.europa.eu/sites/default/files/Beneficiaries_H2020_09-03-2021.xlsx.

表 2-11　德国主要研究企业氢能方向欧盟框架计划及研究方向

公司	“地平线 2020”计划下获得资助金额（万欧元）	参与的“地平线 2020”项目数（个）	主要研究方向
Sunfire	1647	12	SOC 燃料电池电站
Regionalverkehr Koln Gmbh	916	2	燃料电池混合动力客车
Solidpower Gmbh	793	1	SOFC 燃料电池电站系统
H2 Mobility Deutschland	530	2	加氢站
Fuelcell Energy Solutions	498	2	燃料电池
Elringklinger Ag	493	8	燃料电池汽车
Siemens Aktiengesellschaft	484	3	PEM
Viessmann Werke Gmbh	421	1	供热设备
Senertec Kraft–Warme	383	1	供热设备
Mercedes–Benz Ag	381	2	燃料电池汽车
Wsw Mobil Gmbh	354	3	燃料电池汽车
Bayerische Motoren Werke Aktiengesellschaft	292	10	燃料电池汽车
Shell Deutschland Oil Gmbh	241	2	化工
Mercedes–Benz Fuel Cell	220	3	燃料电池汽车
Robert Bosch Gmbh	218	2	汽车零部件、工业和建筑产品
Linde Gmbh	153	2	工业气体、工艺与特种气体
Hydrogenious Lohc	147	2	商用液态有机氢载体
Freudenberg Performance	122	3	材料
Aumann Limbach–Oberfrohna	120	1	汽车零部件
Reinz–Dichtungs Gmbh	117	1	汽车零部件
Fev Europe Gmbh	114	2	汽车零部件
Sphera Solutions Gmbh	112	4	软件和服务供应商
Proton Motor Fuel Cell	111	4	燃料电池
Bosch Thermotechnik Gmbh	110	1	供热系统
Fcp Fuel Cell Powertrain	104	2	燃料电池

资料来源：fch.europa.eu

表 2-12　德国主要研究机构氢能方向欧盟框架计划及研究方向

研究机构	“地平线 2020”计划下获得资助金额（万欧元）	参与的“地平线 2020”项目数（个）	主要研究方向
德国航空航天中心（DLR）	834	15（其中 5 个为主导）	燃料电池、AEM/PEM 电解设备、固体氧化物、氢气 / 动力热电联产、应急电源单元、质子交换膜 FC、太阳能氢气生产、可逆 SOC 系统等
Eifer 欧洲能源研究所	463	11（其中 5 个为主导）	加氢设施、隔膜压缩机、FCEV、重型车辆、SOC 寿命预测、电网平衡、PEM、CHP、备用电源、SOFC 等
于利希研究中心（FZJ）	329	8	阴离子交换膜、可再生氢、低成本钢、高温固体氧化物电解、可持续发展评估、生命周期成本等
弗劳恩霍夫应用研究促进协会	208	7	多兆瓦级高压碱性电解槽、PEMFC 堆栈、MEA、双极板添加剂层沉积工艺、SOFC 等
德国氢气和燃料电池中心（ZBT）	204	4	PEM 燃料电池发电厂、氢气质量、氢质保证、加氢方案
巴登—符腾堡州太阳能和氢能研究中心（ZSW）	198	5	离聚物、膜、催化剂、多燃料加氢站、风险评估等
联邦材料研究与测试研究所（BAM）	112	2	储氢、氢气容器、70MPa 储存系统、氢气安全、FCEV、燃料电池电动车、集成能力、标准化、BOP 等
柏林亥姆霍兹材料与能源中心（HZB）	72	1（主导）	PEC、光伏、光电化学转换
德国天然气和水技术科学协会（DVGW）	59	2	混合物、氢气注入、气体管网、燃气传动、协议、认证

资料来源：fch.europa.eu

表 2–13 德国高校氢能方向欧盟框架计划及研究方向

大学	"地平线 2020"计划下获得资助金额（万欧元）	参与的"地平线 2020"项目	主要研究方向
克姆尼茨技术大学	228	CAMELOT，Fit–4–AMandA，MAMA–MEA（主导），TAHYA	膜电极组装、PEMFC 堆栈、高速 CCM 制造工艺、压缩、FCEV、氢安全、标准化等
卡尔斯斯罗尔技术研究所	194	NET–Tools（主导），RESLHY（主导），BIOROBURplus，HyTunnel–CS，INLINE，	燃料电池制造及质量控制、液化氢、氢安全、氢教育等
柏林技术大学	131	CRESCENDO，GAIA，INSPIRE	膜、催化剂、MPL、CCM、MEA、组件整合等
慕尼黑技术大学	120	GAIA，INSPIRE，PEGASUS	离聚物、膜、催化剂、MPL、CCM、MEA、组件整合、燃料电池电动车等
弗莱堡大学	74	CAMELOT，IMMORTAL，INSPIRE	膜电极组装、催化剂等
埃尔兰根—纽伦堡大学（FAU）	54	HySTOC，SHERLOHCK	液体有机储氢 LOHC、催化剂材料等
黑森工业大学	33	CoacHyfied，ELYntegration	公共交通 / 清洁客运、储氢罐、创新商业模式等
埃斯林根应用科技大学	24	HPEM2GAS，FURTHER–FC	电解系统、PEM 燃料电池等
巴登—符腾堡州双元制大学（DHBW）	22	MEMPHYS	净化、膜、电化学等
乌尔姆大学	21	FLHYSAFE	燃料电池模块化、应急电源等
艾母登 / 里尔应用技术大学	7	PRETZEL	—

资料来源：fch.europa.eu

2.2.5 氢能示范项目及主要模式

近些年来，德国从研发机构到企业围绕氢能的开发和应用进行了大量的尝试和探索，通过示范项目加快氢能制造和应用的商业化步伐。

德国氢能首先发展P2G模式①，以期尽快为下游氢能应用提供便捷的基础设施，进而激活下游应用场景。在氢能基础设施布局方面，德国政府以核心城市为中心，并依托完备的天然气管道系统逐步向外延地区扩展。与此同时，德国政府和产业资本也积极推动氢能基础设施的发展和建设。

（1）美因茨示范项目（Energie Park Mainz）

2015年，德国的Energie park Mainz Power–to–Gas示范项目建成（见图2–19）。美因茨能源区项目是由林德集团、西门子公司、美因茨市政、

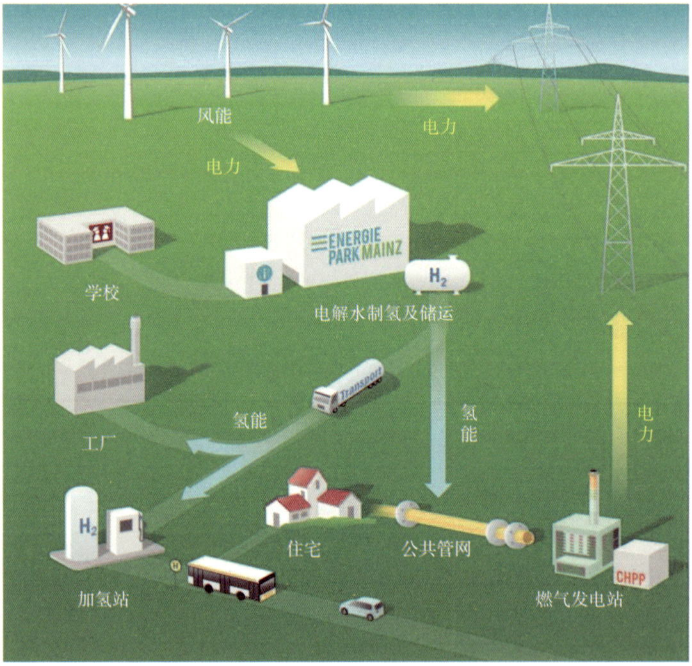

图2–19 美因茨能源区示范项目示意图②

翻译制图：中国产业发展促进会氢能分会（HEIPA）

① P2G：Power–to–Gas，即电转气技术。

② Energiepark Mainz brochure–2018，https：//www.energiepark–mainz.de/fileadmin/user_upload/energiepark–mainz–brochure–2018.pdf.

莱茵曼应用技术大学合作共同开发的。项目总投资额为1700万欧元，历经近一年的建设期。其中一半由德国联邦经济和能源部承担，另一半由项目合作伙伴西门子（21%）、美因茨市政（14%）、林德（12%）和莱茵曼应用科学大学（3%）承担。林德负责工厂设计、建造、运营和认证，西门子负责PEM电解槽设备。

美因茨示范项目采用6MW的PEM电解水制氢设备，与8MW的风电场连接，用于探索PEM技术的规模化应用及经济性运行。电解水设备采用西门子第二代Silyzer技术（三台Silyzer 200），是世界上第一个兆瓦级别的电解水制氢工厂。项目中的一部分风电直接上网，另一部分则用于电解水制氢。制得的绿氢有3种应用途径：一是掺入当地天然气管网（氢气含量0~15%）供用户使用，二是作为燃料供应至美因茨—威斯巴登发电厂，三是运送到当地加氢站供燃料电池汽车使用。项目完美实现了氢能在工业、能源和交通三个领域的协调应用。2018年，Energie Park Mainz项目已成功实现盈利（见图2-20~图2-21）。

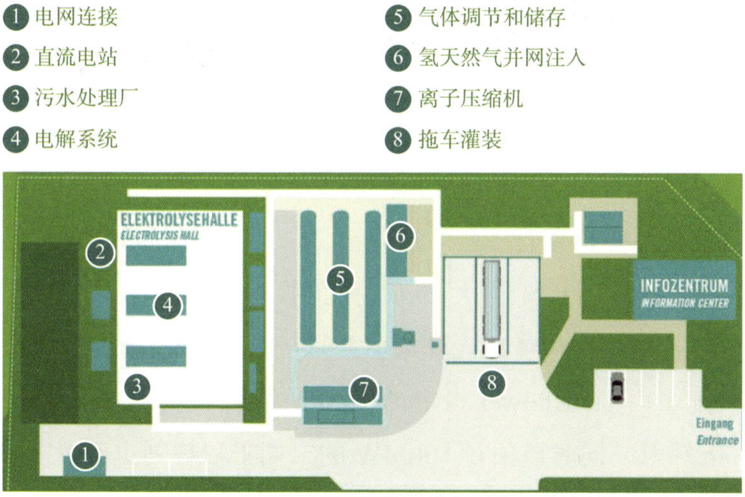

图2-20　美因茨电解水工厂布局[①]

翻译制图：中国产业发展促进会氢能分会（HEIPA）

① Technical data about the Energiepark, https://www.energiepark-mainz.de/en/technology/technical-data/.

图 2-21 美因茨示范项目实景图

（2）莱茵兰炼厂项目

2021 年 7 月，欧洲最大的质子交换膜（PEM）电解制氢项目（REFHYNE）在德国科隆市壳牌莱茵兰炼厂投运（见图 2-22～图 2-23），该项目装配了由 ITM Power 提供的 10MW 级 PEM 电解槽，每年可生产多达 1300t 绿氢，同时该项目 100MW 的二期工程规划也已提上日程。参与支持该项目的欧洲企业和研究机构包括壳牌、ITM Power、SINTEF、Sphera 和 Element Energy[①]。

① REFHYNE 项目官网，https：//refhyne.eu/.

图 2-22　莱茵兰炼厂电解水装置[①]

REFHYNE 项目二期工程的产能将达到 100MW，壳牌计划与 ITM Power、ITM Linde Electrolysis GmbH 和其他欧洲合作伙伴（SINTEF、Element Energy、Tecnalia 和 CONCAWE）联合建设，并计划在 2022 年开始施工，2024 年投入运营。建成后将成为同类工厂中最大的项目，每年可生产氢气高达 15000t，并使制氢成本降至 3 欧元 /kg 以下。

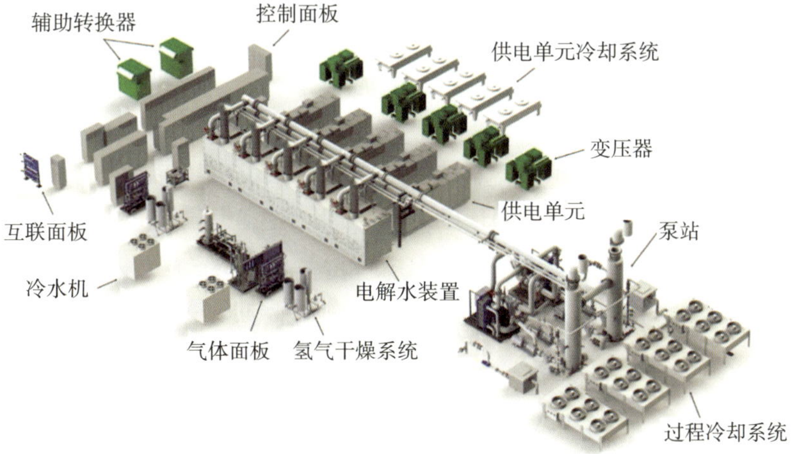

图 2-23　莱茵兰炼厂电解水项目细节

翻译制图：中国产业发展促进会氢能分会（HEIPA）

① Shell starts up Europe's largest PEM green hydrogen electrolyser，https：//refhyne.eu/shell-starts-up-europes-largest-pem-green-hydrogen-electrolyser/.

（3）Sunfire 公司基于 SOC 技术的海岛 / 社区混合能源系统

德国 Sunfire 公司提出了基于 SOC[①] 技术的海岛 / 社区混合能源系统概念，通过 SOC 技术与可再生能源耦合，为整个海岛 / 社区提供多种形式的能源（见图 2-24）。此外，该公司和德国萨尔茨吉特钢铁公司还提出利用可逆 SOC 技术制备氢气用于炼钢，实现资源和能源的高效清洁利用。

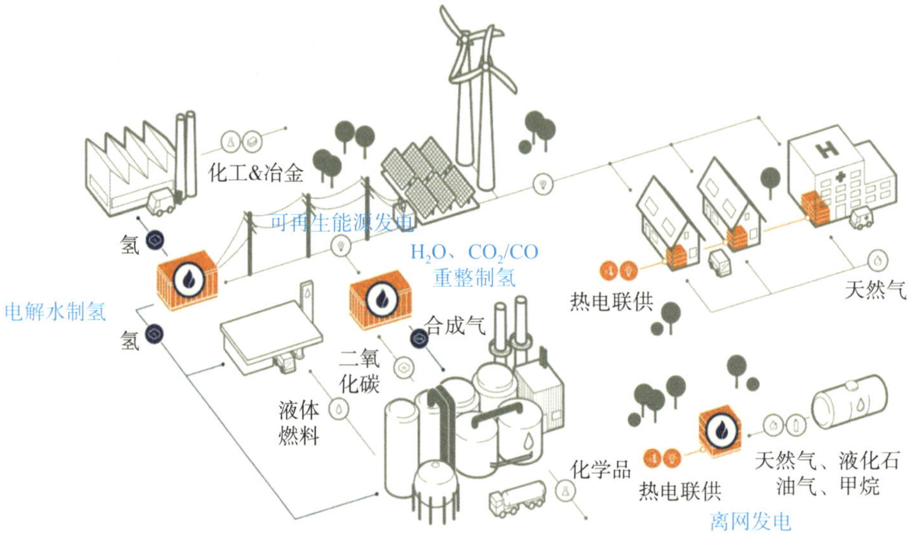

图 2-24 德国 Sunfire 公司基于 SOC 技术的海岛 / 社区混合能源系统概念图[②]
翻译制图：中国产业发展促进会氢能分会（HEIPA）

该系统包括两个单元，一个可逆 SOC 单元和一个氢气处理单元（Hydrogen Processing Unit，HPU）。HPU 单元用于气体的压缩和干燥处理。钢铁厂可提供所有必要的气体及蒸汽，安装的氢气管道可与各种下游的化工工艺衔接。该系统在电解模式下最高效率可达 84%LHV（低位热值），使用天然气的燃料电池模式效率可达到 50%LHV，该系统进行了 5000h 的运行，每 1000h 小于 1% 的衰减率证明了其长期运行的稳定性。该项目验证了将可逆 SOC 系统作为电解或发电装置在工业环境中应用的

① SOC：固体氧化物制氢。
② 资料来源：Sunfire。

技术可行性。

2.2.6 氢能产业相关标准情况

德国标准化学会（Deutsches Institut fur Normung，DIN）是德国的标准化主管机关。截至 2022 年 12 月，DIN 等已发布的氢能技术相关标准共计 48 项。德国主要是采用了欧盟和 IEC 发布的燃料电池相关标准，主要标准如表 2–14 所示。

表 2–14　德国已发布的氢能技术相关标准（部分）

序号	标准号	标准英文名称	标准中文名称
1	DIN EN IEC 62282–2–100：2021–04	Fuel cell technologies–Part 2–100: Fuel cell modules – Safety(IEC 62282–2–100:2020); German version EN IEC 62282–2–100:2020	燃料电池技术—第 2–100 部分：燃料电池模块安全
2	DIN EN IEC 62282–3–100：2020–09	Fuel cell technologies–Part 3–100: Stationary fuel cell power systems – Safety (IEC 62282–3–100:2019); German version EN IEC 62282–3–100:2020	燃料电池技术—第 3–100 部分：固定式燃料电池能源系统安全
3	DIN EN 62282–3–200:2016–12	Fuel cell technologies– Part 3–200：Stationary fuel cell power systems–performance test methods（IEC 62282–3–200：2015）；German version EN62882–3 –200：2016	燃料电池技术—第 3–200 部分：固定式燃料电池电源系统—性能试验方法
4	DIN EN 62282–3–201：2023–04	Fuel cell technologies– Part 3–201：Stationary fuel cell power systems–performance test methods for small fuel cell power systems（IEC 62282–3–201：2017 + AMD1：2022）；German version EN 62282–3–201：2017 + A1：2022	燃料电池技术—第 3–201 部分：固定式燃料电池发电系统—小型燃料电池发电系统性能试验方法
5	DIN EN 62282–3–300：2013–03	Fuel cell technologies– Part 3–300：Stationary fuel cell power systems–Installation（IEC 62282–3–300：2012）；German version EN62882–3–300：2012	燃料电池技术—第 3–300 部分：固定燃料电池发电系统—安装

续表

序号	标准号	标准英文名称	标准中文名称
6	DIN EN IEC 62282-4-101：2023-06	Fuel cell technologies–Part 4-101: Fuel cell power systems for electrically powered industrial trucks – Safety (IEC 62282-4-101:2022); German version EN IEC 62282-4-101:2022	燃料电池技术—第 4-101 部分：电动工业卡车的燃料电池能源系统—安全
7	DIN EN IEC 62282-5-100：2019-05	Fuel cell technologies–Part 5-100: Portable fuel cell power systems – Safety (IEC 62282-5-100:2018); German version EN IEC 62282-5-100:2018	燃料电池技术—第 5-100 部分：便携式燃料电池动力系统—安全
8	DIN EN 62282-6-100：2019-05	Fuel cell technologies–Part 6-100: Micro fuel cell power systems – Safety (IEC 62282-6-100:2010/A1:2012); German version EN 62282-6-100:2010/A1:2012	燃料电池技术—第 6-100 部分：微型燃料电池动力系统—安全
9	DIN EN 62282-6-200:2017-10	Fuel cell technologies– Part 6-200：Micro fuel cell power systems–Performance test methods（IEC 62282-6-200：2016）；German version EN62882-6-200：2017	燃料电池技术—第 6-200 部分：微型燃料电池发电系统—性能试验方法
10	DIN EN 62282-6-300:2014-01	Fuel cell technologies– Part 6-300：Micro fuel cell power systems. Fuel cartridge interchangeability（IEC 62282-6-300：2012）；German version EN62882-6-300：2013	燃料电池技术—第 6-300 部分：微型燃料电池动力系统—燃料元件互换性
11	DIN IEC/TS 62282-1:2015-06	Fuel cell technologies– Part 1：Terminology（IEC/TS 62282 -1：2013）	燃料电池技术—第 1 部分：术语
12	DIN IEC/TS 62282-7-1：2017-12	Fuel cell technologies–Part 7-1: Test methods – Single cell performance tests for polymer electrolyte fuel cells (PEFC) (IEC/TS 62282-7-1:2017)	燃料电池技术—第 7-1 部分：测试方法—聚合物电解质燃料电池（PEFC）的单电池性能测试

续表

序号	标准号	标准英文名称	标准中文名称
13	DIN IEC/TS 62282-7-2：2022-08	Fuel cell technologies-Part 7-2: Test methods – Single cell and stack performance tests for solid oxide fuel cells (SOFCs) (IEC 62282-7-2:2021); German version EN IEC 62282-7-2:2021	燃料电池技术—第7-2部分：测试方法—固体氧化物燃料电池（SOFCs）的单电池和电堆性能测试
14	DIN EN 62282-3-400:2016-08	Fuel cell technologies-Part 3-400：Stationary fuel cell power systems-Small stationary fuel cell power system with combined heat and power output（IEC 105/541/CDV：2015）；German version FprEN 62282-3-400：2015	燃料电池技术—第3-400部分：固定式燃料电池发电系统—热电联产的小型固定式燃料电池发电系统
15	DIN EN 62282-4-101:2023-06	Fuel cell technologies-Part 4-101: Fuel cell power systems for electrically powered industrial trucks – Safety (IEC 62282-4-101:2022); German version EN IEC 62282-4-101:2022	燃料电池技术—第4-101部分：电动工业卡车的燃料电池动力系统—安全
16	DIN EN IEC 62282-4-102:2023-06	Fuel cell technologies-Part 4-102: Fuel cell power systems for propulsion other than road vehicles and auxiliary power units (APU) – Fuel cell power systems for electrically powered industrial trucks – Performance test methods(IEC 105/865/CD:2021);	燃料电池技术—第4-102部分：用于道路车辆和辅助动力装置（APU）以外的推进用燃料电池动力系统—电动工业卡车的燃料电池动力系统—性能测试方法
17	DIN EN 62282-6-100/A1：2013-08	Fuel cell technologies-Part 6-100：Micro fuel cell power systems-Safety（IEC 62282-6-100：2010/A1：2012）；German version EN 62282-6-100：2010/A1：2012	燃料电池技术—第6-100部分：微型燃料电池动力系统—安全性
18	DIN EN IEC 62282-4-202:2021-11	Fuel cell technologies-Part 4-202: Fuel Cell Power Systems for unmanned aircraft systems – Performance test methods (IEC 105/811/CD:2020);	燃料电池技术—第4-202部分：用于无人驾驶飞机系统的燃料电池动力系统—性能测试方法

续表

序号	标准号	标准英文名称	标准中文名称
19	DIN EN IEC 62282-4-600:2023-06	Fuel cell technologies– Part 4-600: Fuel cell power systems for propulsion other than road vehicles and auxiliary power units (APU) – Fuel cell/battery hybrid systems performance test methods for excavators (IEC 62282-4-600:2022); German version EN IEC 62282-4-600:2022	燃料电池技术—第 4-600 部分：用于道路车辆和辅助动力装置（APU）以外的推进用燃料电池动力系统—挖掘机的燃料电池 / 电池混合动力系统性能测试方法
20	DIN EN IEC 62282-6-101：2021-07	Fuel cell technologies–Part 4-101：Fuel cell power systems for propulsion other than road vehicles and auxiliary power units（APU）–Fuel cell power systems for electrically powered industrial trucks–Safety（IEC 105/859/CDV：2021）；German and English version prEN IEC 62282-4-101：2021 Edition 2022-06	燃料电池技术—第 4-101 部分：道路车辆和辅助动力装置（APU）以外的推进用燃料电池动力系统—电动工业卡车的燃料电池动力系统—安全性
21	DIN EN IEC 62282-6-106：2021-07	Fuel cell technologies–Part 4-102：Fuel cell power systems for propulsion other than road vehicles and auxiliary power units（APU）–Fuel cell power systems for electrically powered industrial trucks–Performance test methods（IEC 105/865/CD：2021）；Text in German and English	燃料电池技术—第 4-102 部分：道路车辆和辅助动力装置（APU）以外的推进用燃料电池动力系统—电动工业卡车的燃料电池动力系统—性能测试方法
22	DIN EN IEC 62282-6-107：2021-07	Fuel cell technologies–Part 4-202：Fuel Cell Power Systems for unmanned aircraft systems–Performance test methods（IEC 105/811/CD：2020）；Text in German and English	燃料电池技术—第 4-202 部分：无人机系统的燃料电池动力系统—性能测试方法
23	DIN EN IEC 62282-4-400：2020-02	Fuel cell technologies–Part 4-600：Fuel cell power systems for propulsion other than road vehicles and auxiliary power units（APU）–Fuel cell/battery hybrid systems performance test methods for excavators（IEC 105/864/CDV：2021）；German and English version prEN IEC 62282-4-600：2021	燃料电池技术—第 4-600 部分：道路车辆和辅助动力装置（APU）以外的推进用燃料电池动力系统—挖掘机的燃料电池 / 电池混合动力系统性能测试方法

续表

序号	标准号	标准英文名称	标准中文名称
24	DIN EN IEC 62282-7-2：2022-08	Fuel cell technologies-Part 5-100：Portable fuel cell power systems-Safety（IEC 62282-5-100：2018）；German version EN IEC 62282-5-100：2018	燃料电池技术—第 7-2 部分：测试方法—固体氧化物燃料电池（SOFCs）的单电池和电堆性能测试
25	DIN EN IEC 62282-6-101-2021	Fuel cell technologies-Part 6-101：Micro fuel cell power systems-Safety-General requirements（IEC 105/807/CD：2020）；Text in German and English	燃料电池技术—第 6-101 部分：微型燃料电池动力系统—安全——般要求
26	DIN EN IEC 62282-6-106-2021	Fuel cell technologies-Part 6-106：Micro fuel cell power systems-Safety-Indirect Class 8（corrosive）compounds（IEC 105/808/CD：2020）；Text in German and English	燃料电池技术—第 6-106 部分：微型燃料电池动力系统—安全—间接 8 类（腐蚀性）化合物
27	DIN EN IEC 62282-6-107-2021	Fuel cell technologies-Part 6-107：Micro fuel cell power systems-Safety-Indirect water-reactive（Division 4.3）compounds（IEC 105/809/CD：2020）；Text in German and English	燃料电池技术—第 6-107 部分：微型燃料电池动力系统—安全—间接水反应（4.3 部分）化合物
28	DIN EN IEC 62282-6-400-2020	Fuel cell technologies-Part 6-400：Micro fuel cell power systems-Power and data interchangeability（IEC 62282-6-400：2019）；German version EN IEC 62282-6-400：2019	燃料电池技术—第 6-400 部分：微型燃料电池电源系统—电源和数据互换性
29	DIN EN IEC 62282-7-2-2022	Fuel cell technologies-Part 7-2：Test methods-Single cell and stack performance tests for solid oxide fuel cells（SOFCs）（IEC 62282-7-2：2021）；German version EN IEC 62282-7-2：2021	燃料电池技术—第 7-2 部分：测试方法—固体氧化物燃料电池（SOFCs）的单电池和堆性能测试

资料来源：德国标准化学会（Deutsches Institut fur Normung，DIN）

2.2.7 总结

德国可再生能源丰富，突出强调发展绿氢，且该国在绿氢制取领域的技术及产业规模全球领先。德国作为位于欧洲中部的陆上能源枢纽，强调建立陆上跨欧氢能管道网络。应用场景方面，德国注重借助绿氢帮助工业、交通和供热领域实现脱碳。其中交通领域应用以多元化发展为导向，除了车辆运输应用，在轨道交通、航运和航空方面也有广泛布局。德国通过推广其国内的先进氢能技术、标准化体系和商业模式，带动国际市场，在国际氢能领域具备较强的竞争力和话语权。

2.3 英国氢能技术与产业发展

英国氢能战略见图 2–25。

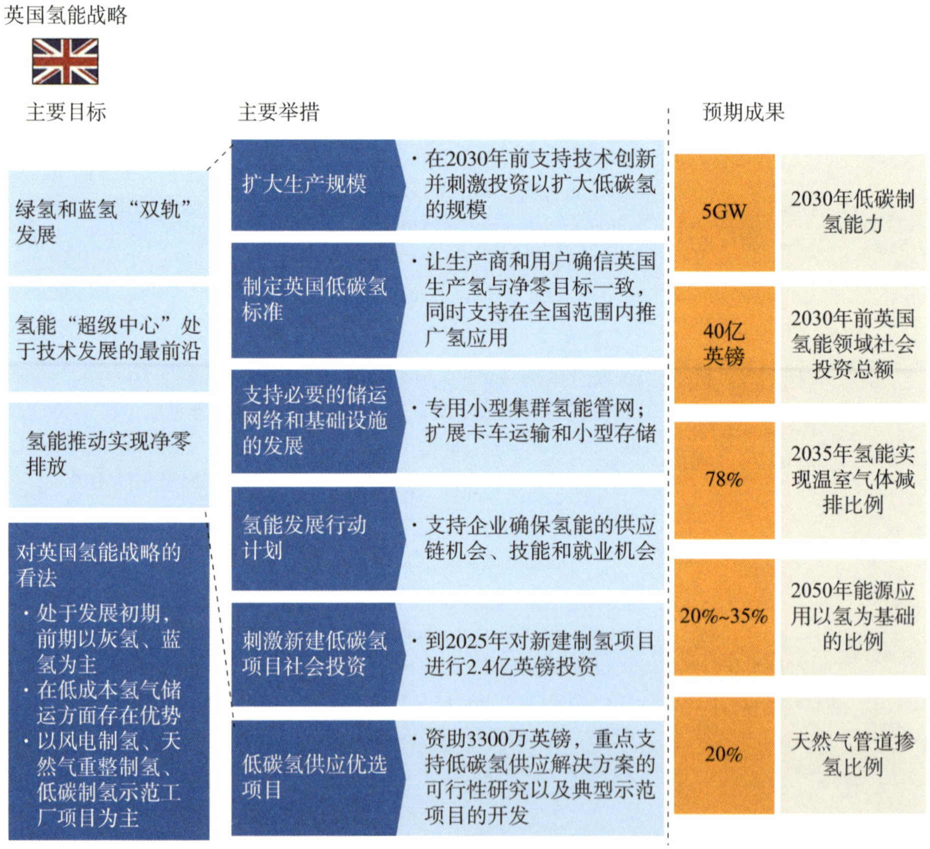

图 2–25 英国氢能战略

2.3.1 英国氢能产业总体发展情况

当前英国氢能产业还处于发展初期，以灰氢为主。根据英国气候变化委员会（Climate Change Committee，CCC）的数据，截至2020年底，英国灰氢产量约68万t，蓝氢和绿氢生产规模较小，装机量约为10MW。英国的绿氢生产主要为一些小规模试验项目，例如奥克尼岛的BIG HIT项目。英国气候变化委员会估计，净零排放使得英国需要高达680万t低碳氢。

优先发展蓝氢。对英国政府而言，目前蓝氢的净零目标至关重要。根据英国最新的氢能战略，2030年将具备10GW的低碳氢产能，其中近一半来自蓝氢。根据研究机构预测，在适当的政策支持下，英国到2030年可以部署10GW的蓝氢，到2050年达到80GW。

英国在低成本氢气储运方面存在优势。英国天然气管网覆盖率世界领先，超过80%的英国家庭和企业都接入了天然气管网，该网络有望成为英国输氢的重要渠道。另外，英国广泛分布的集中式盐洞也可用于大规模储存氢气，以应对冬季能源需求高峰。

2.3.2 氢能发展战略与相关政策

2019年6月，英国政府在《巴黎协定》提出的全球应对气候变化目标的基础上，提出了2008年《气候变化法案》的《2050年目标修正案》。该法案当月即在议会通过，最核心的修订内容是将原定的温室气体（Green House Gas，GHG）排放量减少80%的目标修订为减少100%，即到2050年英国也实现净零碳排放（以下简称“净零碳”）。这使英国与法国及北欧国家（除芬兰）一道，成为目前少数对2050年碳中和目标立法的国家。

（1）英国绿色工业革命十点计划

2020年11月，英国政府正式公布绿色工业革命十点计划，这是近期英国政府在应对气候变化和发展低碳经济领域发布的最重要的文件之一[1]。十点计划包括：海上风电、低碳氢能、先进核能、电动汽车、绿色公共交通、净零航空与绿色航运、绿色建筑、CCUS 技术、保护自然与环境、绿色金融与创新。

其中，在推动低碳氢能发展方面提出的目标是：2030 年，通过与业界合作将低碳制氢能力提高至 5GW，并将氢能应用模式推广至工业、交通、电力和住宅等领域，2050 年氢能实现温室气体减排 7%。

在该计划中，英国政府将设立 2.4 亿英镑的净零氢能基金，并对氢能发展业务模式和补贴机制进行确定，以期吸引更多的社会投资。下一步政府还承诺将对氢能验证和示范项目进行高达 10 亿英镑的资助。除此之外，该计划还开启了 6000 万英镑的低碳氢供应链优选二期（HYS2）项目[2]。

十点计划中指出，英国当前已拥有世界领先的电解槽公司，以及较大规模的碳捕获和储存场所，在发展氢能领域潜力巨大。英国的可再生能源、CCUS 和氢气聚集中心的优势，将使英国的工业“超级中心”处于技术发展的最前沿（见图 2-26）。

十点计划还制定了英国氢能发展的时间表：

2021 年，发布英国氢能战略，并明确政府首选的氢能产业的商业模式。

2022 年，最终确定英国氢能产业商业模式。

2022 年，与工业界合作完成必要的测试，以允许 20% 的氢气混合到燃气管网中，并连接到所有家庭的燃气管网。

2023 年，英国政府将支持工业界在当地社区开始氢气供暖试验。

---

① The Ten Point Plan for a Green Industrial Revolution，https：//www.gov.uk/government/publications/the-ten-point-plan-for-a-green-industrial-revolution/title.

② Low Carbon Hydrogen Supply 2，https：//assets.publishing.service.gov.uk/government/uploads/system/uploads/attachment_data/file/1004595/low-carbon-hydro-stream-2-guidance.pdf.

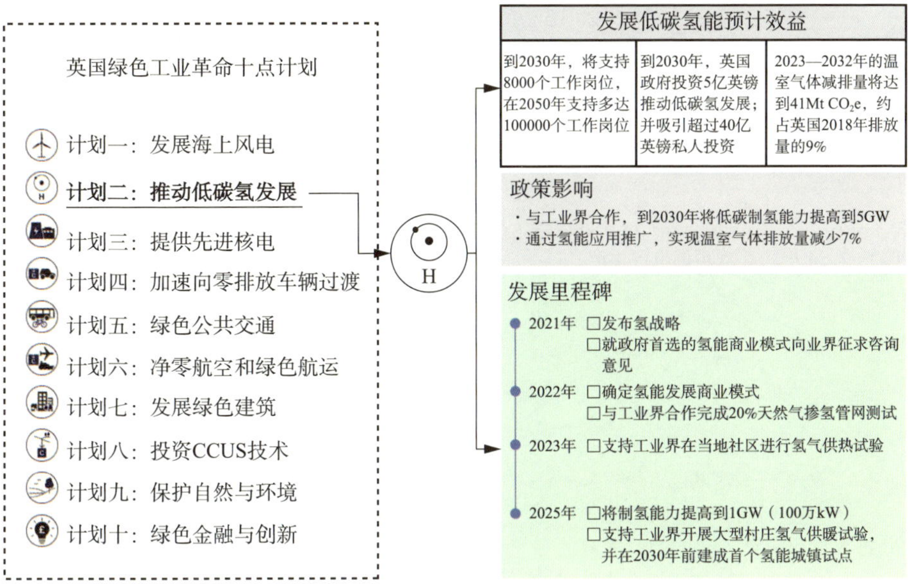

图 2-26 英国绿色工业革命十点计划及低碳发展相关内容

资料来源：GOV.UK

翻译制图：中国产业发展促进会氢能分会（HEIPA）

2025 年，力争达到 1GW 的制氢能力。

2025 年，将支持工业界开始大型村镇的氢气供暖试验，并在 2030 年前，建成一个完全由氢气供能的城镇。

（2）英国正式发布氢能战略

2021 年 8 月 17 日，英国政府发布了首个氢能战略，为英国政府到 2030 年实现 5GW 低碳氢生产能力的雄心奠定了基础。根据该战略，到 2030 年，英国将吸引 40 亿英镑社会投资，新增 9000 余个高质量的工作岗位。到 2030 年，氢将在英国化工、炼油、电力和重型运输（如航运、重型货车和火车）等高污染、能源密集型行业脱碳方面发挥重要作用；2050 年，英国 20%~35% 的能源应用将以氢为基础。最终为英国 2035 年减少 78% 碳排放和 2050 年净零排放目标做出重要贡献①（见图 2-25、表 2-15）。

① UK hydrogen strategy（accessible HTML version），2021-08，https://www.gov.uk/government/publications/uk-hydrogen-strategy/uk-hydrogen-strategy-accessible-html-version.

表 2-15 英国氢能战略发展路线

时间	氢制取	氢储运	氢应用	关键行动与里程碑
2022—2024 年	小规模的电解生产	管道、就近卡车运输（非管道）或就地使用	交通运输（公交车、大型货运卡车示范，铁路与航空）；工业示范；社区供热	2022 年初启动净零氢基金；2021 年决定第一阶段 CCUS 集群；2022 年确定低碳氢标准；2022 年确定商业模式；2022 年第三季度为混合燃料提供物有所值的案例；2023 年试验社区供热
2025—2027 年	多地试点大规模采用 CCUS 技术的氢气生产项目，电解槽氢气项目生产规模不断扩大	专用小型集群管网；扩展卡车运输和小型存储	工业应用；交通运输（大型货运卡车，铁路与航运）；乡村供热；与天然气混合	2025 年拥有 1GW 的生产能力；2025 年至少建立 2 个 CCUS 集群；2025 年开展乡村供热试验；2026 年启动氢气供热；21 世纪 20 年代中期启动燃料电池重卡项目
2028—2030 年	大规模采用 CCUS 技术的氢气生产项目和电解生产项目	大型集群网络；大规模存储；与天然气网络的整合	广泛应用于工业、发电和灵活性、运输（重型货车、航运）、供热试点城镇	2030 年实现 5GW 生产能力；2030 年建立 4 个 CCUS 集群；2030 年建设供热试点城镇；2030 年追求实现 40GW 海上风电的目标
21 世纪 30 年代中期	扩大生产规模与范围（例如核能、生物质）	区域或国家网络以及与 CCUS、天然气和电力网络集成的大规模存储	包括钢材在内的所有终端用户；电力系统；更大的航运和航空；潜在的天然气掺氢转换	第六个碳预算（到 2035 年实现与 1990 年相比减排 78% 的目标，到 2050 年实现净零排放）

英国氢能战略主要内容包括：

- 到 2030 年，英国将快速、显著地扩大生产规模并为低碳氢经济奠定基础；在 2030 年前支持技术创新并刺激投资以扩大低碳氢的规模；
- 支持绿氢和蓝氢“双轨”发展，并承诺在 2022 年初提供关于生产战略和双轨方法的更多详细信息；
- 与行业合作制定英国低碳氢标准，让生产商和用户确信英国生产的氢与净零目标一致，同时支持在全国范围内推广氢应用；

- 进行审查并支持必要的储运网络和基础设施的发展，以支持蓬勃发展的氢能行业；
- 与行业合作评估将 20% 的天然气管道掺氢的安全性、技术可行性和成本效益；
- 在 2022 年初启动氢能行业发展行动计划，阐明政府将如何支持企业确保氢能的供应链机会、技能和就业机会。

英国在氢能战略发布的同时还出台了一系列支持性政策，包括刺激新建低碳氢项目社会投资的《低碳氢商业模式协商》，到 2025 年对新建制氢项目进行 2.4 亿英镑投资的《净零氢基金（NZHF）设计协商》，最大化地激励和支持整个能源系统低碳氢供应的《英国低碳氢标准协商》和《制氢成本 2021》等支持氢能战略和协商的相关文件（见图 2-27）。

图 2-27　支持氢能战略和协商的相关文件

资料来源：GOV.UK

翻译制图：中国产业发展促进会氢能分会（HEIPA）

2022 年 7 月，《英国能源安全战略》强调了低碳氢将在能源系统中发挥的关键作用，支持英国的能源自主和碳减排目标实现，因此将英国 2030 年低碳氢生产能力目标提高到 10GW，其中至少一半来自电解氢。

2.3.3 氢能研发企业机构及关键技术情况

2020 年 4 月，英国商业、能源和产业战略部（BEIS）发布了低碳氢供应链优选项目（Hydrogen Supply Competition），资助 3300 万英镑，重点支持低碳氢供应解决方案的可行性研究以及典型示范项目的开发（见图 2-28）。

图 2-28　低碳氢供应链优选项目流程

资料来源：GOV.UK

翻译制图：中国产业发展促进会氢能分会（HEIPA）

项目初期共有43个项目提交了申请，第一阶段共有13个项目被授予可行性研究合同，第二阶段优选其中5个项目进行示范验证，包括：

HyPER吸附强化蒸汽重整制氢装置。依托Cranfield大学天然气技术研究所发明的基于新技术的吸附强化蒸汽重整（SESR）工艺，设计开发中试规模低碳氢气制备的示范装置并进行示范生产，评估新工艺的技术经济性。

Dolphyn浮式风电制氢。在深海区域建造风电制氢设施原型，该设施原型由大型浮式风电（10MW）、水处理单元和电解槽组成，以海水为原料利用风电进行电解制氢，并通过管道输运到陆地。

Gigastack海上风电大规模制氢项目。基于ITM Power公司吉瓦级别PEM电解设备，开发低成本、零排放的风电制氢示范装置。电解水制氢系统所需电力来自Orsted的Hornsea Two海上风电场，氢气提供给Phillips 66 Humber炼油厂。

Acorn天然气重整制氢新项目。开发和评估新型先进天然气重整制氢系统，为利用英国北海天然气生产氢气提供一种节能且具有成本效益的新方法，同时新系统能够有效地捕集并封存制备过程产生的二氧化碳。

HyNet低碳制氢示范工厂。通过采用集成Johnson Matthey公司低碳制氢技术的碳捕集设施，Progressive Energy、Essar、Johnson Matthey和SNC-Lavalin四家公司联合建造一座低碳制氢示范工厂，每小时产氢量达到10万Nm^3，以验证技术规模化应用潜力。这项技术可以将低碳氢的成本降低20%以上。

2021年开启的低碳氢供应链优选项目2期（HYS2），是已经结束的低碳氢供应一期（HS1）的后续。相较HS1，HYS2将考虑更广泛的价值链，而不仅仅是氢的批量生产。为了快速建立氢经济体系，必须提高氢的可及性并降低所有系统成本（见图2-29、图2-30）。

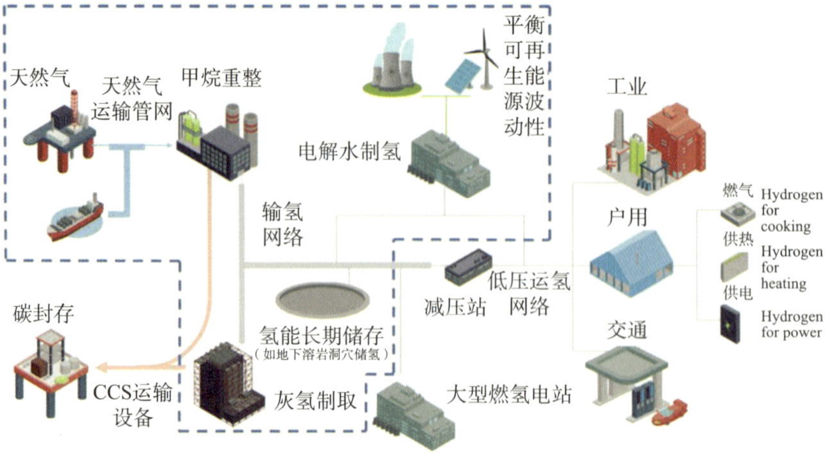

图 2–29　英国低碳氢供应链优选项目 2 期主要关注领域

资料来源：GOV.UK

翻译制图：中国产业发展促进会氢能分会（HEIPA）

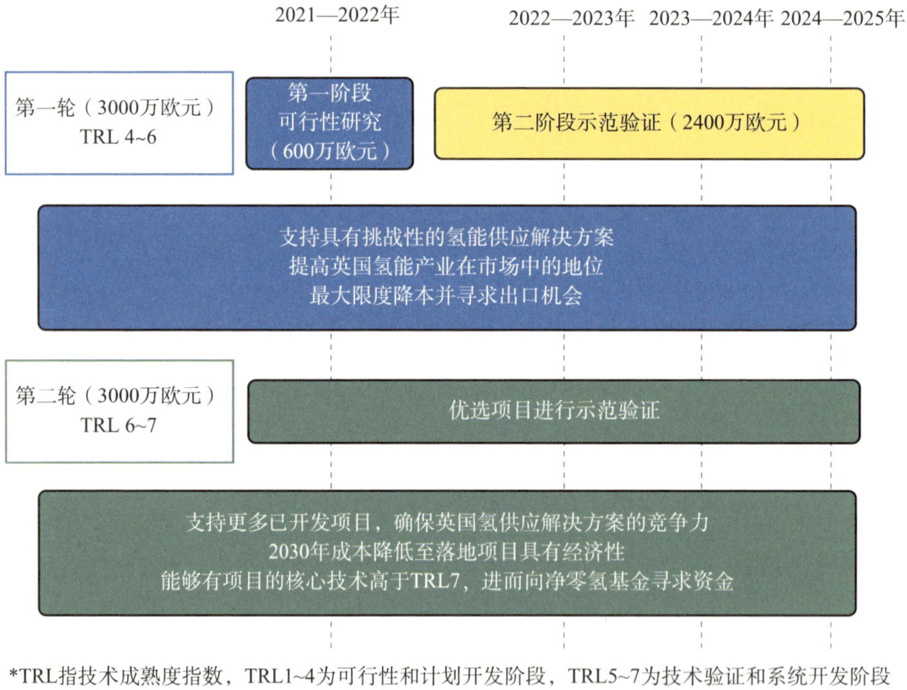

图 2–30　英国低碳氢供应链优选项目 2 期规划

资料来源：GOV.UK

翻译制图：中国产业发展促进会氢能分会（HEIPA）

英国氢能产业基本建成了较为完善的产业体系，从制氢、储运、加注，到催化剂、电堆、燃料电池和燃料电池汽车的生产，基本涵盖了氢能产业的全链条。表 2-16 中为英国氢能产业链上的代表企业，以及关键技术和主要成果。

表 2-16 英国氢能产业链代表企业

产业链相关领域		主要企业	关键技术及成果、应用案例
制氢	制氢装备	ITM Power、CPH2、Diffusion Alloyes、JRE Precision、TP group	ITM Power 是全球公认的氢能技术专家，设计和制造基于质子交换膜（PEM）技术产生氢气的产品。该技术仅使用电力（可再生能源）和自来水在现场产生的氢气，其产品可扩展至 100MW 以上。该公司是第一个向格拉斯工厂交付 10MW 电解槽的公司。CPH2 公司曾交付并调试爱尔兰有史以来第一台绿色制氢电解槽
	制氢项目	Logan Energy、Pure Energy Center、BOC、Johnson Matthey、庄信万丰 HiiROC、Protium、Petrofac	洛根能源是 Seafuel 计划氢能技术项目服务商，为该项目设计和建造了一个制氢厂和加氢站，该加氢站利用可再生资源，将海水转化为氢气，用作岛上当地交通的燃料。BOC 公司建设了欧洲最大的公共汽车项目加氢站
氢储运	气态储运装备	Luxfer、Maxtube Saje	Luxfer 是全球最大的轻型高压气瓶制造商，是全球各行业氢燃料储存系统的领先设计师和制造商。曾装备英国第一辆氢动力火车——Hydroflex，世界上第一辆燃料电池重型卡车——XCIENT
	液氢储运装备	Reynolds-logistics-ltd	雷诺物流是一家领先的液体燃料和气体物流服务提供商，业务遍及英国和爱尔兰，拥有液体燃料与气体运输和物流服务的技术能力、投资和创新
	金属固态储运装备	—	—
加氢站	加氢装备	H2Tec Ltd	设计苏格兰中央地带第一个公共加氢站——沃利福德加氢站并提供设备
	加氢站	NanoSUN	NanoSUN 建造和运营的先锋（Pioneer）移动式加氢站，更好地解决了氢能的运输和成本问题

续表

产业链相关领域		主要企业	关键技术及成果、应用案例
燃料电池	电堆生产	Proton Motor Fuel Cell GmbH	Proton Motor 开发和生产燃料电池堆、标准氢燃料电池模块已超过 20 年，与储能系统集成以创建电动燃料电池混合系统
	材料及零部件	Ceimig、Low-Dee、FITOK、TFP hydrogen	Ceimig 专注于为各种工业应用的客户开发和制造催化材料和贵金属化合物。Low-Dee 专注于使用二维材料来改进质子交换膜
	系统开发集成	Arcola Energy、Johnson_Matthey、庄信万丰	Arcola Energy 是专门研究燃料电池、氢和其他清洁能源技术的系统工程公司，安装了一套 75kW 燃料电池系统，为 Orkney 的 Kirkwall 港口供电。Johnson_Matthey 燃料电池技术目前为 800 辆公交车和 150 辆重型商用车提供动力
燃料电池交通应用	商用车	—	—
	乘用车	Riversimple	Riversimple 是英国唯一一家氢燃料电池汽车研发商，其主要产品 Rasa 是一辆借助氢燃料电池提供动力的超轻两座汽车，续航里程大约为 300 英里①
	船舶	Ferguson Marine	英国船厂 Ferguson Marine 联合挪威康士伯海事、巴拉德动力系统公司等合作伙伴启动了氢燃料动力客滚船 HySeas Ⅲ号建造项目。HySeas Ⅲ号将成为全球首艘使用氢燃料动力推进的海上渡船
	有轨列车	伯明翰大学	2019 年运营了英国第一列氢能试验列车 Hydroflex
检测认证	项目、设备检测认证	GM Flow、Kiwa	GM Flow 是英国气体流量监测供应商，开发了自己的专利产品系列：Adjusta-Cone 和 Integra-Cone，为广泛的应用提供灵活、准确、耐用和安全的气体流量测量

资料来源：bp

2.3.4 氢能示范项目及主要模式

近期英国新建氢能项目主要集中在三个领域：氢能制备、家庭氢能应用示范和氢能发电等（见表 2-17）。目前，氢能制备主要以天然气重整

① 1 英里 =1.609344km。

表 2-17　英国在运、在建及规划的制氢项目列表

项目名称	投产年份	制氢技术	装机容量（MW）	应用领域
HARI project，West Beacon Farm	2004	ALK	0.034	发电、热电联产
PURE Project，Unst	2005	ALK	0.015	发电、热电联产、汽车
Baglan Energy Park Wales	2008	ALK	0.046	发电、汽车
The Hydrogen office	2010	ALK	0.03	发电、热电联产
RABH2	2011	ALK	0.005	发电、汽车
Hydrogen mini grid system Yorkshire（Rotherham）	2012	ALK	0.03	发电、汽车、天然气掺氢
Aberdeen，Hydrogen bus project	2015	ALK	1	汽车
Fife，Levenmouth Community Energy	2016	ALK	0.37	发电、汽车
Orkney Islands – BIG HIT 1st phase	2017	PEM	0.5	发电
HyDeploy	2019	PEM	0.5	天然气掺氢
Hydrogen plant – Orkney Islands – BIG HIT 2n phase	2020	PEM	1	汽车、热电联产
Teesside collective	2024	SMR+CCS	—	汽车
Acorn Aberdeenshire	2024	ATR+CCS	—	发电、汽车
Hynet Northwest	2025	ATR+CCS	—	发电、汽车、工业、化工等
Drax Humber cluster demonstrator	2025	ATR+CCS	—	发电、工业等
H21 North of England	2028	ATR+CCS	—	工业、天然气掺氢
Drax Humber cluster completion	2040	ATR+CCS	—	发电、工业等
Centurion	—	PEM	100	汽车、工业等
Submarines	—	PEM	—	—
Gigastack–Hornsea 2	—	PEM	100	—

资料来源：IEA Hydrogen Project Database（2020–07）

为主，电解水项目由于成本等原因，还处于起步阶段。家庭氢能应用是英国政府支持和推广的重要项目，目的是通过小范围示范，逐步扩大氢能在供暖、居民用能等方面的应用，从“氢村”扩大为“氢镇”。英国在氢能发电领域有较大发展潜力，目前也正在规划建设氢能发电厂。

（1）H2Teesside 项目

2021 年 3 月，BP 公司宣布，计划在 2030 年前建成英国最大的制氢厂，以此作为英国推动氢能应用和碳减排的重要环节。该项目位于英格兰北部的蒂赛德（Teesside），拥有高达 1GW 蓝氢产能，约为英国在 2030 年实现 5GW 制氢目标的 1/5。BP 公司已经开始对该项目进行可行性研究，以探索能够捕获制氢过程中高达 98% 碳排放的技术。该项目预计每年能减排 200 万 t 二氧化碳，并将其输送到北海海底储存起来。该公司将在 2024 年初对 H2Teesside 项目做出最终投资决定，并可能在 2027 年或更早时间开始生产。

（2）Hydrogen to Humber（H2H）Saltend 项目

该项目位于英国 Humber，是挪威能源巨头 Equinor 开发建设的世界上第一个规模化的天然气重整制氢项目。项目第一阶段将建设一个 600MW 的带有碳捕集功能的自动热转化装置（Auto Thermal Reformer，ATR）。项目完成后，园区内的所有工业客户将完全使用氢气作为燃料，园区内的发电厂也将改用 30% 的氢气加天然气的混合燃料。根据 Equinor 估算，园区的碳排放每年将减少约 90 万 t，提供 55000 个就业岗位。H2H 项目将有利于支持英国 2050 年前达到净零排放的战略目标，同时还得到了英国研究与创新署（UKRI）的资金支持。

（3）Gigastack 项目：**海上风电 + 制氢**

Gigastack 项目由 ITM Power 牵头，Ørsted 和 Element Energy 参与，致力于通过电解水制氢的规模化应用降低其成本，从而提高该技术商业化应用的可能性，该项目是英国旨在减少工业和家庭碳排放的 9000 万英镑一揽子激励计划中的一部分，并获得英国政府 750 万英镑的财政补贴。

ITM Power 公司在 Gigastack 项目中推出了其创新的燃料电池电堆设计——利用 5MW 电堆使 100MW 电解槽系统的开发成为可能（见图 2-31）。由于该公司在谢菲尔德的贝西默公园（Bessemer Park）新建了千兆级别的工厂，这些电堆将从成本削减中受益。根据大数据分析的结果，该工厂燃料电池电堆的产能将从 2023 年的 300MW/a，发展到 2025 年的 1GW/a，实现批量生产，用规模化应用倒逼成本下降。创新后的方案，通过进一步的精细化管理、商业模式优化、电解槽产量提升，绿氢制取成本有望下降 50%。

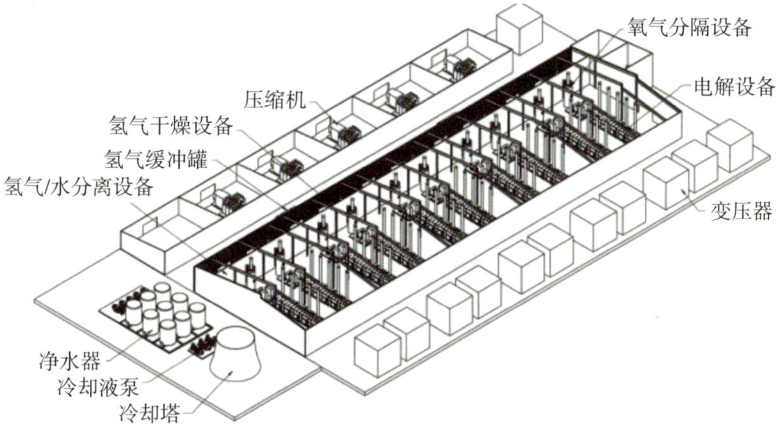

图 2-31　ITM Power 100MW 电解槽设施设计图[①]

翻译制图：中国产业发展促进会氢能分会（HEIPA）

2.3.5　氢能产业相关标准情况

英国标准部（BSI）是世界上第一个国家标准化组织。英国标准部代表着英国的经济与社会利益，并为不同规模和领域的英国机构开发商业信息解决方案。截至 2022 年，BSI 已发布的氢能技术相关标准（现行）共计 43 项（见表 2-18），大部分采标 ISO 和欧盟标准。

---

① Gigastack renewable hydrogen from offshore wind project advances to next phase；100MW electrolyzer system，https：//www.greencarcongress.com/2020/02/20200219-gigastack.html.

表 2-18 英国已发布的氢能技术相关标准（现行）

序号	标准号	标准英文名称	标准中文名称
1	BS ISO 12619-1-2014	Road vehicles. Compressed gaseous hydrogen（CGH2）and hydrogen/ natural gas blend fuel system components. General requirements and definitions	道路车辆，压缩气态氢（CGH2）和氢/天然气混合燃料系统部件，通用要求和定义
2	BS ISO 12619-2-2014	Road vehicles. Compressed gaseous hydrogen（CGH2）and hydrogen/ natural gas blend fuel system components. Performance and general test methods	道路车辆，压缩气态氢（CGH2）和氢/天然气混合燃料系统部件，性能和通用试验方法
3	BS ISO 12619-3-2014	Road vehicles. Compressed gaseous hydrogen（CGH2）and hydrogen/ natural gas blend fuel system components. Pressure regulator	道路车辆，压缩气态氢（CGH2）和氢/天然气混合燃料系统部件，压力调节器
4	BS ISO 13985-2007	Liquid hydrogen-Land vehicle fuel tanks	液态氢—地面车辆燃料箱
5	BS ISO 14687-2-2012	Hydrogen fuel. Product specification. Proton exchange membrane（PEM）fuel cell applications for road vehicles	氢燃料，产品规格，道路车辆用质子交换膜（PEM）燃料电池的应用
6	BS ISO 14687-3-2014	Hydrogen fuel. Product specification. Proton exchange membrane（PEM）fuel cell applications for stationary appliance	氢燃料，产品规格，固定器具用质子交换膜（PEM）燃料电池的应用
7	BS ISO 15859-2-2004	Aerospace series- Space systems- Fluid characteirstics，sampling and test methods-Hydrogen	航空航天系列—航天系统—流体特性、抽样和试验方法—氢
8	BS DD ISO/TS 15869-2009	Gaseous hydrogen and hydrogen blends-Land vehicle fuel tanks	气态氢和氢混合物—陆用车燃料箱
9	BS DD ISO/TS 15916-2015	Basic considerations for the safety of hydrogen system	氢系统安全基本要求
10	BS ISO 16111-2008	Transportable gas storage devices- Hydrogen absorbed in reversible metal hydride	可运输储气装置—可逆性金属氢化物吸收的氢

续表

序号	标准号	标准英文名称	标准中文名称
11	BS ISO 16380-2014	Road vehicles. Blended fuels refuelling connector	道路车辆，混合燃料补充连接器
12	BS ISO 17268-2012	Gaseous hydrogen land vehicle refuelling connector	压缩氢路面车辆加油连接设备
13	BS PD ISO/TS 19880-1-2016	Gaseous hydrogen. Fuelling stations. General requirement	气态氢、燃料站通用要求
14	BS PD ISO/TS 19883-2017	Safety of pressure swing adsorption systems for hydrogen separation and purification	变压吸附氢气分离净化系统的安全性
15	BS ISO 22734-2-2012	Hydrogen generators using water electrolysis process. Residential applications	用水电解处理的氢发生器，住宅设施
16	BS ISO 23273-2013	Fuel cell road vehicles. Safety specifications. Protection against hydrogen hazards for vehicles fuelled with compressed hydrogen	燃料电池道路车辆，安全性规范，带压缩氢燃料汽车用氢危险防护措施
17	BS ISO 23273-1-2006	Fuel cell road vehicles. Safety specifications-Vehicles functional safety	燃料电池道路车辆，安全性规范—车辆功能安全
18	BS ISO 23273-3-2006	Fuel cell road vehicles. Safety specifications- Protection of persons against electric shock	燃料电池道路车辆，安全性规范—人员电击防护
19	BS ISO 23828-2013	Fuel cell road vehicles. Energy consumption measurement. Vehicles fuelled with compressed hydrogen	燃料电池道路车辆，能量消耗测量，供以压缩氢燃料的车辆
20	BS ISO 26142-2010	Hydrogen detection apparatus-Stationary applications	氢气检测装置—固定式应用
21	BS EN 62282-2-2012	Fuel cell technologies. Fuel cell modules	燃料电池技术，燃料电池模件
22	BS EN 62282-3-100-2012	Fuel cell technologies. Stationary fuel cell power systems. Safety	燃料电池技术，固定燃料电池动力系统，安全性
23	BS EN 62282-3-200-2012	Fuel cell technologies. Stationary fuel cell power systems. Performance test methods	燃料电池技术，固定燃料电池动力系统，性能试验方法

续表

序号	标准号	标准英文名称	标准中文名称
24	BS EN 62282-3-201-2013	Fuel cell technologies. Stationary fuel cell power systems. Performance test methods for small fuel cell power systems	燃料电池技术，固定燃料电池动力系统，小型燃料电池动力系统的性能试验方法
25	BS EN 62282-3-200-2012	Fuel cell technologies. Stationary fuel cell power systems. Installation	燃料电池技术，固定燃料电池动力系统，安装
26	BS EN 62282-4-101-2014	Fuel cell technologies. Fuel cell power systems for propulsion other than road vehicles and auxiliary power units（APU）. Safety of electrically powered industrial trucks	燃料电池技术，除道路车辆和辅助动力装置（APU）之外的推进燃料电池动力系统，电动工业车辆的安全性
27	BS EN 62282-5-1-2012	Fuel cell technologies. Portable fuel cell power systems. Safety	燃料电池技术，便携式燃料电池发电系统，安全
28	BS EN 62282-6-100-2012+AI-2012	Fuel cell technologies. Micro fuel cell power systems. Safety	燃料电池技术，微型燃料电池发电系统，安全
29	BS DD IEC/PAS 62282-6-150-2011	Fuel cell technologies. Micro fuel cell power systems. Safety. Water reaction（UN division 4.3）compounds in indirect PEM fuel cells	燃料电池技术，微型燃料电池发电系统，安全性，间接PEM燃料电池中的水反应（UN分度4.3）化合物
30	BS EN 62282-6-200-2017	Fuel cell technologies. Micro fuel cell power systems. Performance test methods	燃料电池技术，微型燃料电池发电系统，性能试验方法
31	BS EN 62282-6-300-2013	Fuel cell technologies. Micro fuel cell power systems. Fuel cartridge interchangeability	燃料电池技术，微型燃料电池发电系统，燃料间的互换性
32	BS PD IEC/TS 62282-7-1-2017	Fuel cell technologies. Test methods. Single cell performance tests for polymer electrolyte fuel cells（PEFC）	燃料电池技术，试验方法，聚合物电解质燃料电池（PEFC）的单电池性能测试
33	BS PD IEC/TS 62282-7-2-2014	Fuel cell technologies. Test methods. Single cell and stack performance tests for solid oxide fuel cells（SOFC）	燃料电池技术，试验方法，固体氧化物燃料电池（SOFC）的单电池和堆性能测试

续表

序号	标准号	标准英文名称	标准中文名称
34	BS EN 17124–2022–TC	Hydrogen fuel. Product specification and quality assurance for hydrogen refuelling points dispensing gaseous hydrogen. Proton exchange membrane (PEM) fuel cell applications for vehicles	氢燃料，加氢点分配气态氢的产品规格和质量保证，汽车质子交换膜（PEM）燃料电池应用
35	BS ISO 21087–2019	Gas analysis. Analytical methods for hydrogen fuel. Proton exchange membrane (PEM) fuel cell applications for road vehicles	气体分析，氢燃料的分析方法，公路车辆的质子交换膜（PEM）燃料电池应用
36	BS ISO 19880–8–2019	Gaseous hydrogen. Fuelling stations – Fuel quality control	气态氢，加油站—燃料质量控制
37	BS ISO 16110–2–2010	Hydrogen generators using fuel processing technologies – Test methods for performance	使用燃料加工技术的氢气发生器—性能测试方法
38	BS ISO 16110–1–2007	Hydrogen generators using fuel processing technologies – Safety	使用燃料处理技术的氢气发生器—安全
39	BS EN IEC 62282–6–400–2019	Fuel cell technologies – Micro fuel cell power systems. Power and data interchangeability	燃料电池技术—微型燃料电池动力系统，电源和数据互换性
40	BS ISO 21266–2–2018	Road vehicles. Compressed gaseous hydrogen (CGH2) and hydrogen/natural gas blends fuel systems – Test methods	道路车辆，压缩气态氢（CGH2）和氢/天然气混合燃料系统—测试方法
41	BS ISO 12619–2–2017	Road vehicles. Compressed gaseous hydrogen (CGH2) and hydrogen/natural gas blend fuel system components. Part 2. Performance and general test methods	道路车辆，压缩气态氢（CGH2）和氢/天然气混合燃料系统组件，第二部分，性能和通用测试方法
42	BS ISO 19880–2–2017	Gaseous hydrogen. Fueling stations. Part 2. Dispensers	气态氢，加氢站，第二部分，分配器
43	BS ISO 19880–3–2018	Gaseous hydrogen. Fuelling stations – Valves	气态氢，加氢站—阀门

2.3.6 氢能技术及产业国际交流合作情况

英国一直注重在氢能领域的国际合作，通过在氢能技术方面的先发优势，英国与德国、中国、日本、韩国和美国等均建立了较好的合作关系。例如，HyNet North West 项目就是由英国公司 Progressive Energy 和 Cadent 领头，合作伙伴包括意大利的 Eni energy、印度的 Essar Global Fund Limited（EGFL）等多家企业。这是一个横跨默西塞德郡和柴郡的净零碳产业集群，旨在将海上风能、制氢、CCUS、炼油、发电、氢储运结合在一起。

近年来英国与中国在氢能领域的合作也在不断加强。2020 年河南兰兴电力机械有限公司与英国洛根能源签署合作协议，双方将在焦作市温县投资建设氢能产业园，先期投资额为 1 亿元人民币。

2.3.7 总结

英国海上风电装机量紧随中国，位列世界第二，另外天然气管网覆盖率达到 80%，在绿氢制取和管道运输方面具有优势。根据英国政府发布的氢能战略，英国将在 2030 年前投资 10 亿英镑，并吸引 40 亿英镑社会投资进入氢能领域。英国氢能产业发展模式将借鉴海上风电成熟的差价合约机制，为开发商提供价格保护来刺激投资。另外，英国脱欧后仍然广泛参与欧盟的框架计划等科研和投资项目。

第 3 章 美洲氢能技术与产业发展

美洲地区氢能产业发展较快的国家主要为美国和加拿大，另外智利和巴西等南美国家均有氢能项目建成。其中，美国在 20 世纪 90 年代起就一直将氢能作为技术储备进行超前研究和布局，并在 20 年里持续进行商业化探索，从应用场景（氢能重卡[①]和叉车）出发形成局部闭环的商业模式，并集中在加州地区进行商业化示范应用，产业链各环节技术发展均处于全球领先水平；加拿大是最早研发燃料电池的国家之一，制氢及燃料电池技术较为领先，并已建立了相对成熟的氢能生产供应链，但由于地广人稀，用氢端无法集中，氢能应用场景较小，未来主要将通过氢能技术外输、氢出口、国际合作等方式提高能源出口效益、培育新经济增长点。

3.1 美国氢能技术与产业发展

美国是最早提出氢能源战略的国家。自 1990 年起，美国就开始对氢能政策进行评估并开展商业化前景预测，经过方案制定、技术研发，再进行示范推广，持续推动氢能产业发展。在过去的 20 年里，美国能源部（DOE）将大量的资金用于解决氢能产业所面临的技术难题，以保持美国氢能技术的优势地位，相关领域投资超过 40 亿美元（约合 273 亿元人民币）[②]。经过多年发展，美国的氢能技术已逐步走向商业化应用，在制氢、运输、储存、燃料电池、加氢站和氢能涡轮机等方面具有全球领先水平。

---

① 氢能汽车即氢燃料电池汽车，也称燃料电池汽车。

② 数据来源：美国能源局《氢能项目计划 2020》。汇率参考 2022 年 12 月 31 日中间价，下同。

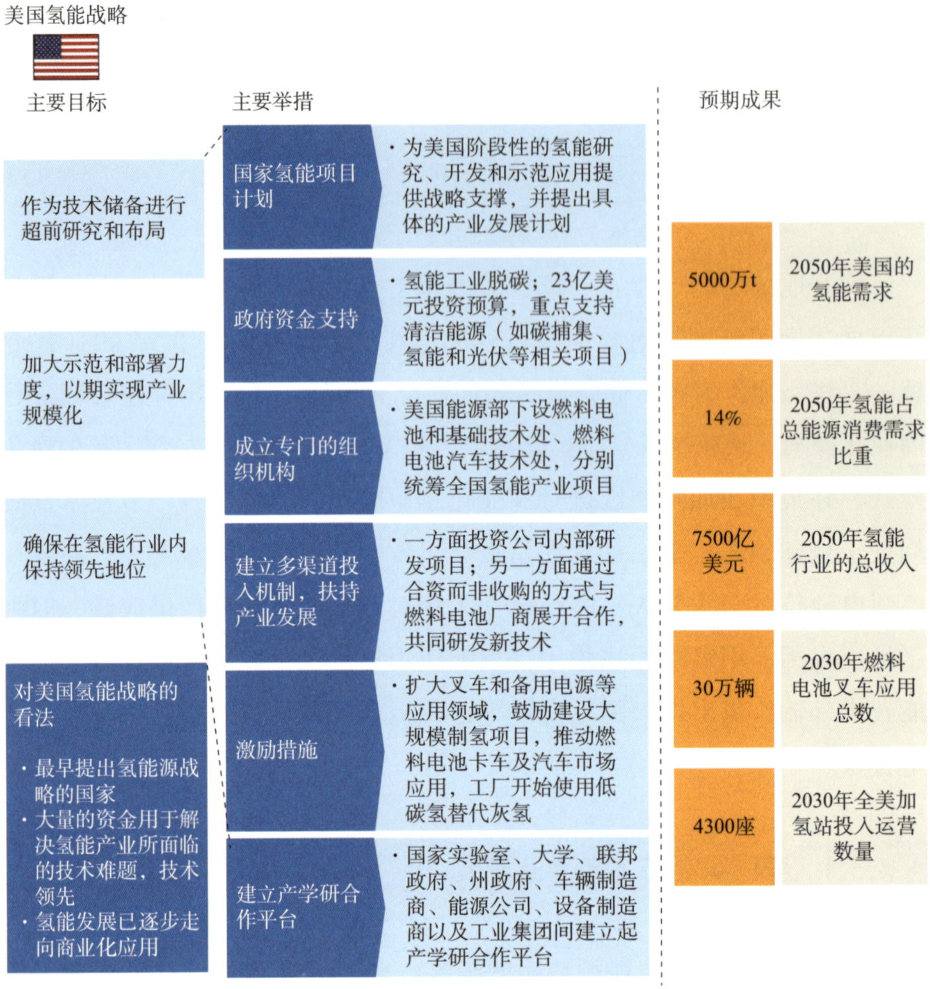

图 3-1　美国氢能战略

3.1.1　氢能发展战略与相关政策

（1）美国氢能政策概览

1970 年，通用汽车公司技术中心便首先提出“氢经济”概念。随着 20 世纪七八十年代石油危机在世界范围内爆发，美国政府开始关注新能源，氢能便是其中之一。2002 年 11 月，DOE 发布《国家氢能发展路线图》，就美国氢能发展的目的、影响氢能发展的各种因素，以及氢能各环节（包括制氢、氢储运等）技术现状、面临的挑战及未来发展路径进行了详细的设计和阐述，标志着美国“氢经济”开始由设想阶段转入行动阶段。此后，美国政府（特别是DOE及其下属办公室）颁布了一系列法令、政策（见表3-1），使美国“氢经济”概念逐步转化为现实。2022年9月，美国能源部（DOE）发布《国家清洁氢能战略和路线图（草案）》，指出到2050年清洁氢能将贡献约10%的碳减排量，到2030年、2040年和2050年美国清洁氢需求将分别达到1000万t/a、2000万t/a和5000万t/a（见图3-1）。

表3-1　美国历年氢能政策一览

年份	政策名称	内容
2003	《总统氢燃料倡议》	重点研究制氢及储运技术，促进燃料电池汽车技术及相关基础设施在2015年前实现商业化
2005	《能源政策法》	将明确发展氢能和燃料电池技术的有关项目及财政经费权额度写入法中
2012	修订《燃料电池政策方案》	将燃料电池税收细化，对燃料电池系统效率转换提出更高的要求，并对国内运行的氢能基础设施实行30%~50%的税收抵免
2013	《氢能技术研究、开发与示范行动》	美国氢经济已从政策的评估、制定阶段转向了以技术研发、示范为起点的系统化实施阶段
2016	延长税收抵免政策	制定了2020年氢气价格降至7美元/gge的价格目标，延长各州税收抵免政策，同时8个州共同签署《州零排放车辆项目谅解备忘录》，预计到2025年发展330万辆新能源汽车（包括燃料电池汽车）
2018	《可再生能源投资税收抵免》	将在5年内逐步减少30%税收，确保燃料电池产品达到其他清洁能源技术同等发展水平

续表

年份	政策名称	内容
2019	《氢能源资助计划》	美国能源部发布高达3100万美元的氢能源资助计划，加州燃料电池联盟提出到2030年建设1000座加氢站及100万辆燃料电池汽车目标
2019	《氢能经济路线图》	美国将通过政府和行业共同努力，提出美国氢能经济发展路线
2020	《氢能项目计划2020》	美国能源部发布氢能项目计划，为美国的氢能研究、开发和示范应用提供了战略支撑，能源部燃料电池办公室获得1.5亿美元财政资金
2021	2022财年美国能源部（DOE）预算纲要	能源效率和可再生能源办公室计划投资47.32亿美元，用于支持包括氢能帮助工业领域脱碳在内的多个领域的研究和应用；23亿美元用于基础能源科学（BES），重点支持政府在清洁能源方面的优先事项（如碳捕集、氢能和太阳能光伏等相关主题）
2022	《通胀削减法案》	将投入约3690亿美元预算至清洁能源和气候复原力领域。其中，独立储能被纳入投资税收抵免政策，需储能技术符合容量不小于5kW·h、最终转换能源为电能或氢能等要求

（2）美国氢能经济路线图

美国燃料电池和氢能源协会（FCHEA）于2019年10月发布了最新的《美国氢能源经济路线图》，根据该路线图，美国未来将通过加强投资和减少监管壁垒，促进氢能研究与技术开发，确保在氢能行业内保持领先地位（见图3-2）。

美国氢能经济具体发展路线将大致分为四个阶段：2020—2022年，采用公众激励措施和标准消除产业初期的发展壁垒，不断扩大成熟的应

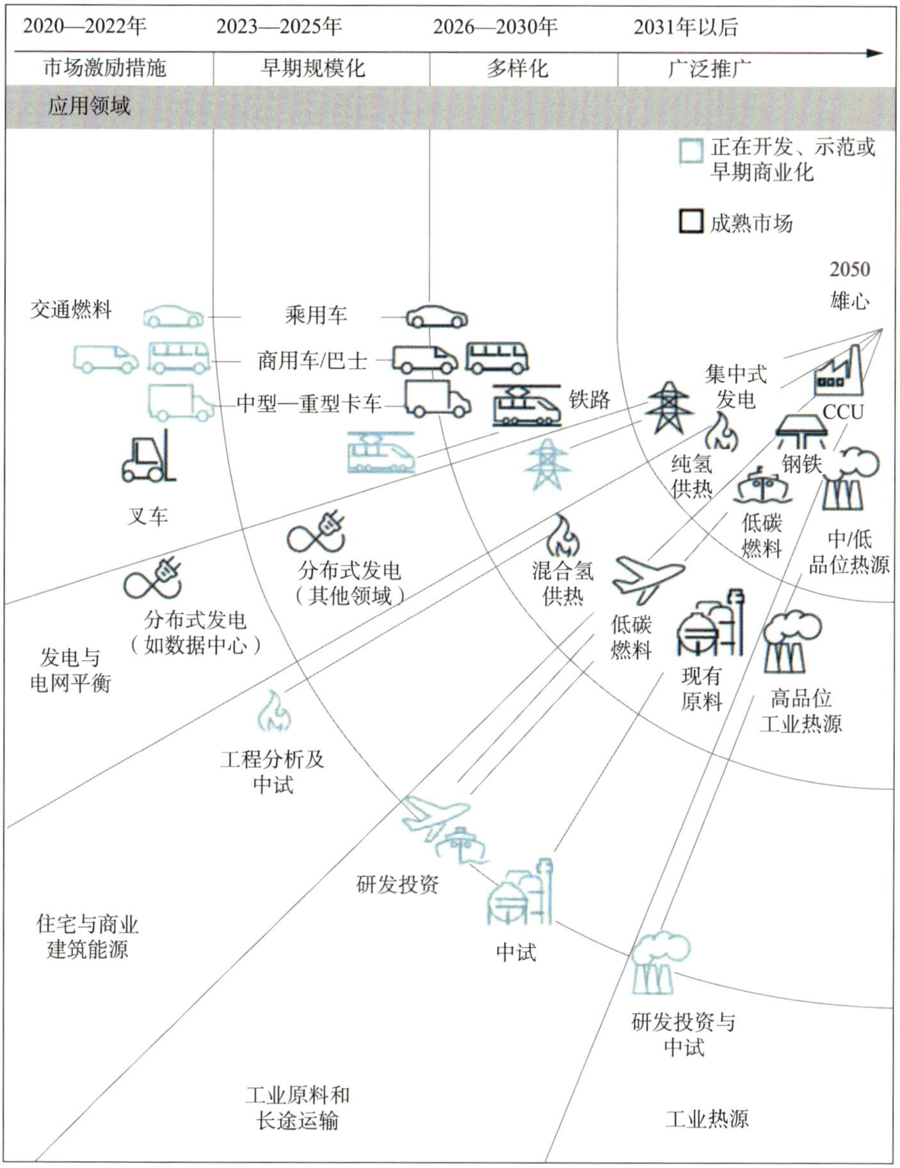

图 3-2　美国氢能应用路线图

翻译制图：中国产业发展促进会氢能分会（HEIPA）

用领域（如叉车）和接近收支平衡的应用领域（如备用电源），更新乘用车和加氢站至二代产品，开始在燃气网中使用混合气体，为大规模利用氢能做准备；2023—2025 年，政府激励措施将从资金支持逐步过渡到市场机制，将鼓励建设大规模制氢项目，降低制氢成本的同时扩大氢能应用范围，推动中型和重型燃料电池卡车及新型燃料电池汽车市场应用，为部分建筑物配套燃料电池作为备用电源，工厂开始使用低碳氢替代灰氢；2026—2030年，在全美范围内加强基础设施建设，加氢站联结成区域网络，逐渐扩大可再生能源制氢的规模，在各领域普及中长途燃料电池卡车的运输应用；2031年之后，氢能将在美国各地区、各行业大规模部署，氢能与传统化石燃料成本趋同，后续支持性政策逐步退出。

（3）美国国家氢能项目计划

同时，美国能源部结合产业发展情况，在每个关键时间节点均发布了《国家氢能项目计划》，为美国阶段性的氢能研究、开发和示范应用提供战略支撑，并提出具体的产业发展计划。其中2020年11月发布的《氢能项目计划2020》指出，美国政府将致力于氢能全产业链的技术研发，加大示范和部署力度，以期实现产业规模化（在3.1.3“氢能研发体系及关键技术情况”中详细介绍）。

（4）政府资金支持

2021年5月，拜登政府公布2022财年美国能源部462亿美元（约合3158亿元人民币）预算纲要，旨在通过推进清洁能源创新、部署清洁能源项目、科学应对气候危机、确保国家核安全、强化核环境管理、加强国家能源基础设施建设等，解决能源、环境和核安全问题，保障国家能源安全和经济持续增长，有助于美国建立清洁能源经济，确保在2050年达到净零排放。在预算纲要中，美国能源部能源效率和可再生能源办公室计划投资47.32亿美元（约合323亿元人民币），用于支持包括氢能帮助工业领域脱碳在内的多个领域的研究和应用；23亿美元（约合146亿元人民币）投资预算用于基础能源科学（Basic Energy Sciences，BES），重点支持政府在清洁能源方面的优先项目（如碳捕集、氢能和光伏等相关项目）。

（5）美国其他氢能政策措施

除了氢能产业路线图及氢能项目计划外，美国政府的其他政策措施在氢能及燃料电池汽车的科技研发、产业发展、市场拓展等方面也都起到了很重要的作用。其采用的成立组织、资金支持等措施，推进了产业的快速发展。纵观美国氢能产业发展历程，其主要的政策措施有以下几点可以借鉴：

① 成立专门的组织机构

为了保证各项政策的落实，美国能源部的能效和可再生能源局（EERE）下设燃料电池和基础技术处，负责协调燃料电池技术研究项目以及氢生产、运输和存储系统研究项目；下设的燃料电池汽车技术处，负责协调全国车用燃料电池以及其他相关先进汽车技术研究项目，覆盖电力驱动系统、车辆系统、材料技术等领域。

② 建立多渠道投入机制，扶持产业发展

美国能源部和国防部一直为氢能及燃料电池技术研发持续提供资金支持，随着燃料电池汽车的产业化发展，大型汽车生产商开始布局燃料电池汽车领域，美国三大汽车巨头通用、福特与戴姆勒—克莱斯勒在燃料电池汽车领域均投入大量资金进行研发。燃料电池领域中的专利，很大一部分也被大型汽车企业和能源类企业所持有。它们一方面投资公司内部研发项目；另一方面采用合资而非收购的方式与燃料电池厂商展开合作，共同研发新技术。

③ 建立产学研合作平台，联接政府、研究机构和企业

美国2002年的《自由汽车计划》以及2003年的《氢燃料计划》，均提出在国家实验室、大学、联邦政府、州政府、车辆制造商、能源公司、设备制造商以及工业集团间建立产学研合作平台。此外，加利福尼亚州还成立了加州燃料电池合作组织（California Fuel Cell Partnership，CaFCP），由汽车厂商、燃料电池供应商、基础设施开发商、能源供应商联合政府机构共同参与，旨在燃料电池汽车示范运行方面有所建树，推动该产业技术升级与商业化进程。另外，美国能源部、交通部、国防部、商务部、美国宇航局和国家自然科学基金，联合多所大学、国家实验室，同多个公司签署了合同，展开了燃料电池汽车示范运行的合作。

3.1.2 氢能产业发展现状及趋势

（1）美国氢能产业发展现状

美国作为起步最早的氢能源开发国之一，本身拥有发展氢能经济的先发优势。美国氢源充足，不仅有丰富的工业副产氢和页岩气资源，规模化产氢优势明显，而且拥有丰富的可再生自然资源和全球领先的可再生能源装机量，适于规模化发展绿氢。经过 40 年的发展，美国的氢能产业及相关技术已逐渐从专业化应用过渡到商业化应用，在制氢、燃料电池、加氢站等方面均处于全球领先水平。

在氢气生产和储运方面，美国每年生产氢超过 1000 万 t（其中 95% 是通过天然气的集中重整制氢），占全球氢气总供应量的 1/7，美国氯碱工业和乙烷裂解制乙烯工业副产氢年产能约 120 万 t，拥有空气产品公司、Praxair 等世界先进气体公司，同时也拥有普顿、康明斯等技术领先的电解水制氢设备制造商。美国作为航空航天强国，液氢技术和产业链完善，是第一大液氢生产和使用大国，液氢产能约 9 万 t/a，占全球液氢产量的 80% 以上，在液氢的生产规模、成本方面都具有世界领先优势。需求方面，美国氢应用集中在炼油和合成氨工业中，其他新兴应用领域包括燃料电池汽车、金属精炼、备用能源等。截至 2022 年 12 月，美国燃料电池汽车保有量达到 14979 辆，燃料电池叉车超过 5 万辆，超过 60 辆燃料电池巴士提供公共运输服务，并已运营 89 个商业加氢站①。2020 年美国固定式燃料电池安装超过 100MW，累计固定式燃料电池安装超过 500MW②。美国拥有世界最大的燃料电池叉车企业 Plug Power，大型固定 / 移动式燃料电池生产商 Fuel Cell Energy、Bloom Energy 等。在发电方面，以掺氢天然气为燃料的大型涡轮机也已经进入商业化运营阶段。

值得注意的是，美国燃料电池在仓储叉车领域的应用显示出巨大潜力，燃料电池叉车市场近年的年增长率达到 40% 以上。主要原因是近年

---

① 资料来源：美国能源部。

② 资料来源：《氢能项目计划 2020》。

电子商务的快速发展提供了市场潜力，以亚马逊为代表的电商巨头本来就在仓储运营自动化和效率上领先全球，近年更是致力于进一步优化。燃料电池技术可为仓库运营商带来显著优势，与传统的电池驱动叉车相比，可降低总体投资成本，同时提高性能，两班制和三班制仓库经营者获益更大：第一，叉车所需的最大输出功率仅为乘用车的 1/10，适合较小功率的燃料电池技术；第二，由于叉车主要在仓库等小范围区域作业，因此对加氢站数量需求不高；第三，燃料电池叉车比其他类型的清洁能源叉车有优势，普通电动叉车由于存在电池放电现象，会使得电压随着时间的推移下降，导致叉车的速度减慢及生产效率下降，而燃料电池叉车可以实现稳定的工作效率；第四，由于燃料电池车辆没有污染排放，因此非常适用于仓库等室内环境，尤其适用于食品饮料仓库等有较高卫生要求的仓库；第五，燃料电池的能量密度远远高于普通电池，加注方式和时间与油车相同，这样使得燃料电池叉车有和油车相同的加注优势和续航里程，又兼具电动车没有空气和噪声污染的优点。Plug Power 正是靠燃料电池叉车起家并快速发展为这一市场的巨头。其一开始就采取了和电商巨头（沃尔玛和亚马逊）合作的商业模式，用股权换取市场，说服电商巨头在仓库、工厂中使用以燃料电池取代柴油和铅酸电池的叉车，并和锂电池形成竞争。成功的商业策略也加速了燃料电池叉车的普及。沃尔玛、亚马逊、家得宝等大型零售商和配送中心正在加大投资，用以增加燃料电池叉车和车队。未来燃料电池叉车将在港口、工业园区等应用场景中推广普及。

（2）美国加州氢能产业发展现状

美国加州作为全球最具示范效应的氢能及燃料电池汽车应用市场，截至 2022 年，已成功在《加州 2013 年 8 号法案》（AB8：2024 年加州至少建成 100 座加氢站）、《2018 年加州州长行政文件》（EO B-48-18：2025 年加州建成 200 座加氢站）以及《2018 年加利福尼亚燃料电池合作伙伴关系》（CaFCP Vision：2030 年加州建成 1000 座加氢站，部署 100 万辆燃料电池汽车）三大目标指引下部署了 53 座加氢站和约 1 万辆燃料电池汽车。

近两年，加州的燃料电池汽车及加氢站部署速度大幅放缓，尤其叠加 COVID-19 疫情影响，导致 2021 年建成 64 座加氢站和部署 1.8 万辆燃料电池汽车的目标无法完成。为此，加州能源委员会启动了 GFO-19-602 计划，拟资助 1.15 亿美元（约合 7.86 亿元人民币）加快加氢网络部署。2021 年 8 月，加州燃料电池合作伙伴（California Fuel Cell Partnership，CaFCP）发布了一份关于 8 级重型[①]燃料电池电动卡车（FCET）的基础报告《燃料电池电动卡车：加利福尼亚及其他地区货运前景》，提出加州地区规划在 2035 年部署 70000 辆燃料电池重型卡车，并布局 200 座加氢站。

为了实现加州政府和行业的发展目标，加快加氢网络的发展势在必行，同时仍需要额外的资金来实现加氢网络建设的目标以及超预期的燃料电池车辆部署。在政府的激励措施和行业发展下，加州氢气需求逐渐增长，也拉动了可再生能源和绿氢供应的增长（见图 3-3）。

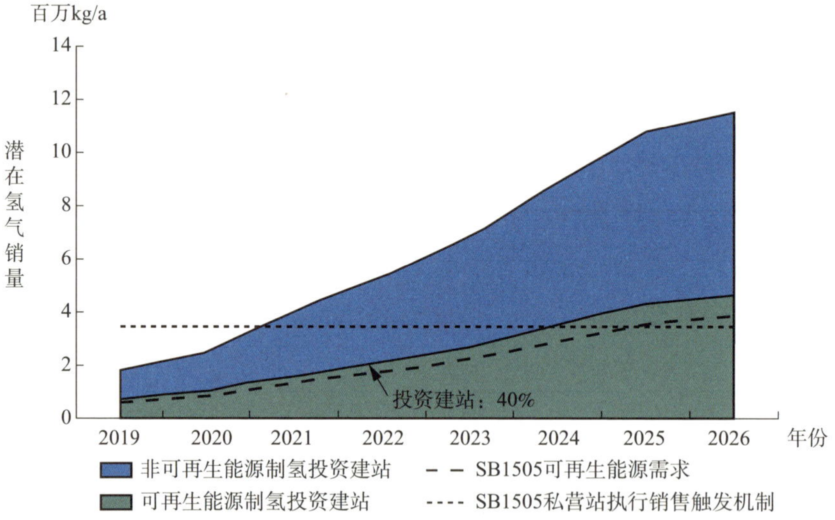

图 3-3 美国加州氢气供应增长趋势

翻译制图：中国产业发展促进会氢能分会（HEIPA）

① 北美卡车分级标准，8 级重型指车辆总质量为 15t 以上，包括大部分的重型牵引卡车。

加州政府虽然已提供了良好的政策和资金支持，但仍远远不够，社会投资和企业创新依旧非常必要。加州能源委员会下一步工作重点是通过 GFO-19-602 加速加氢站部署，以提振汽车制造商的信心。燃料电池汽车市场的培育和成长除了依赖加氢基础设施的发展外，还需要发展新的供应链和制造能力，特别是支持市场加速发展的大规模制氢能力（可再生能源制氢）。消费者意识和对新技术的接受程度也需要提高，随着市场的逐步成熟，可能需要采取激励措施来填补消费者的购买力缺口。

（3）美国氢能产业发展趋势

美国国家实验室预测，到 2050 年美国的氢能需求将增长至 4100 万 t/a，是当前消费量的 4 倍，占总能源消费需求的 14%。而随着应用领域的拓展，氢能的消费潜力还将持续提升（见表 3-2）。

表 3-2　美国氢能消费现状和未来消费预测　单位：万 t/a

应用领域	消费现状（2020 年）	消费预测（2050 年）
石油炼制	600	700
金属冶炼	可忽略不计	400
合成氨	300	400
生物燃料 / 合成燃料	100	900
交通运输（燃料电池汽车）	可忽略不计	1700
氢能市场总量	1000	4100

对于美国未来的产业发展趋势，最新的《氢能经济路线图》给出了美国氢能产业各环节的发展任务及预测指标，具体各阶段发展情况及数据如下：

① 2020—2022 年：采取激励措施扩大氢能产业规模

该阶段专注于推行前期用户市场中的早期商业应用，例如在全美范围内推广燃料电池叉车，在加利福尼亚州进一步部署轻型和重型燃料电池车辆。将采取多种激励措施来减少氢能应用的壁垒，并通过市场机制来扩大应用规模。

在此阶段，将不断扩大成熟的应用领域（例如叉车）和接近传统能源成本的应用领域（例如备用电源解决方案）。在交通领域，将重点发展加氢站，以支持推广燃料电池汽车，并开始研发乘用车和加氢站的第二代产品。推动市场需求的增长，使之匹配制氢和储运规模。建立多领域氢能应用试点，例如燃气网络中掺氢等，为广泛利用氢能做准备。

预计到 2022 年底，美国所有细分市场的氢需求总量将增长到 1200 万 t，全美燃料电池汽车增长至 3 万辆。此外，在有足够市场需求的情况下，还将会有 5 万辆燃料电池叉车投入应用。

② 2023—2025 年：规模化的早期阶段

到 2025 年，实现氢的大规模生产，在成本降低的同时，氢能应用的地域范围也不断扩大。需要明确的监管准则来协调市场参与者并吸引投资。早期市场的政策激励措施将从直接支持过渡到可扩展的市场机制。

在此阶段，将建设首批大规模可再生能源制氢设施，随着制氢规模的扩大，与氢能有关的设备（尤其是燃料电池生产和加氢站设备）同步扩大规模，从而降低成本、提升性能；中型和重型燃料电池卡车以及新型乘用车将投放市场，建设服务于中型和重型车辆的第二代加氢站，提高初期市场用户对燃料电池商用车的接受度和利用率；在其他州跟进的过程中，制订加氢基础设施的推广计划，在需求密集的路线上，部署中长途卡车所需的加氢设施；对于建筑物供暖，起步较早的州开始将一定比例的氢气混合到供暖管道中，从而推动氢的大规模应用。此外，燃料电池的用途从新建的数据中心和电信基站扩展到建筑物的备用电源；化工领域开始转为使用低碳氢作为工业原料。

预计到 2025 年，美国氢总需求量将达到 1300 万 t，燃料电池汽车总量增长至 15 万辆（包括轻、中、重型 FCEV），同时还有 12.5 万辆燃料电池叉车。

③ 2026—2030 年：多元化

2026—2030 年，将在全美范围内扩大基础设施建设。多种制氢工艺被广泛使用，电解水制氢生产规模持续扩大，开始与电网和可再生能源生产建立密切关联。铺设氢气输送管道，通过季节性并网和储能进一步降低氢能成本。

美国大多数州都将落实氢经济路线图。在运输领域，随着加氢站基础设施联结成区域网络进而覆盖全美，中长途燃料电池卡车的运输规模将不断扩大，激活整个燃料电池汽车市场；在工业领域，氨、甲醇和石化产品的生产全部过渡到使用低碳氢；通过大规模制氢，降低所有领域的生产成本；航空业和航运业对脱碳型燃料的需求不断增长，氢基合成燃料在这两个产业中的供应规模持续扩大。

到 2030 年底，美国氢总需求量将突破 1700 万 t，燃料电池汽车总量将达到 120 万辆，燃料电池叉车应用达到 30 万辆，全美将有 4300 个加氢站投入运营；随着制氢成本的降低和基础设施的布局，各类制氢解决方案得到应用；氢经济将进一步吸引投资，用于氢能技术的开发和推广，年度投资总额预计达到 80 亿美元（约合 509 亿元人民币）。

④ 2030 年后：在美国广泛推广

2030 年之后，氢能将在美国各地区、各行业大规模部署。利用 CCUS 技术对基于化石燃料制氢的设备进行改进，让各种低成本的低碳氢制取方式开展公开竞争；跨行业扩大氢能的使用，在进一步降低成本、改善性能的同时，激发行业间的协同效应；低碳制氢设施在美国广泛布局，氢气输送管道网络和大型加氢设施网络成型，巩固美国氢经济的骨干基础设施网络；推出不同型号的燃料电池汽车来满足客户的多样化需求；加大工业领域的氢能应用，以实现深度脱碳；建筑领域也广泛实现低碳化乃至零碳化。在大多数的应用中，当氢能与传统化石燃料实现平价后，支持性政策将逐步退坡。

除了为本国市场制造设备和生产氢气外，还将向欧洲和亚洲出口。预计到 2050 年，美国氢能行业的总收入将达到 7500 亿美元（约合人民币 4.8 万亿元），氢需求总量将达 4100 万 t/a。

3.1.3 氢能研发体系及关键技术情况

（1）美国氢能研发体系

美国于 2016 年 11 月提出“H2@Scale”计划，旨在整合国家实验室、高校和企业的研究力量，共同探索解决氢能规模化应用面临的技术瓶颈和基础设施建设的挑战，从而在美国多个行业实现成本合理、运行可靠的大规模氢气生产、运输、储存以及应用。

2020 年 10 月 8 日，美国能源部宣布未来 5 年将在“H2@Scale”计划框架下投入 1 亿美元（约合 6.4 亿元人民币），支持两个由 DOE 国家实验室主导建立的实验室联盟，以更好地整合国家实验室、高校和产业界研究力量，充分利用国家实验室世界级的科研设施与专业知识联合攻关，推进氢能和燃料电池关键核心技术突破，进一步提升电解槽和重型卡车用燃料电池性能，并降低成本，加速其在交通运输行业中的推广进程。每个联盟将聚焦各自的核心研究工作：

①“百万英里燃料电池卡车”（Million Mile Fuel Cell Truck，M2FCT）联盟

该联盟将由洛斯阿拉莫斯和劳伦斯伯克利两个国家实验室共同领导，致力于卡车用燃料电池研发。重点围绕长途重型卡车应用，开发新的燃料电池技术，以进一步提升燃料电池的性能、耐用性并降低成本，从而加速燃料电池在卡车领域的推广进程。

②“下一代电解水制氢”（Hydrogen from Next-generation Electrolyzers of Water，H2NEW）联盟

该联盟将由国家可再生能源实验室和爱达荷两个国家实验室共同领导，致力于电解槽研发。重点是开展高性能、低成本的大型电解槽研发，以实现高效低成本制氢，降低氢气成本，使燃料电池卡车具备与传统燃油卡车相当的运营成本竞争力，促进氢能的推广。

同时，美国能源部下属的可再生能源、化石能源、核能、电力和科技部门共同参与《氢能项目计划 2020》。该项目还将与其他相关部门展

开协调合作，包括美国能源高级研究计划局（Advanced Research Projects Agency-Energy，ARPA-E），网络安全、能源安全和应急响应部门，以及能源部以外的国家相关部门，如储能技术、先进制造业、电网现代化、综合能源系统和人工智能。每一个部门都管理与其任务有关的氢能项目，所有部门经过协调合作，提升战略管理和项目执行的凝聚力。

总的来说，美国能源部主导的氢能和相关技术研发体系，在其各部门的一致努力以及广泛的利益相关者的投入与协作下，氢能项目计划的稳步实施将有助于实现美国氢能产业的发展愿景：清洁环保、成本低廉、安全可靠的氢能广泛应用于各类场景，并成为美国能源体系中重要组成部分，推动美国能源体系变革。

（2）美国氢能产业各环节技术发展现状及未来目标

在过去的20年里，美国能源部在氢能和相关领域投资了超过40亿美元（约合255亿元人民币），主要用于氢气生产、运输、储存、燃料电池和氢能涡轮机发电等技术的研发。这些研究成果与工业项目相结合，取得众多突破，例如：应用配备碳捕集和储氢装置的制氢技术，以低于2美元/kg的成本生产低碳氢；燃料电池的制造成本降低了60%，耐久性提高了4倍。截至目前，美国能源部已颁发了1100多项美国专利，并在市场上推出了30多项商业技术[①]。

当前美国氢能产业的技术瓶颈主要集中在各环节的成本、耐久性、安全性以及基础设施缺失等方面。为了实现广泛的商业化推广，氢能应用必须拓展更大的市场，并且能够在成本、寿命、性能、稳定性和环境影响等方面得到改善，同时也需要解决非技术性的障碍，例如制定规范和标准、完善安全测试，最终建立一个健全的氢能供应和应用体系。

多年来，美国能源部为满足不同技术领域的关键需求，已经开发了一些技术选项（见表3-3）。

---

① 资料来源：《氢能项目计划2020》。

表 3–3　美国氢能近中远期关键技术选项

	近期	中期	远期
生产	•配备碳捕获和储存装置的化石资源重整制氢、生物质和废弃物制氢 •先进的化石能源和生物质改造 / 转化技术 •电解水（低温、高温）制氢	•先进的生物 / 微生物转换技术 •先进的热 / 光电化学水分解技术	
运输	•分布式生产 •管道拖车（气态氢） •低温卡车（液氢）	•化合物储氢	•广泛采用管道输送
储存	•高压储氢瓶（气态氢） •低温容器（液氢）	•地质储藏（如岩洞、枯竭的油气矿） •低温压缩储存 •化合物储氢	•材料存储
转换技术	•氢能涡轮机 •燃料电池	•先进的氢能发电 •下一代燃料电池	•燃料电池 / 燃烧混合动力车 •可逆燃料电池
应用	•石油精炼 •航空航天 •便携式电动	•天然气管道掺氢 •分布式发电应用 •交通运输 •分布式热电 •化工综合应用	•综合能源系统

① 制氢

美国能源部下属的化石能源办公室主要关注煤炭和天然气重整制氢技术的研发，该技术成本较低，且可直接生成便于回收的固态碳副产品，而燃料电池办公室关注的技术为生物质和电解水制氢技术（太阳能直接转换、高低温电解技术）。

目前美国小规模应用的制氢成本在 5~6 美元 /kg，重型应用成本为 3.5~4.5 美元 /kg。在高温电解水制氢过程中，电能成本（53%）占比最高，其次为固定成本（27%）、热能成本（11%）和运营与维护成本（9%）。生物质能和废水制氢技术的原理是微生物在消耗有机物质的过程中可释放氢气，每年的湿废料净重 7700 万 t，需通过避免高成本的废料处理、运输和填埋过程探索可持续制氢的平衡点。目前已经利用纤维素技术将废料制氢的产量提高了33%，通过含载量60g/L的晶体纤维素技术使制氢量增长了一倍[①]。

由于制氢过程中成本主要来自电力、固定资产和运行与维护成本，美国能源部计划在2025年前主要通过大幅度降低投资成本和电力成本的方式使制氢总成本降低60%，达到2美元/kg，同时计划在2030年通过大幅降低电力与运行和维护成本使总成本降为1美元/kg。表3-4为质子交换膜和固体氧化物两种电解制氢方式2025年的成本目标，其中固体氧化物电解技术的电解效率更高，耐久性却较低，投资成本也偏高。

表3-4　美国电解水制氢技术成本目标（2025年）

电解水技术目标	质子交换膜电解	固体氧化物电解
电解效率（%）	≥70	≥98
电堆成本（美元/kW）	≤100	≤100
耐久性（h）	80000	60000
系统投资成本（美元/kW）	≤250	≤300

②氢运输与加氢

美国氢运输及加氢过程中，压缩环节的成本占比（49%）最高，其次分别为储氢瓶（15%）、制冷机（14%）、加氢机（13%）以及一些辅件成本（9%）。当前轻型应用的液氢储罐和管道运输成本为9.5~11美元/kg，重载应用的运输成本则为5~8美元/kg，未来规划的最终氢运输成本目标为2美元/kg，同时单位运氢能量密度提高两倍，达到6kW·h/kg。目前美国天然气管道总长为300万英里，在基础设施不变的情况下，示范项目掺氢比例可达到15%以上，未来计划在2050年实现天然气管网掺氢比例达到20%。

美国能源部为很多研发加氢技术的项目提供了支持。目前根据

① 资料来源：《DOE针对氢能技术的成本和性能方面进行的现状汇总与未来规划》。

H–Mat 项目研究情况，聚合物材料的使用可使密封材料使用时长提高 50%，应用特定材料可提高储氢瓶 50% 的使用寿命。美国国家实验室正在进行氢能技术标准和零部件设计的研发，并建立了聚合物技术网站，可用于企业间的数据共享。

加氢站零部件方面，主要难题为核心零部件的供应商较为有限，并且零部件的固定成本较高。数据显示，重载卡车加氢成本中，压缩机成本（占比 83%）几乎是其他常规应用所需成本的两倍，而加氢机成本占比仅为 1%。

③ 储氢

2013—2020 年，美国在保证 10 万台储氢系统年产量的情况下，整体成本已降低了 30%。表 3–5 为轻型与重载应用的储氢瓶（70MPa）材料成本对比，其中碳纤维成本占比最大，对重载应用的影响也相对较高，而轻型应用的气瓶阀门成本较重型应用占比更高。

表 3–5　轻型与重载应用的储氢瓶材料成本对比

平均储氢成本（每千克）/ 占比	碳纤维	气瓶阀门	长丝缠绕	树脂	其他
轻型应用	8.41 美元 /71%	1.17 美元 /10.2%	0.91 美元 /7.9%	0.68 美元 /5.9%	0.57 美元 /4.9%
重载应用	7.88 美元 /77.2%	0.55 美元 /5.4%	0.85 美元 /8.3%	0.83 美元 /8.2%	0.09 美元 /0.9%

美国能源部正在研发以低成本的碳纤维制造复合材料储氢压力容器技术（COPV，也常用于航天器中，具有超高强度和极轻重量的优势）（见图 3–4）。

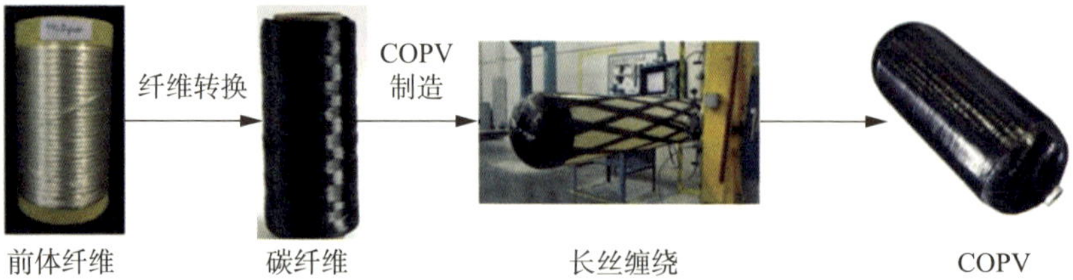

图 3–4　COPV 制造工艺

在高压储氢气瓶技术方面，未来美国能源部希望能够降低 50% 的系统成本，达到 8 美元 /（kW·h）。液态储氢方面，投资成本控制在 1.75 亿美元以内，目标体积将达到 2 万~10 万 m^3，气化率在 0.01%~0.3%/d。

④ 燃料电池

a. 技术应用进展

当前美国轻型轿车中燃料电池的成本对比 2008 年已降低 70%，系统功率、-20℃低温启动、效率最高值和系统成本均已达到或超过 2020 年设定的目标，但在系统耐久性方面仅达到了 4130h（目标为 8000h，见图 3-5）；重载卡车燃料电池方面，在年产量为 5 万台和 10 万台时，成本分别可降至 196 美元 /kW 和 185 美元 /kW；燃料电池大巴方面，根据已上路运行的情况，系统平均运行时长为 25171h，其中一个系统运行时长已达 32000h，远远超过美国能源部 2016 年设立的目标，耐久性方面，运行 17000h 以上的电池衰退率为 20% 以下（运行 8500h 的电池衰退率为 10% 以下）。

图 3-5　美国燃料电池成本下降情况

资料来源：DOE 燃料电池办公室

翻译制图：中国产业发展促进会氢能分会（HEIPA）

无铂催化剂：由于催化剂成本在燃料电池系统成本中占比最高，能源部支持研发无铂催化剂以降低成本。在 2016 年 16mA/cm^2 的基础上，无铂催化剂（Fe–N–C）催化性能已提升两倍以上，并且已经超过 2021 年 35mA/cm^2 的目标，达到了 38mA/cm^2。

可逆燃料电池：目前的情况为 50 个电池组成的电堆可运行 410 个循环，运行时长在 2180h 以上，能源转换效率为 75%，衰减率为 5%/1000 次循环（见图 3–6）。

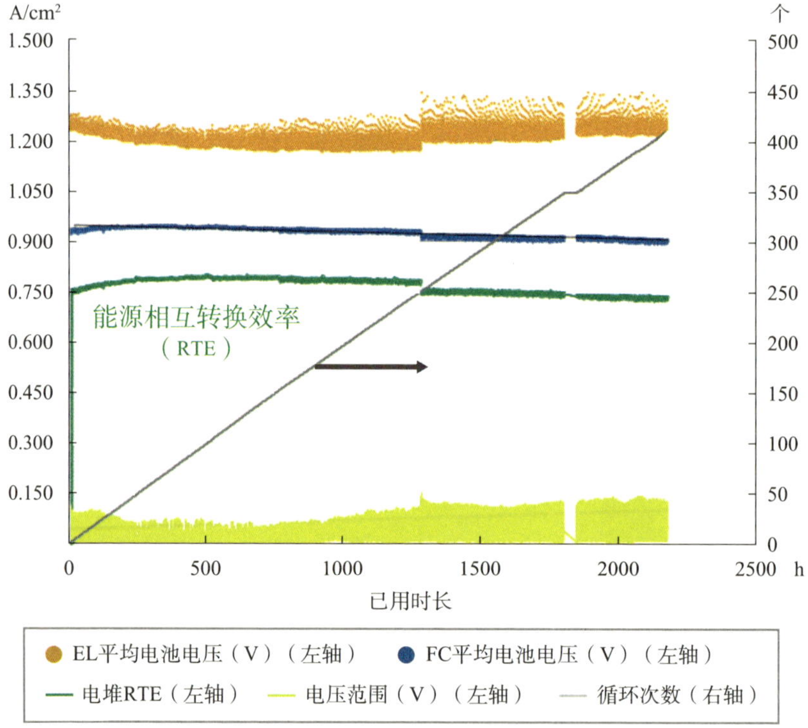

图 3–6　可逆燃料电池成果数据

资料来源：DOE 燃料电池办公室

翻译制图：中国产业发展促进会氢能分会（HEIPA）

b. 技术提升路径（见表 3–6）

表 3–6 美国燃料电池技术提升路径

燃料电池材料和零部件	燃料电池系统集成	降低成本
• 低铂膜电极和膜电极零部件的耐久性 • 无铂催化剂 / 电极 • 双极板，气体扩散层 • 先进技术生产与可持续发展性	• 电堆 • 燃料电池辅件（电子器件） • 超级卡车 3 期项目 • 先进技术生产与可持续发展性	• 减少质子催化剂铂载量（2008 年后已降低 30%） • 为减小电堆体积，需增加电池功率密度（2008 年后功率密度已大于 70%） • 燃料电池材料和系统性能最大化 • 燃料电池和电堆零部件生产创新 • 加大产量

DOE 计划十年内降低 75% 的成本。2021—2025 年，将主要通过降低质子交换膜铂载量和加大产量来降低成本，2025 年后提升耐久性将成为重要方式之一。

c. 发展与目标（见表 3–7）

表 3–7 美国燃料电池技术发展目标

应用	年份	燃料电池系统成本（美元 /kW）	耐用时长（h）	燃料电池效率（%）
长途拖挂车	2030	80	25000	68
	长期（最终）	60	30000	72
发电站	2030	1000	80000	—
可逆燃料电池	2030	1800	40000	—

资料来源：DOE 燃料电池办公室

其中用于重载卡车领域的膜电极 2025 年功率目标为 2.5kW/g PGM（需经过 25000h 的耐久性测试，电压为 0.7V，密度为 1.07A/cm^2，铂载量为 0.3mg/cm^2）。同时，希望将可逆燃料电池发电 / 储能平准化成本降至 10 美元 /（kW · h）以下，并通过将能源和功率成本分别控制在 150 美元 /（kW · h）和 1300 美元 /kW 以下，来达到系统固定资产的长期目标。

3.1.4 氢能示范项目及商业模式

（1）美国空气产品公司项目（见表3-8）

表3-8 美国空气产品公司项目概况

项目名称	项目类别	项目信息
德州休斯敦Sysco项目	供氢、加氢	为Sysco在得克萨斯州休斯敦分配中心提供氢气和加氢技术。加氢站负责为日常运营的100多辆氢燃料拖车和前移式叉车组成的综合车队加注燃料。空气产品公司在Sysco的加氢基础设施包括：一个室外液氢存储罐、一个150系列双压缩系统以及多个室内燃料分配器
宾夕法尼亚州费城Sysco项目	供氢、加氢	为Sysco在宾夕法尼亚州费城扩建的分配中心提供氢气和加氢技术。加氢站负责为日常运营的95辆氢燃料拖车和前移式叉车组成的综合车队加注燃料。空气产品公司在Sysco的加氢基础设施包括：一个室外液氢存储罐、一个150系列双压缩系统以及多个室内燃料分配器
伊利诺伊州若利埃Central Grocers项目	加氢基础设施	在伊利诺伊州若利埃新建的分配中心安装了加氢基础设施，为其中200多辆燃料电池动力叉车车队加注燃料。空气产品公司的室内加氢分配器以及相关的基础设施为新型叉车车队加注燃料。空气产品公司的加氢基础设施包括：一个室外液氢存储罐、一个双CHC液体压缩机以及多个室内加氢分配器
宾夕法尼亚州萨斯克汉那国防后勤局项目	液氢供应、加氢站	为仓库运营的55辆燃料电池动力Ⅰ级叉车车队提供动力。收集和分析成本与运营特性的比较数据，为应用于国防部的氢燃料电池技术的开发及商业化提供支持。空气产品公司为该加氢站供应液氢，并利用空气产品公司专有的液氢泵（CHC）进行压缩
并行技术/国防后勤局、沃纳罗宾斯项目	氢气供应基础设施	现场制氢以及配备压缩、存储、分配和加氢系统，以便为19辆燃料电池叉车提供氢气
华盛顿州路易斯堡运输与环境中心项目	氢气供应基础设施	供应液氢储罐以及压缩、存储和分配系统，以便为19辆燃料电池叉车和1辆公共汽车提供氢气
加利福尼亚州翠西运输与环境中心项目	氢气供应基础设施	现场制氢以及配备压缩、存储、分配和加氢系统

（2）美国康明斯公司项目（见表 3-9）

表 3-9　美国康明斯公司项目概况

项目类型	累计应用案例	应用案例
PEM 电解槽	超过 600 个电解水制氢系统项目	PEM 制氢设备具备最高的能量密度（5MW），还可以实现模块化，有利于后期的设备转移，可以根据需求升级到 50MW 和 100MW 以上。在美国主要以制氢加氢站、安大略 5MW 制氢站等项目布局
高压储氢罐	车用，主推业务	康明斯与储氢专家 NPROXX 的合资伙伴关系将促进燃料电池或氢燃料发动机与车辆上的高压气罐和供应链集成的能力提升
燃料电池	超过 2000 台（套）实际应用案例	在美国以专用燃料电池汽车上的应用为主，已开始固态氧化物燃料电池的研发，世界上第一架由康明斯燃料电池驱动的氢动力飞机在德国斯图加特机场揭幕
氢燃料发动机	先进技术研发	氢燃料发动机作为前瞻性的技术进行先发布局

（3）美国普拉格能源公司项目（见表 3-10）

表 3-10　美国普拉格能源公司项目概况

项目类型	累计应用案例	应用案例
绿氢燃料工厂	美国布局 5 座	普拉格能源已经在美国建造了五座绿色氢燃料工厂，为氢燃料解决方案做好了充足的准备。这些工厂计划在 2024 年投入使用，产能将达到 100t/d
燃料电池创新工厂	—	投资 1.25 亿美元（约合 8 亿元人民币）在纽约建设一座燃料电池超级工厂，进行燃料电池堆、膜电极组件和电解槽的研究和开发，工厂计划产能将超过 1GW，每年生产约 700 万套膜电极组件，6 万个电池堆和 500MW 的电解槽
燃料电池	4 万余套燃料电池	燃料电池物料搬运领域应用，全球叉车燃料电池龙头，燃料电池物料搬运领域的市占率高达 95%

（4）美国氢能产业商业模式

美国氢能产业是从应用场景出发形成局部闭环的商业模式。

美国尼古拉汽车公司拥有由全球知名的核心零部件和制氢供应商构建的整车制造体系，并与全美最大的卡车租赁服务公司深度合作，开展租赁业务，在燃料电池汽车的样车发布后，得到超过1.4万辆以上的订单，通过全生命周期打包租赁的创新商业模式获得了巨大的经济效益。相比乘用车所面临的运行范围的局限性，商用车可以在局部区域实现相对高效的运营，目前现代汽车推出的燃料电池卡车也参照了尼古拉的商业闭环思路。

Plug Power创新提出了一种将氢能源的优势最大化、劣势最小化的商业模式，即将目标锁定在高使用量、运行空间确定的工业终端市场，这些市场不需要大量的运输需求，比如电商模式蓬勃发展下的仓储搬运业务以叉车为切入点，也正是遵循了局部市场商业闭环的商业逻辑。Plug Power已在全球部署了超过5万个燃料电池系统，已经成为全球最大的液氢买家，在北美地区建立并运营了一个完整的氢能网络。虽然目前Plug Power氢能业务还处于亏损中，但随着燃料电池和氢气成本的下降，公司发展前景值得期待。

3.1.5 氢能产业相关标准情况

美国的氢能技术国际领先，尤其是在制氢、低温液氢及高压气态储运技术方面，在氢能技术标准的制定上也是最活跃、最积极的国家。美国政府在其2002年颁布的《国家氢能发展路线图》中就将“规范与标准”（Codes & Standards）列为氢能系统的七个组成元素之一，要在氢能技术体系的设计、制造、操作等环节建立统一的规范和标准。之后的20年，美国创建了科学安全的制氢、储运、车载储氢瓶技术、加氢站建设、燃料电池标准及监测体系，有力推动了燃料电池汽车的商业化。

美国主要是实施自愿性标准原则，美国联邦政府认可并授权美国国家标准协会（American National Standards Institute，ANSI）发布美国国家标准，并与其合作制定美国国家标准战略。ANSI不直接制定标准，而是授权其认可的民间标准化组织机构制定的相关行业或领域的技术标准为美国国家标准，包括美国材料试验协会（American Society of Testing Materials，ASTM）、美国航空航天学会（American Institute of

Aeronautics and Astronautics，AIAA）、美国机械工程师协会（American Society of Mechanical Engineers，ASME）、压缩气体协会（Compressed Gas Association，CGA）、加拿大标准协会美国分会（Canadian Standards Association，CSA）、Underwriters 实验室（Underwriter Laboratories Inc.，UL）和美国消防协会（National Fire Protection Association，NFPA）等诸多技术实力雄厚、行业技术领域影响力大的社会团体组织。上述学会或协会制定了诸多美国氢能技术标准，目前已发布共计 147 项氢能相关技术标准。①

3.1.6　氢能国际交流合作情况

（1）美国与其他国家合作情况

① 日本、欧盟和美国共同建立氢和燃料电池合作伙伴关系

2019 年 6 月 15 日，日本经济产业省（METI）、欧洲委员会能源总局（ENER）和美国能源部（DOE）发表了关于未来氢能及燃料电池技术合作的联合声明，达成了三方加强氢能和燃料电池技术合作的共识。三方将通过制定合作备忘录，加强并扩大国际氢能产业合作，加速全球可持续氢和燃料电池技术的发展，提高全球经济中的氢能占比。

② 全球领域内 11 家氢能公司宣布合作组建 Hydrogen Forward 联盟

2021 年 2 月 2 日，液化空气、英美资源、Bloom Energy、CF Industries、Chart Industries、康明斯、现代汽车、林德、McDermott、壳牌和丰田等 11 家公司宣布共同创建 Hydrogen Forward 联盟，致力于氢能技术应用场景和经济利益开发。目前，Hydrogen Forward 联盟的成员正在美国国内进行大量的投资，并在全国范围内推动特定氢能项目，以使氢能技术得到规模化推广。

③《中美应对气候危机联合声明》

2021 年 4 月，中国气候变化事务特使解振华与美国总统气候问题特

---

① 资料来源：Fuel Cell and Hydrogen Energy Association，http：//fuelcellstandards.com/home.html.

使约翰·克里就气候问题于上海举行会谈。4月18日，中美双方共同发布了《中美应对气候危机联合声明》(以下简称《声明》)，双方将强化各自行动，相互合作的同时在《联合国气候变化框架公约》和《巴黎协定》等多边进程中开展合作，并与其他国家一道解决气候危机。《声明》中指出，中美将在联合国气候公约第26次缔约方大会前及其后，继续讨论21世纪20年代的具体减排行动，其中包括循环经济、储能和电网可靠性、碳捕集封存和利用、绿色氢能等。“绿色氢能”被作为解决气候危机的一项重要行动，出现在此次中美联合声明中，代表中美两国，以及未来还将推动更多国家及地区发展氢能、开展氢能合作，共同构建人类命运共同体的美好未来。

（2）美国氢能公司在中国布局情况

中国的氢能市场正处于快速发展期，吸引着全球优质企业的加入，包括空气产品、康明斯等在内的美国能源、化工巨头公司，为扎根中国氢能市场，纷纷进化出一套本地化的策略，加快在中国市场的布局。

① 美国空气产品公司在中国的布局

美国空气产品公司是全球最大的氢气生产商和氢能基础设施领域的龙头企业，也是美国市值最大的化工企业之一，目前市值已达到约650亿美元（约合4443亿元人民币）。空气产品公司运营着全球最长单体氢气管道，里程达960km，为沿途50多家工业企业提供氢气，同时其也是世界级的液氢供应商，在全球参与了超过250个加氢站项目，遍及全球超过20个国家和地区，并提供涵盖氢气生产、液化、储运和创新加氢技术系统及相关基础设施的全面解决方案（与中国合作的典型项目见表3-11）。

2020年6月，美国空气产品公司海盐氢能源基地项目正式落户嘉兴海盐，总投资约10亿美元（约合68亿元人民币）。项目分为氢气制备分装、氢能产业关键设备零部件制造、氢能源利用示范城市建设等三个项目，分期实施。投产后，预计液氢日产量将达30t，是目前亚洲最高水平。2022年11月，海盐氢能源和工业气体综合项目一期工程110kV空氢

表 3-11 美国空气产品公司中国项目及合作

项目名称	时间	合作方	项目内容
中关村加氢站	2006 年 11 月	BP、北京清能华通	设计和建设了中关村加氢站，提供高纯度氢气，北京 2008 年奥运会的氢能示范项目，是国内第一座加氢站
江苏如皋加氢站	2018 年 3 月	神华新能源	为神华在江苏如皋新建的加氢站提供两台最先进的加氢机
广东中山加氢站	2018 年 9 月	中科富海	我国首座商业化液氢加氢站，采用美国汽车工程师协会 J2601 商用加氢站技术标准，设计日加氢能力为 500kg，可按需扩展至 1500kg，同时具备 35MPa 和 70MPa 加注能力，空气产品为该加氢站提供两套液氢加氢站成套设备
嘉化液氢项目	2019 年 3 月	嘉化能源、三江化工	利用嘉化能源和三江化工的工业副产氢，投资建设液氢项目
山东潍坊首座固定式加氢站	2019 年 7 月	—	空气产品提供整体工程设计、设备安装和调试服务，日加氢能力为 1000kg，同时具备 35MPa 和 70MPa 加注能力
成立诚志空气产品氢能源科技有限公司	2019 年 8 月	诚志股份	空气产品占股 40%，诚志股份占股 60%，诚志空气初期将立足长三角，以加氢站投资、运营业务为主，未来将依靠诚志股份的工业副产氢，向氢气储存和运输等环节渗透，空气产品提供技术支持
淄博氢能综合利用项目	2020 年 5 月	东岳集团	空气产品斥资 1800 万美元（约 1.1 亿元人民币）在淄博投建氢能综合利用项目，项目将利用东岳集团的氯碱副产氢和空气化工领先的纯化技术，制备高纯度氢气，并在淄博市投资运营加氢站
上海氢气充装中心	2022 年 3 月	申能、上海化学工业区	一期项目投资额 1.8 亿元人民币，计划建设日充装产能为 24t 的氢气充装中心。二期项目计划建设氢气液化和充装装置，届时将建成上海充装能力最大的氢气充装中心

变电站已竣工投产。空气产品公司还将在嘉兴设立氢能应用研发中心，开展从氢气生产到终端应用中的各项关键技术的研发，主要包括新型高效储氢运氢、燃料电池关键材料和核心部件的设计开发，以及氢能燃料

电池检测相关装备研发和产业化。未来空气产品公司还计划在中国陆续建设更多的液氢工厂。

2021 年 6 月，托克托县人民政府、空气产品公司与久泰集团共同投资呼和浩特首个万吨级绿色液氢能源项目——空气产品久泰高效氢能综合利用示范项目，依托久泰现有产业丰富的副产氢资源，建设年产 1 万 t 绿色液氢能源项目，并在应用端构建绿色氢能物流和公共交通体系，将在呼和浩特市主城区和托克托县投资建设 20 座液态加氢站，实现闭环产业链，支持呼和浩特市氢能示范应用城市绿色可持续发展。

以上两个大型液氢项目将在四个方面促进中国氢能产业的发展：第一，在液氢项目建设、生产、管理、运输、存储和使用等方面促进国内相关标准的建设和完善；第二，长三角和三北地区是中国氢能最具发展潜力的区域，项目把工业蓝氢进行液化后可覆盖周边 1000km 运输半径，为长三角及三北地区发展氢能提供强有力支持；第三，液氢特别适合大规模运输，适合重卡、船舶和叉车等终端应用，项目将提升中国氢能市场供应的稳定性和竞争力；第四，项目将加速中国的氢能发展从气态氢转向液态氢，从而推动大规模氢能的市场应用。

② 美国康明斯公司在中国的布局

美国康明斯公司是全球柴油、天然气、混合动力等多元动力系统的先行者，从清洁柴油，到天然气、纯电动汽车，再到现在燃料电池汽车，康明斯一直都在致力于为客户提供多种动力解决方案。康明斯为加快在中国市场的氢能布局，一方面加强与中国企业的合作，另一方面则加紧推进在中国建设氢能源研发生产基地。

2020 年 10 月，康明斯（中国）投资有限公司与中国石化集团资本有限公司、恩泽海河（天津）股权投资基金合伙企业在北京签署合作意向书，将利用各方优势和资源，共同促进电解水制氢技术的开发及推广，推进绿氢产业发展。由康明斯和恩泽海河双方共同出资成立合资公司康明斯恩泽（广东）氢能源科技有限公司，并于 2022 年 1 月在广东佛山启动中国首个吉瓦级 PEM 电解水制氢装备工厂建设项目，一期产能

500MW，二期可扩展至1GW，预计该项目将于2023年上半年建成投产。

2021年5月下旬，康明斯武汉氢能源工程中心正式挂牌，是康明斯新能源事业部氢能业务在中国的第一个工程中心。该中心具有燃料电池发动机试制、氢气管路试制、涉氢零部件测试以及燃料电池性能测试功能。

同时，康明斯在美国以外最大的技术中心“东亚研发中心”同样位于武汉，该基地占地面积117.5亩（约合7.83万m^2），总投资近10亿元，已于2022年11月25日投入使用。该基地建有新能源动力研发大楼，配备最先进的实验室，开展燃料电池、动力电池等新能源动力系统的研发和创新。

2021年9月启动的康明斯新能源动力中国区双总部落地上海临港新片区，项目一期将于2023年底投产使用，具备5000台燃料电池及500MW电堆制造能力，后续产能可扩展到1GW，涵盖电解水制氢装备电堆、燃料电池发动机及其核心零部件、高压储氢瓶系统等业务。

康明斯未来氢能业务将会致力于中国本土化生产和运营，在有效降低生产成本、缩短交货周期的同时，还可以提高反应速度，从而更好地满足中国市场的应用需求。康明斯作为内燃机领域的巨无霸企业，开启了在中国广泛而深入的氢能产业布局。

3.1.7　总结

美国国家氢能计划推动其氢能产业及技术快速发展，达到全球最先进的水平，从中我们可以总结出以政府为主导的应用科研规划得以成功实施的重要条件：良好的计划性与可执行性、强调政府的担当、重视广大利益相关者的诉求、重视技术因素与市场因素关系的优化处理。具体而言：

一是强调计划的可执行性。从计划的制定到具体实施，美国国家氢能计划非常高效，它通过一系列措施保证计划的顺利执行：首先，邀请众多的利益相关者参与国家氢能规划，如美国“国家氢能路线图研讨会”邀请了来自工业界、学术界、环境组织、基金会、联邦及州政府机构、国家实验室等的共 200 多位人员，这些利益相关者往往是氢能项目的承担者，通过广泛参与，可以提升他们的参与意识与责任意识，便于达成共识和预期共赢；其次，美国国家氢能计划通过竞争性项目选择、严格的内部控制来选择资助对象，以保证最优秀的科研团队来承担相关课题；再次，依据国家氢能计划整体目标对各个项目的进程进行系统跟踪；最后，实施定期及不定期的内部评估或外部评估，特别是“年度业绩评估会议”对承担 DOE 氢能项目的科研项目进行严格审核，保证了美国国家氢能计划进程的高效性。

二是政府的“为”与“不为”。首先，政府在氢能产业研发初期发挥关键性作用，对于像氢能技术这种前期投入巨大、投资风险较高、长期收益明显的新兴技术来讲，发展初期往往在单纯的市场法则面前脆弱不堪，这便需要政府的强力参与，包括通过资源、资金的大力投入，解决一些共性关键问题；其次，当技术的性能及可靠性得到验证后，需要政府通过前期购买或租赁等方式成为“早期的技术采购者”，以促进公众对新技术的认同，避免单纯市场法则的冲击；最后，当市场渗透率逐渐增加时，政府不能一直承担买单者角色，否则过度依赖政府会弱化其市场竞争力的培育，因此美国国家氢能计划在发展后期将全面交予企业负责，面向市场化竞争。总之，政府的作用不可替代，但也不能无限扩大其功能范围。

三是强调专家在决策过程中的核心地位。虽然政府（特别是 DOE）是主要的出资方，但美国国家氢能计划的政策制定及评估过程是由专家（包括技术专家、软基础科学专家等各类专家）决定的，专家往往在决策过程中发挥着关键性作用。

四是国家氢能计划构建了完整的全产业链、开发、市场推广等基础研究。“链条的完善性及运转的高效性”是保障美国国家氢能计划顺利开展的重要条件。首先，积极推进氢能基础研究管理体系的建构；其次，不断完善氢能技术研发、示范、市场转化体系，如 2003 年 9 月，美国能源部发布“自由车和燃料合作计划”，将能源部、USCAR 及工业界关联起来，以识别和解决必要的技术及技术障碍，让用户负担得起的燃料电池汽车得以大规模生产。此外，美国国家氢能计划非常支持氢能技术在大学、国家实验室、工业界及其他利益相关者之间相互转移，包括“共同研究及发展协议”“小企业创新研究”“小公司技术转移项目”等。

五是国家氢能发展路径规划强调技术要素的优先性、技术与市场的合理结合，保证在获得技术优势的前提下获得商业应用层面的成功。首先，它强调以技术突破为先导、核心技术竞争力培养为中心的规划模式，注重对核心技术难题的突破，不以牺牲技术优势为代价来换取市场上的短暂成功；其次，市场化是美国国家氢能计划的最终目标，因此在关于氢能规划的一系列政策文本中，对美国氢能的市场化实现路径均做了详细的规定；再次，从整体看，路线图规划具有非常明显的“市场导向—确定技术路径—设定具体技术节点”等特征，以实现氢能技术路径与市场路径的优化整合，即首先基于未来氢能的市场成本接受程度，来计算和确定氢生产、氢运输、氢转化等技术环节的成本；最后，根据市场接受度，遵循氢能技术演化逻辑，共同确定未来氢能的技术演化路径、阶段性目标及具体的技术节点。

3.2　加拿大氢能技术与产业发展

加拿大作为传统能源大国，拥有丰富的石油、天然气和煤炭储量，且传统能源年产量均居全球前列，与全球 165 个国家有能源贸易关系。根据《巴黎协定》，加拿大推出了《加拿大 2030 减排计划》，旨在到 2030 年将温室气体排放量在 2005 年的水平上减少 40%。由于化石燃料排放占加拿大总排放的 80% 以上，该国减排压力巨大，加拿大不得不直面能源转型问题。基于保护环境、节约资源、提高能效、开发可替代能源和打造氢经济的战略考虑，出台了《加拿大氢能战略》(见图 3–7)。未来加拿大将结合政策手段，刺激产业投资，建立国际伙伴关系，以使加拿大成为全球领先的氢供应国，改变能源结构，实现温室气体达标排放。

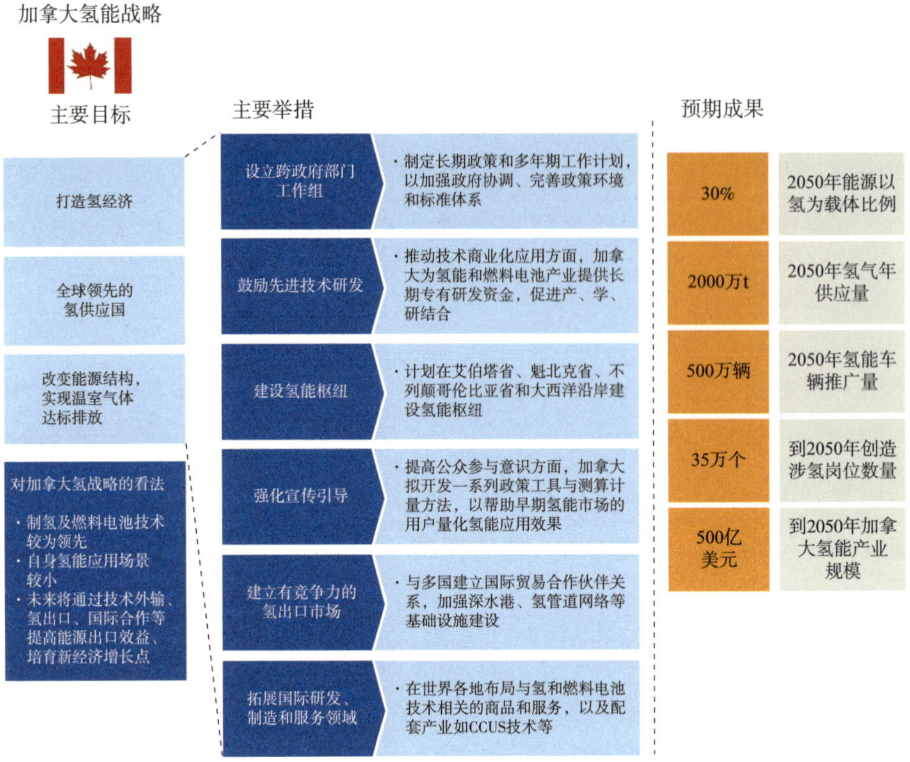

图 3-7　加拿大氢能战略

3.2.1　氢能发展战略与相关政策

2020 年 12 月，加拿大政府发布《加拿大氢能战略》(以下简称《战略》)，旨在推动实现 2050 年净零碳排放目标，使加拿大成为全球氢能领导者。为此，《战略》在分析加拿大氢能发展机遇和挑战的基础上，绘制了"氢经济"发展路线图，并制定了战略伙伴关系、投资、创新、规范与标准、政策与法规、用氢意识、地区发展、国际市场等八大方向的行动计划。

《战略》中提出，加拿大氢能发展将以运输业为突破口，以 2050 年为时间节点，届时将实现以下目标：30% 能源以氢为载体；氢气年供应量大于 2000 万 t；低碳氢价格为 1.5~3.5 美元 /kg；氢能车辆超过 500 万辆；建立覆盖全国的氢输送网络；天然气在能源端的 50% 消费量将由氢替代，并将氢掺入现有和新建的天然气输送管道；由低成本氢气供应网络推动新兴产业；提供 35 万个涉氢工作岗位；形成 500 亿美元（约合 3418 亿元人民币）国内氢能产业规模；建立有竞争力的氢出口市场；温室气体减排量达到 1.9 亿 t/a。

具体分为 3 个实施阶段。2020—2025 年，重点为加拿大氢经济奠定基础，包括规划和建设新的氢供应和输送基础设施，同时支持新兴应用示范，大力推动氢能产业创新投资，引进“碳定价”制度，完善相应监管措施，氢气产量超过 300 万 t/a，占能源总量的 1.6%。

2025—2030 年，实现氢能产业多元化发展，具体举措包括：将燃料电池应用至汽车领域，使燃料电池汽车进入快速应用阶段；将氢气和天然气混合后应用于工业、建筑和化工生产领域，并进行商业化试点；将氢能并入电网，作为一种可持续的能源载体，助力能源系统实现碳中和；氢气产量超过 400 万 t/a，占能源总量的 6.2%。

2030—2050 年，实现氢能产业快速发展，利用“氢经济”为社会高质量发展赋能，建立 12 万亿加元（约合 62 万亿元人民币）的氢能经济，创造多达 35 万个新工作岗位，氢气产量超过 2000 万 t/a，占能源总量的 30%。

除以上发展目标及路线图外，加拿大已设立跨政府部门工作组，制定长期政策和多年期工作计划，以加强政府协调、完善政策环境和标准体系；在鼓励先进技术研发、推动技术商业化应用方面，加拿大为氢能和燃料电池产业提供长期专有研发资金，促进产、学、研结合。同时，加拿大计划在 2025 年前在艾伯塔省、魁北克省、不列颠哥伦比亚省和大西洋沿岸建设氢能枢纽；在强化宣传引导、提高公众参与意识方面，加拿大拟开发一系列政策工具与测算计量方法，以帮助早期氢能市场的用户量化氢能应用效果。

3.2.2　氢能产业发展现状及趋势

从丰富的氢源到世界领先的创新技术，再到强大的能源工业和广泛的国际伙伴关系，加拿大拥有发展氢经济所需的所有要素，使得该国在发展氢能产业道路上处于独特和有利的起步位置。但由于加拿大可替代能源较多，加之地广人稀，用氢端无法集中，车辆多为大排量汽车，氢能应用场景较小，国内市场有限。同时，加拿大科学技术先进，是最早掌握燃料电池技术的国家之一，但早期燃料电池的应用规模较小，电解水技术应用也基本为小型工业应用，与当今主要的氢能应用场景不完全一致，所以加拿大对发展氢能（大规模的清洁氢能）积极性不高，导致该国氢能产业发展经历了一段停滞期。在全球氢能热潮下，个别的省政府探讨了氢的应用和出口，直到2020年才发布联邦氢能战略。

加拿大是目前世界十大氢气生产国之一，每年氢气生产量约为300万t，大部分为传统化石能源和化工副产所得。加拿大联邦政府将蓝氢（使用天然气和CCUS生产的氢气）视为近期内氢的主要来源之一，直到可再生能源和其他形式的制氢技术成本降低至具有竞争力的水平，而随着加拿大联邦低碳燃料标准的出台，包括炼油厂在内的现有用氢企业均开始探索氢气生产的替代途径。政府的目标是在制氢端加快部署CCUS，目标到2030年，可利用CCUS收集90%制氢环节中所排放的温室气体。

加拿大各地都有与低碳氢气生产和应用相关的项目。制氢项目方面，加拿大工业气体公司在安大略省和魁北克省拥有制氢和液氢工厂；液化空气集团在其魁北克省贝坎库尔的工厂新建一台20MW的质子交换膜（PEM）制氢电解槽（北美最大的PEM电解槽），将该工厂的生产能力提高了50%；蒂森克虏伯在加拿大投建88MW水电制氢项目，将于2023年试运营，制氢用于生产生物质燃油。预计到2050年，加拿大低碳氢年产量将超过2000万t，能够满足国内和国际市场需求。

氢储运方面，加拿大将建设氢气配送管道并开发其他氢储运技术，尤其在需求增长不确定的情况下，需要投入大量资金建设氢气配送基础设施，氢气跨国管道主要着眼于联通美国市场；氢能战略中还强调了加拿大独特的地质储氢技术，包括盐穴和枯竭的天然气井储氢等。

加拿大已建立了相对成熟的氢能生产供应链，在氢能领域有超过100家成熟企业。2021年，全球有1000余辆燃料电池巴士采用加拿大企业提供的技术或产品。以巴拉德和水吉能为代表的氢能和燃料电池技术龙头公司在全球具有巨大影响力。

应用方面，氢能战略侧重于三类终端应用：交通运输和发电、工业和建筑供热、工业原料和产品。交通运输领域，加拿大将大力推广燃料电池应用，包括轻型乘用车、公共汽车、长途重型卡车、火车、航运和航空工业应用，战略制定了到2025年零排放汽车（包括燃料电池汽车）占轻型汽车销量10%、2030年达到30%、2050年达到100%的目标；氢气有望在加拿大的工业领域替代天然气，同时低碳氢可以在上游石油和天然气开采、下游精炼过程中提供减排效益；水泥和钢铁行业则是另外两个可以从低碳氢应用中获益的领域。

氢贸易方面，加拿大已经与多国建立了国际贸易合作伙伴关系，并拥有深水港、氢管道网络等基础设施。预计到2050年，加拿大氢出口额有望达到500亿加元（约合2569亿元人民币）。

加拿大的氢经济将在研发、制造和服务领域创造新的就业机会。氢还将成为加拿大国内及国际市场的新型交易“货币”。加拿大的氢能产业公司已经在世界各地布局与氢和燃料电池技术相关的商品和服务，以及配套产业如CCUS技术等。

3.2.3 氢能研发体系及关键技术情况

加拿大在很长一段时间内都是全球氢能领域的研发和技术领导者。例如，加拿大燃料电池技术在全球超过50%的燃料电池大巴得到应用；2018年，全球第一列氢动力列车采用了加拿大技术；新型制氢技术在加拿大率先推广，使其成为下一代清洁能源制氢的先发者。尽管加拿大的氢能专利及技术在全球范围应用广泛，但目前加拿大国内大型氢能项目仍然较少，三方面因素影响了加拿大氢能产业的全球竞争力：首先，加拿大缺乏国内项目部署，阻碍了创新示范，加拿大的氢能公司在向国外推广技术时，无法提供本国部署相关项目案例；其次，加拿大相关技术人才逐渐流失，被吸引到其他有更多发展及实践经验的国家和地区；最后，氢能技术开发、部署和供应链的产业集群仍未建立。

加拿大近年来放慢了对氢能基础研究的投资，同时，在启动氢能示范项目方面也落后于其他国家，因此，部分本土公司将发展研究中心和业务的一部分转移到其他支持氢能技术进步的国家。虽然目前加拿大国内部分氢能和燃料电池技术已接近商业化，但核心材料、制氢、储运、终端应用等产业链都亟须技术迭代和创新，以进一步降低生产成本，并开发新兴氢能应用解决方案，研究突破性技术，促进行业发展（见图 3-8）。

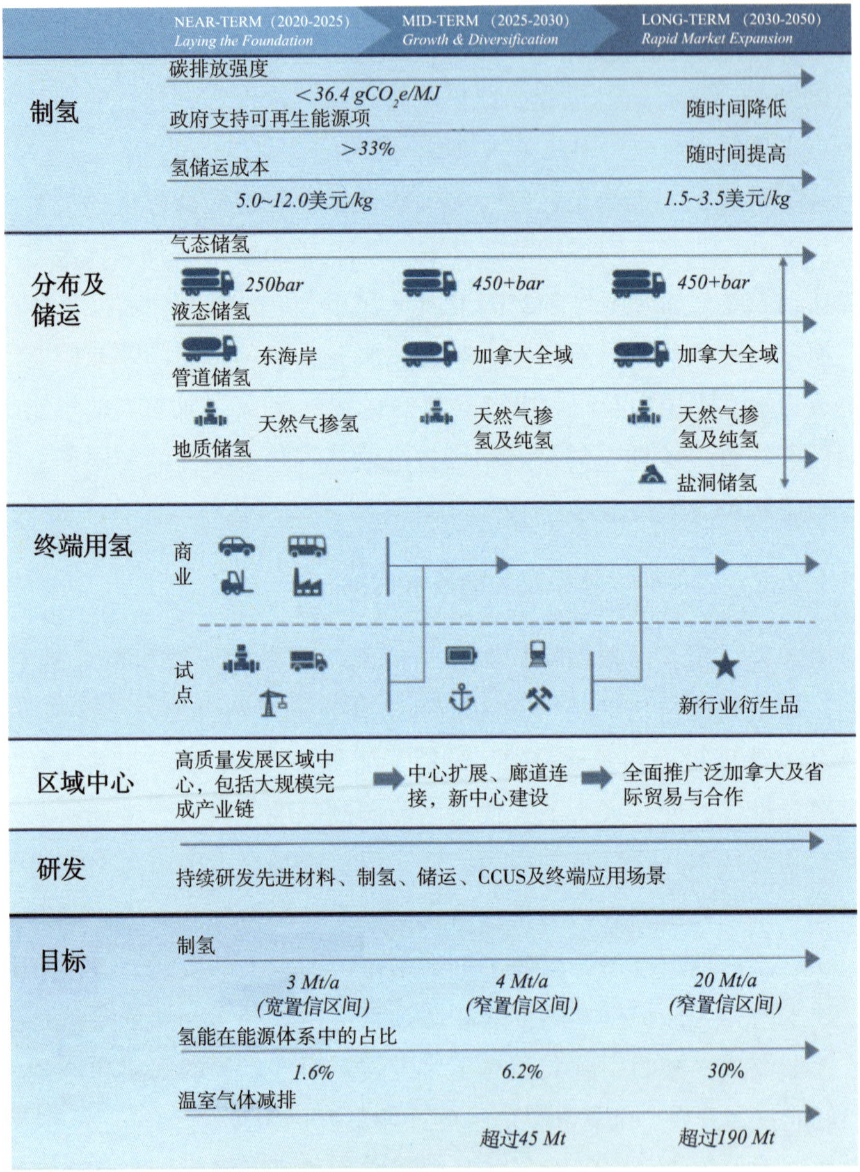

图 3-8 加拿大氢能产业技术发展路线

资料来源：《加拿大氢能战略》

翻译制图：中国产业发展促进会氢能分会（HEIPA）

在产业技术方面，加拿大优势主要集中在可再生能源发电（用于制绿氢）、CCUS 技术（用于制蓝氢）、燃料电池及汽车技术领域，以巴拉德为代表的加拿大氢能和燃料电池技术公司在全球具有重要影响力（见表 3–12）。

表 3–12　加拿大氢能技术情况

技术类型	主要性能指标	主要公司
电解水制氢	全球领先的规模化制氢应用项目，5MW 单独集成式 PEM 制氢模块，20MW PEM 设备，出氢压力可达到 30bar，可迅速地进行响应（秒级），设备运行范围为 5%~125%，节省 10% 的电能消耗	康明斯（原水吉能）
燃料电池	重型模块：功率从 30kW 到 100kW，应用于巴士、卡车和轻轨，拥有较为灵活的解决方案 燃料电池堆：多种空冷和液冷 PEM 燃料电池堆平台，以用于移动和固定式用途供电 备用电源系统：FCgen–H2PM 氢燃料静态系统可为关键基础设施提供可靠、清洁而安静的备用电源 海洋模块：FCwaveTM 基于 5000 多万 km 的产品开发和现场经验，采用成熟重型模块平台技术，生产可靠的性能、高功率密度的产品	巴拉德
CCUS	CCUS 装置与运燃煤电厂连接形成胺溶液捕集技术的独特平台。模块化碳捕捉装置，单独模块可以进行分离、维修和操作，企业能够追踪其技术在运行过程中的性能表现，以响应实际的商业化运行条件	SaskPower

基于以上情况，加拿大氢能战略提出四大行动：第一，要以制定基础研究战略为优先事项，确保加拿大能够在氢能领域持续创造经济价值，并设定氢能领域的技术性能指标和成本目标；第二，将设立研发专项资金，确保加拿大在氢能领域和燃料电池技术领域保持领先地位；第三，利用学术界、政府实验室和私营部门实验室的专业知识，创建区域研究中心，鼓励以任务为导向进行研究、开发和试点工作；第四，将推动联邦实验室、产业界、学术界以及国际合作伙伴在氢能领域开展合作。

3.2.4 氢能示范项目及商业模式

（1）重点示范项目情况

① 贝坎库尔 PEM 电解水制氢项目

康明斯参与建造的全球最大的（20MW）PEM 电解水制氢项目，位于加拿大贝坎库尔，制氢产能达 8.6t/d，占地面积 450~500m^2，15MW 产能于 2020 年运行，另外 5MW 于 2021 年 2 月投产，单台设备 5MW 制氢功率（含 2 个电堆，世界目前最大单堆），应用可再生能源制取的氢气液化后销售给工业用户，每台槽车运输 3t 液氢，加满需要 6~7h。

② 安大略省水电制氢项目

康明斯（原水吉能）与 EnbridgeGas 合作，建设 5MW 电解水制氢项目，制氢能力 2t/d，可平衡电网从而获得低价绿色电能制氢。康明斯 / 水吉能 PEM 电解水制氢设备于 2017 年安装于加拿大安大略省，设备用房占地 126m^2，第一期装机能力 1000kg/d，设计寿命 20 年，至今已完成万余小时无故障运行，2020 年实际制氢开工率 >90%。实际制氢流量的控制成为电网负载控制的一部分，根据电网实时负载状况在 5%~100% 进行瞬间（1 秒内）调制，协助平衡电网（稳定在 60Hz）的同时获得最低制氢电价。

（2）商业模式

加拿大氢能企业主要以“战略合作 + 技术转让 + 全面解决方案”的商业模式拓展全球市场。以巴拉德为例，公司在 21 世纪初期进行了充分的业务探索，寻找可持续盈利的燃料电池商业化应用模式，起初公司宗旨是为内燃机寻找清洁能源替代方案，因此在乘用车和客车上均有所布局，乘用车方面与通用、戴姆勒—奔驰形成合作，客车方面在北美洲、亚洲、澳大利亚多地部署试运营，积累大量燃料电池产品实车数据，为产品优化迭代提供大量基础数据支撑。多年来巴拉德优先通过技术转让切入国际市场，再作为国际产业最大的技术支持方，持续供应产品、技术和解决方案。

3.2.5 氢能产业相关标准情况

目前加拿大的氢能部署尚处于早期阶段，缺乏相关规范和标准，当前涉氢标准仅有3项（见表3-13），只涉及储氢、燃料电池等领域。

表3-13 加拿大氢能和燃料电池相关标准汇总

Canada-Federal Regulations	加拿大—联邦法规
Classification 2.1 Hydrogen in a Metal Hydride Storage System（classification for packaging）	分类2.1 金属氢化物储氢系统（包装分类）
Canadian National Standards	**加拿大国家标准**
CAN/BNQ 1784-000 Canadian Hydrogen Installation Code CAN/CSA C22.2 No. 62282-2-2018 Fuel Cell Technologies-Part 2：Fuel Cell Modules CAN/CSA C22.2 No. 62282-3-100：15 Fuel Cell Technologies-Part 3：Fuel Cells Power Systems - Safety CAN/CSA-IEC 62282-5 Fuel Cell Technologies-Part 5：Portable Fuel Cell Appliances	CAN/BNQ 1784-000 加拿大氢能设备规范 CAN/CSA C22.2 No. 62282-2-2018 燃料电池技术—第2部分：燃料电池组件 CAN/CSA C22.2 No. 62282-3-100：15 燃料电池技术—第3部分：燃料电池动力系统—安全 CAN/CSA-IEC 62282-5 燃料电池技术—第5部分：便携式燃料电池设备

未来加拿大相关机构将加速更新并制定氢能产业规范和标准，以适应行业的快速变化，消除国内和国际部署障碍。具体行动包括：第一，更新、协调并确认规范和标准，以支持部署并促进新技术和基础设施在早期市场的采用；第二，成立规范和标准工作组，其中包括有管辖权的省级主管部门，以共享经验教训并确定准则和标准的差异；第三，制定基于性能的标准，并确保不会将氢排除在更广泛的法规、标准和规定之外；第四，促进加拿大在国际标准和认证方面的领导和参与（例如制定全球碳强度指标、天然气系统中氢的掺混标准等），简化国际贸易程序。

3.2.6 氢能国际交流合作情况

（1）加拿大与其他国家合作情况

加拿大在发展氢能战略方面，将依托现有的和新拓展的合作伙伴关系，合作规划促进氢能发展。具体行动包括：第一，通过国际政府间工作组、跨多级政府和独立团体进行协作，确定优先部署领域，并分享通过早期部署积累的技术、最佳方案和经验教训；第二，利用加拿大的创新清洁技术公司和世界领先的氢能和燃料电池专业技术，扩大公私合作伙伴，以加速跨价值链的项目部署；第三，加强与国际伙伴的合作并采取协同举措，吸引外国投资，推动加拿大在全球市场上抢抓发展机遇。

同时，加拿大还将与国际伙伴合作，推动氢能燃料在全球范围推广，促进加拿大氢能产业在国内外的蓬勃发展。具体行动包括：第一，发展领先的加拿大品牌，使加拿大成为全球低碳氢及其应用技术的首选供应商；第二，投资氢能基础设施，将氢能供应与国际市场联系起来，例如用于氢气运输的液化设施以及从加拿大西部到美国的氢气管道；第三，开展国内标杆项目，突出加拿大的技术优势，吸引国内市场投资，并在国际上推广；第四，利用现有国际论坛 / 组织展现加拿大的领导地位，并开拓新的市场机会。

（2）加拿大氢能公司在中国布局情况

① 巴拉德公司在中国的布局

多年来巴拉德优先通过技术转让进入中国市场，从 2013 年至今公司已经与多家中国公司签订技术转让协议，批准其在中国生产巴拉德电堆或燃料电池系统，当然中国企业在这个过程中通过技术消化也逐渐形成了生产国产化产品的能力，推动产品快速降本。截至目前，巴拉德先后将多项技术转让给碧空氢能、南通泽禾、广东国鸿、大洋电机、潍柴动力，已成为中国燃料电池最大的技术支持方。

2018 年，潍柴巴拉德氢能科技有限公司成立，潍柴动力投资 1.63 亿美元（19.9% 股份，约合 11.14 亿元人民币），计划独家生产巴拉德下一代 LCS 燃料电池堆，以及适用于中国客车、商用卡车和叉车市场基于 LCS 的模块，开始运营后，初始生产能力为 1 万个模块或 2 万个电堆。之后，随着合资公司供应链产业化不断加强，在 2020 年实现了燃料电池产品的大规模生产。受益于中国市场发展迅速及行业技术壁垒高，公司先进技术受到国内多家企业青睐，两家公司的合作有望引发行业新的变化，推动氢能与燃料电池在我国重卡领域应用进程。

此外，2016 年巴拉德与广东国鸿氢能科技有限公司成立合资公司，2017 年合资企业在中国广东省云浮市开始运营，主要用于 FCvelocity-9SSL 燃料电池堆制造，实现约 2 万个燃料电池堆的年生产能力。目前国鸿氢能已经将电堆国产化，并于 2020 年 10 月 18 日推出鸿芯 GI 电堆产品、鸿途 G 系列燃料电池系统两款产品，在产业规划、技术更新迭代和价格上都具有较大优势。

2017 年 4 月 6 日，巴拉德完成与大洋电机公司进行组装和销售 FCveloCity 的技术转让，许可和供应组装 30kW 和 85kW 燃料电池发动机，即“大洋计划”，大洋电机对巴拉德的股权投资也达 2830 万美元（9.9% 股份，约合 1.9 亿元人民币）。但后续因行业景气度等原因，大洋电机终止了“大洋计划”，其全资子公司大洋电机香港于 2020 年 10 月 8 日公告累计出售巴拉德 7.04% 股份，剩余 2.35%。

② 加拿大能源之星公司在中国的布局

2021 年 5 月，加拿大能源之星公司（Canada Enerstar Corporation）会同江苏兴邦能源科技有限公司、浙江晨阳新材料有限公司、瑞昊新能源科技集团有限公司及北京大国慧谷科技股份有限公司，签署了五方战略合作协议，结成“绿色生物质零碳氢气 + 核心燃料电池技术 + 零排放燃料电池应用 + 氢能安全检测 + 新能源数字化平台（零碳氢能智能网联数据区块链）”的净零排放氢能企业联盟。

五方公司跨国际合作，联合投资 20 亿元，共建全球第一个“生物质零碳氢能源智数创新驱动示范”产业链，从加拿大整体引进燃料电池研发团队及技术，从德国引进全球最先进的有机生物制氢技术，依托国内燃料电池集成生产线及先进的新能源数字化大数据技术运营管理平台，集合物联网、大数据、区块链、SaaS 平台系统，赋能氢能产业链各环节，实现智慧制氢、智慧产氢、智慧储能、能源数字化运维数据管理、人工智能辅助及无人驾驶等能源应用升级。通过数字科技让氢能产业链条衔接更加紧密高效，应用更加智能，配合更加默契，生态融合更加完整。合作联盟将在优势地区联合建设氢能源产业园及科研中心，在全国主要地区城市开发应用场景，2025 年计划推广 200 个市县产业链集群点，至 2030 年计划在全国推广 1000 个市县产业链集群点，促进从氢能产业链源头到末端应用的全面融合发展。

加拿大能源之星公司还将与更多政府及国内外企业进行对接，在“风光制氢”可再生能源利用和有机生物质清洁制氢、面源污染治理制氢等领域进行广泛布局，带来更清洁环保、成本更低廉的氢源，同时引进氢能产业链核心国际技术、资本及人才，并增强我国氢能应用装备的国产替代实力，助力我国氢能源产业的商业化进程，促进我国氢能源技术及应用走向国际市场。

3.2.7 总结

加拿大是世界氢燃料电池研发的鼻祖，本土的巴拉德（Ballard）、水吉能（Hydrogenics）等企业为世界氢燃料电池贡献了基础研发的路径，也培养了很多氢燃料电池行业的专业人才。

在全球燃料电池汽车尚未产业化之前，以科研为主的企业长时间处于投入中期，目前加拿大燃料电池公司的销售规模并没有突破。加拿大氢能市场较小，应用领域较为单一，在产业链与规模化上，该国更加致力于技术输出和全球市场的开拓，目前全球很多氢燃料电池公司都有加拿大公司的贡献。出于经济可持续发展考虑，加拿大政府急需找准新兴市场需求，拓宽出口渠道，力争到 2050 年成为全球氢能产业的主要参与者，打造全球氢气出口基地是加拿大发展氢能的重要战略目标。

当前，加拿大在氢能领域正面临多重挑战，涉及经济与投资、技术与创新、政策与法规、标准与规范、基础设施、用氢意识六大方面。在经济与投资方面，目前氢气尚不具有价格竞争力，燃料电池等应用的成本也较高，因此有必要制定相关政策，通过财政支持等方式吸引投资；

在技术与创新方面，加拿大近几年降低了对氢能领域研发活动的投资力度，导致一些研发活动转移到对氢能领域研发支持力度大的国家，这在一定程度上造成知识产权流失国外；在政策与法规方面，加拿大缺少综合性能源政策和监管框架，而且各地区的氢能政策也不一致，同时，加拿大在鼓励使用氢技术的政策和法规上存在不足，如在低碳燃料法规、碳污染定价、零碳排放区创建等方面；在基础设施方面，加拿大缺乏输送和存储氢气的基础设施，这不利于氢能试点应用和推广，未来，随着国内外市场对氢能生产和需求的增长，加拿大还需建设氢气输送管道、氢液化工厂等基础设施；在用氢意识方面，公众、产业界和政府对氢能的发展机遇、安全性和经济效益缺乏认识。

3.3 美洲其他地区氢能技术与产业发展

3.3.1 智利

为应对智利以及全世界探索和开发清洁能源以缓解全球气候危机的需求，智利政府全力推动利用本土太阳能和风能资源优势发展氢能产业，实现产业转型，力争成为全球“绿色能源”出口大国。到2030年减少30%的二氧化碳排放，是智利政府的目标之一，仅智利北部地区通过太阳能即可生产出相当于该国总消耗量70倍的能源，如何通过绿色能源转型，推动国家发展、创造就业、实现经济增长是当前的主要问题，智利能源部正专注于发展其丰富的可再生能源用于制氢，并以氨和甲醇的形式对外出口。

智利总统塞巴斯蒂安—皮涅拉和能源部部长胡安—卡洛斯—约贝特在“智利2020绿氢峰会”开幕式上宣布了智利国家氢能战略。该战略致力于发展绿氢产业，并在2040年之前使智利成为可再生氢燃料的主要生产国之一。智利政府预计，氢能产业的发展将为该国在未来20年内创造约10万个就业机会和2000亿美元（约合1.37万亿元人民币）的投资。

智利氢能战略的主要目标是：到 2025 年拥有 5GW 的电解制氢能力，到 2030 年生产出全球成本最为低廉的绿氢，到 2040 年成为全球三大氢气出口商之一。为此，智利政府制订了具体的行动计划：在 2025 年前加速绿氢在多领域应用布局，并在 2030 年前进入出口市场。其中包括完成 5000 万美元（约合 3.4 亿元人民币）的绿氢项目融资、建设绿氢管道及相关配套设施等，同时将成立一个专门的运营团队来监督项目运行（见表 3–14）。

表 3–14 智利主要绿氢项目统计

项目名称	地点	供电	开发商	应用	产量	计划建成时间
HyEx 项目（1.6GW）	安托法加斯塔	太阳能	Engie、Enaex	绿氨，其中一半将用于 Enaex 的硝酸铵工厂；其余部分用于燃料、绿色肥料的生产和出口市场	12.4 万 t/a（70 万 t 绿氨）	2030 年（2024 年进行 26MW 试点）
HNH 项目（1.4GW）	智利南部	1.8~2GW 陆上风电供给 1.4GW	AuhestriaEnergy、Ökowind EE	电解槽电力，连接至 Haber–Bosch 氨生产系统，通过新的国际港，出口绿氨（作为项目的一部分）	每年 85 万~100 万 t 绿氨	2026 年

当前智利没有关于氢的使用的具体法律和标准，但是当地公司必须遵循工业气体的一般准则，除国际标准外，大多数公司都制定了内部标准。

3.3.2 巴西

巴西早在 2003 年加入了由美国、澳大利亚、意大利等国组成的“氢能经济国际合作伙伴计划”（International Partnership for Hydrogen Economy，IPHE）。认识到整个低碳氢价值链可以为本国带来有竞争力的市场和有吸引力的商业环境，巴西政府于 2021 年 8 月发布了《国家氢能计划指南》（PNH2），具体内容包括六个方面：加强研发和技术基础、能力建设和人力资本形成、能源规划、法律法规框架、市场开拓与竞争以及国际伙伴关系与合作。该计划旨在提高氢在巴西能源矩阵中的竞争力和参与度，促使低碳氢的生产和使用在 2050 年实现净零经济目标中发挥重要作用。

项目方面，澳大利亚 Enegix 能源公司正在推进在巴西东北海岸塞阿拉州 Base One（3.4GW）绿氢项目。项目初期投资 54 亿美元（约 369 亿元人民币），将通过太阳能和风能耦合发电制氢，设计氢气产能 60 万 t/a，计划于 2025 年建设完成。Base One 已经与 Enerwind 签订了 3.4GW 的太阳能和风能合同，预计将在三到四年内投入使用。由于项目位置离深海港口很近，将有利于国际出口。巴西将采用绿氨等常温常压的液态储氢技术实现氢能出口，油轮能在 8 天内到达美国东海岸、9 天内到达欧洲、5 天内到达非洲。同时，Base One 还可从最初的 3.4GW 能源供应扩展到 100GW 以上。

目前巴西的氢能部署尚处于早期阶段，缺乏相关规范和标准，涉氢标准仅有 1 项（见表 3–15），只涉及燃料电池领域。

表 3–15　巴西氢能和燃料电池相关标准汇总

Brazilian National Standards–ABNT	巴西国家标准—ABNT
ABNT IEC 62282–1 Fuel Cell Technologies – Part 1: Terminology ABNT IEC 62282–2 Fuel Cell Technologies – Part 2: Fuel Cell Modules	ABNT IEC 62282–1 燃料电池技术—第 1 部分：术语 ABNT IEC 62282–2 燃料电池技术—第 2 部分：燃料电池组件

合作方面，2019 年，武汉格罗夫氢能汽车有限公司与巴西米纳斯吉拉斯州政府签下有效期为三年的关于巴西氢能汽车产业发展合作的谅解备忘录，双方将在巴西米纳斯吉拉斯州及其他地区合作发展氢能汽车产业。

第 4 章　亚洲氢能技术与产业发展

亚洲各国正积极探索以风、光、核、氢等新能源为依托的能源转型，以应对气候变化带来的挑战，其中，氢能作为可与多种能源形式耦合的未来能源，在能源领域占据越来越重要的位置，成为各国结合具体国情参与国际合作、振兴区域经济的重要机遇。

各国在氢能产业方面呈现了装备制造和氢源输出的两极化发展趋势，带动了可再生能源开发利用和非化石能源应用技术升级，已经深入参与了全球氢能贸易和产业合作。中国、日本、韩国作为开发氢能较早的国家，已在全球氢能产业发展中占据越来越重要的地位，其中，日本和韩国正在充分利用国际协作机制，依托汽车工业和可再生能源产业基础推动氢能技术、标准和商业模式输出，抢占氢能产业发展主导位置。印度、沙特和阿联酋等国确定了氢能供给的定位，正积极与国际巨头合作，布局蓝氢和绿氢国际贸易。

4.1　日本氢能技术与产业发展

日本将氢能发展作为能源安全和实现碳减排的重要战略。经过 50 年发展[①]，日本氢能技术和产业水平已位居世界前列，氢能契合日本能源发展战略并逐渐成为日本能源领域不可分割的一部分。

随着日本 2020 年发布绿色增长战略，日本通过提升能源利用效率、研发改进既有设备和扩大氢能应用等途径减少碳排放，氢能因此成为日本能源体系中与其他能源耦合发展的重要载体。目前，日本正积极采取

---

① 日本自 1973 年第一次石油危机开始从国家层面布局氢能应用研发工作。

措施迎接氢能产业这一新的国际增长机遇，在政策和资金方面不断加大对氢能产业的支持力度，在技术、标准和商业模式方面持续探索创新，继续扩展应用示范领域，加快建设“氢社会”（见图 4–1）。

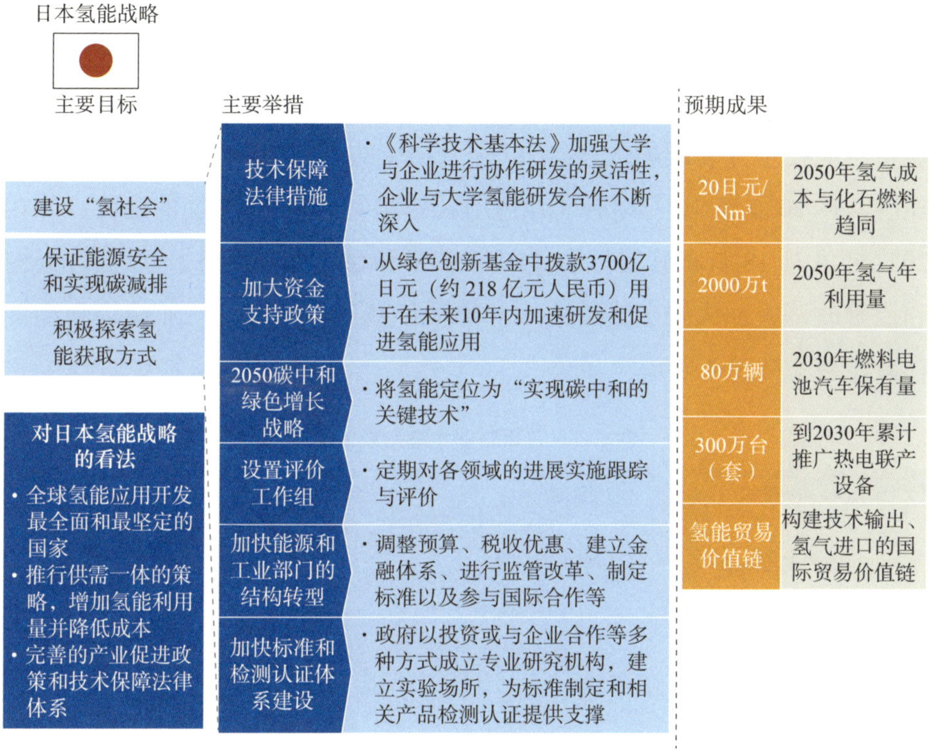

图 4–1　日本氢能战略

4.1.1　氢能发展战略与相关政策

日本氢能产业发展较早，已形成完善的产业促进政策和技术保障法律体系，相关政策在提高社会参与积极性、促进技术创新和推动氢能产业快速发展方面起到了重要支撑作用。

（1）氢能产业发展战略

现阶段，日本已具备了扎实的氢能产业基础，形成了适应产业发展的政策制定和修订机制，先后出台 10 余项氢能战略性政策。日本政府早在 2014 年 4 月就决定实施“能源基本计划”，确定建设“氢社会”目标。

2017 年 12 月，日本政府制定了世界上第一个国家层面的氢能战略《氢能基本战略》，对氢能产业链的各个细分领域设定了明确目标。2019 年 3 月，为确保实现基本战略所设置的各项目标，日本政府制定《氢能燃料电池战略路线图》(以下简称《路线图》)，进一步细化了氢能发展目标，提出相关战略举措并设置了评价工作组，定期对各领域的进展实施跟踪与评价。在《路线图》指导下，2019 年 9 月，日本政府制定了《氢能、燃料电池技术开发战略》，确定以三大领域的十项技术为重点开发对象。随后，在 2020 年 10 月出台《绿色增长战略》，明确了氢能的定位，并在 2021 年 6 月 18 日将其修订为《2050 碳中和绿色增长战略》，以促进机构和监管改革，加大资金支持力度，推动创新研发，实现产业结构和经济社会转型（见表 4–1）。

表 4–1　日本氢能主要战略 / 政策

战略 / 政策	出台时间	主要内容	地位
启动“阳光计划”	1974 年	酝酿并实施包括氢能在内的一系列能源研究项目	开启日本氢能发展第一阶段
调整“月光计划”[①]	1981 年	启动了燃料电池的开发	
《第一次能源基本计划》	2003 年	首次提出“氢社会”构想	开启日本氢能发展第二阶段
《日本再复兴战略》	2013 年	把发展氢能源提升为国策，并启动加氢站建设的前期工作	
修订《日本再复兴战略》	2014 年	发出建设“氢社会”的呼吁	
《第四次能源基本计划》	2014 年	将氢能定位为与电力和热能并列的核心二次能源，提出建设“氢社会”，加快制定氢能社会路线图	
修订《日本再复兴战略》	2015 年	继续建造加氢站，通过氢能发电站的商业运作来增加氢能流通量并降低价格	

① “月光计划”是一项日本节能技术长期研究计划。

续表

战略 / 政策	出台时间	主要内容	地位
《2015 年氢能源白皮书》	2015 年	将氢能源定位为国内发电的第三支柱	
修订《日本再复兴战略》	2016 年	明确了具体的发展路线，量化了发展目标，进一步细化和降低了成本目标值	
《氢能基本战略》	2017 年 12 月	将氢能定为未来第一能源，提出率先在全球实现“氢社会”	开启日本氢能发展第三阶段
《东京宣言》	2018 年 10 月 23 日	在氢能技术、法规、规范、标准、信息、安全、基础设施和教育宣传等方面开展国际合作	
《氢能燃料电池战略路线图》	2019 年 3 月	进一步细化氢能发展目标，提出所需的战略举措，并且设置了评价工作组，定期对各领域的工作情况实施跟踪与评价	
《氢能、燃料电池技术开发战略》	2019 年 9 月	确定了三大领域的十项技术为重点开发对象	
《绿色增长战略》	2020 年 10 月	在发电、产业、运输等多个领域开展氢能的广泛利用，并明确了每年氢用量，同时立足长期视角，未来将氢气成本降至与化石燃料同等水平	将氢能定为实现碳中和的关键技术
修订《能源基本计划》	2021 年 2 月	增加“区域氢利用技术开发”项目，研发实施期限延长至 2025 年	
《2050 碳中和绿色增长战略》	2021 年 6 月 18 日	提出大力加快能源和工业部门的结构转型，通过调整预算、税收优惠、建立金融体系、进行监管改革、制定标准以及参与国际合作等措施，推动企业进行大胆投资和创新研发，实现产业结构和经济社会转型。新增了新一代热能产业	《绿色增长战略》的修订版

2020 年 10 月 26 日，日本时任首相菅义伟宣布日本将在 2050 年前实现碳中和。为实现该战略目标，2021 年 6 月，日本政府修订发布《2050

碳中和绿色增长战略》作为日本氢能产业发展最新指导文件，将氢能定位为“实现碳中和的关键技术”，日本将推行供需一体的策略，增加氢能利用量并降低供应成本。氢能有望在其能源、工业、交通等多个领域得到广泛应用（见表 4–2）。

表 4–2 《2050 碳中和绿色增长战略》对氢能产业设置的发展目标

每年度的氢能利用量		氢的供应成本	
在能源、工业、交通等多个领域开展氢能的广泛利用	目前约 200 万 t； 2030 年最大 300 万 t； 2050 年约 2000 万 t，计划累计推广 1500 万台燃料电池卡车	立足长期视角，未来将氢气成本降至与化石燃料同等水平	目前 100 日元 /Nm^3； 2030 年 30 日元 /Nm^3； 2050 年 20 日元 /Nm^3 以下

（2）技术保障法律措施

为提高创造力和创业精神，日本政府出台了一系列技术保障法律措施。1995 年 11 月，日本颁布了科学技术领域最重要的基本法律《科学技术基本法》，为日本科学技术的快速发展提供了法律支持；1998 年 5 月，为促进《科学技术基本法》的实施，日本颁布《从大学到工业的技术转让促进法》，促进技术转让，鼓励产学研合作；1999 年，日本再次颁布《第 30 条工业振兴特别措施法》，允许发明人保留由日本政府资助的能源项目获得的专利，吸引更多人才加入能源研究；2004 年 4 月，日本颁布《国家大学公司法》，使大学与企业的接触更加方便；2006 年 12 月又颁布了《新教育基本法》，从此支持产业发展成为大学的一项重要使命。

一系列法律的实施，提高了大学的创造力，增加了大学与企业进行协作研发的灵活性。到 2013 年中期，日本成立了约 200 个“大学—工业合作研究中心”和 2000 家风险投资公司，私营组织和大学氢能研发合作不断深入，为推动氢能产业快速发展打下了良好基础。

（3）资金支持政策

日本政府每年度会拨出数百亿日元规模的国家预算，用于支持氢能及燃料电池相关技术开发及示范项目（预计未来 15 年间政府和民间投资达15万亿日元）。日本经济产业省（Ministry of Economy，Trade and Industry，METI）是日本氢能研究的主要资助机构，其资助主要通过日本最大的公立研究开发管理机构新能源产业技术开发机构（The New Energy and Industrial Technology Development Organization，NEDO）提供。NEDO也对日本在海外的氢能技术示范项目提供研发资金和补贴，在示范阶段证明商业可行性后，项目即可向日本国际合作银行（Japan Bank for International Cooperation，JBIC）申请资金，并向国营的日本进出口保险公司（Nippon Export and Investment Insurance，NEXI）申请保险，以降低海外氢能研发及应用的风险。此外，日本环境省（Ministry of the Environment，MOE）和内阁也提供了氢能研发的资助和补贴。

日本政府2020年末表示，将从其2万亿日元的绿色创新基金（Green Innovation Fund）中拨款3700亿日元（约合218亿元人民币）用于在未来10年内加速研发和促进氢能的应用。其中，3000亿日元将用于建立大规模的氢气供应链，促进对清洁燃料的需求；700亿日元将支持可再生能源制氢技术，目标是开发大规模、具有成本效益的制氢系统。日本国有新能源研发机构与NEDO在2021年5月18日正式接受这两个氢能项目的申请。

4.1.2 氢能产业发展现状及趋势

在国家战略指导下，日本氢能产业从能源供给和交通应用等方面出发，逐步建立了完整的产业链条。目前，日本正在积极探索氢能的多种获取方式，努力开展基础设施建设并扩大氢能应用范围，并依托其在化工、材料、汽车、船舶等领域的技术优势，形成了燃料电池车船、分布式供能、可再生能源制氢、氢能冶金、氢化合物储运等一系列产业应用模式，全面推进氢能社会建设。

（1）氢能供给侧

就供给端而言，岩谷产业、电源开发、川崎重工、丸红、新日本石油、住友商事、三菱商事、千代田、日本邮船、三井物产等企业覆盖了包括制氢、液化、远洋运输、接收站建设在内的完整氢能供应链；旭化成、岩谷产业、东北电力、东芝能源等企业为电解水制氢项目提供设备和系统等解决方案。

① 制氢设备

电解水制氢方面，日本政府支持电解水设备制造商提高其设备的单体规模和模块化能力，进一步增强其成本竞争力。实际生产方面，在NEDO 的支持下，2019 年 11 月，东芝、东北电力、旭化成和岩谷产业等合作在福岛县浪江町氢能研究基地（FH2R）建成了当时世界规模最大的可再生能源电解水制氢系统。该系统于 2020 年 3 月正式运行，制氢能力可达 300~2000Nm^3/h，可变响应时间小于 20 秒，氢气纯度达 99.97% 以上。另外，神户制钢的 PEM 型高纯氢氧发生器（HHOG）在全球已累计销售 200 台，日本国内占有率超过 70%。

除电解水装置外，NEDO 还支持开展光解水制氢项目，由三菱化学等企业负责开发使用光催化剂、利用太阳能将水直接分解成氢气和氧气的技术。随着转换效率提高和成本降低，光解制氢有望在 2030 年实证并成为新的制氢技术。

化石能源制氢方面，大阪燃气公司正在开发和销售面向加氢站的制氢设备 HYSERVE，其技术路径为利用天然气重整制氢。截至 2021 年 3 月已累计销售 37 台，提供了超过 4000Nm^3/h 的制氢能力[①]。同步开展固体氧化物电解设备（SOEC）研发及推广，预计将来可再生能源发电成本下降后有望追平 LNG 制取蓝氢的成本。

② 氢气储运

在运输环节，氢的载体选择是核心问题。在采用高压长管拖车运输的同时，多家日本企业分别开展了甲基环己烷（MCH）、液氢、合成氨及甲醇化路线的探索。考虑到每种载体均存在着不同的技术挑战，目前尚未确定各种载体的长期经济性，因此，日本在现阶段鼓励并支持相关企

① 资料来源：大阪燃气株式会社，《面向碳中性的氢应用搭配》。

业继续开展深入研究，在评估氢的载体时，不仅要考虑加氢和脱氢的成本，还需要结合运输（国际运输）和配送（国内运输）成本进行综合评估。千代田公司的有机液体储氢（LOHC）运输技术，能够在常温常压下实现氢（以MCH形式）的高密度远程储运，2020年已实现文莱到日本的运输验证，并开始构建以日本需求为核心，由中东、东南亚、澳大利亚和美洲进行能源供应的全球氢运输路线。LOHC运输方式被认为是较易实现商业化，可支撑氢能产业快速发展，加快建设“氢社会”的有效方式。在配套设备方面，千代田公司目前已开发出小型MCH脱氢及氢气纯化装置①。

在液氢储运方面，川崎重工拥有较为完备的产品体系，实现了氢液化机、液氢储罐、液氢机械、液氢运输船、液氢集装箱等设备的制造，其液氢装卸基地已在神户机场岛建成，配置有直径19m、容积2500m^3（可装约177t液氢）、双层真空隔热的圆形储罐；另外，配置1250m^3液氢（约88.6t）储罐的液氢运输船已于2020年10月开始试运营，并计划到2030年实现商用。2022年2月25日，随着Suiso Frontier抵达神户港，川崎重工完成了全球首次液氢海上运输实践。随着液氢运输船的投用，预计氢气供应成本将会显著下降，氢气价格将从日本2020年试点项目中的240日元/Nm^3（约合154元人民币/kg）降至2030年的30日元/Nm^3（约合19.4元人民币/kg）②。

在管道输氢方面，松下等多家公司强调在实现碳净零排放时应灵活应用现有设施。但日本目前只确认了新铺设的中压钢管和低压PE管的安全性，尚未对能否利用现有管道输送氢气完成评估。东京燃气认为在日本未来人口减少的预期下，应最大限度利用现有的26万km燃气管道，同时在燃气领域开展去碳化③。

另外，神户钢铁在“氢运输”的大规模气化和冷热利用方面具有技

① 资料来源：千代田化工建设株式会社，《千代田对氢产业的策略介绍》。
② 资料来源：川崎重工业株式会社。
③ 资料来源：东京燃气株式会社，《对2050年能源思考的观点和应用氢的CO_2净零的挑战》。

术优势。在氢运输过程中的运输卡车充装设备方面，其压缩机 / 制冷机组得到美国认证并实现向美国出口，于 2018 年 1 月开始正式运行。

③ 加氢基础设施

日本在加氢站建设运营方面经验丰富，已形成了成熟的商业模式。2015 年以前日本加氢站建设以企业独立投资为主，如岩谷产业依托工业气体 / 燃气的核心业务，已在东京、大阪、福冈和仙台等地建设超过 18 座加氢站，丰田、本田等企业也各自开展了加氢站项目建设。

2015 年以后，日本基础设施建设以联盟为主。2015 年 2 月，丰田、岩谷产业和大阳日酸合资建立 Nimohyss 公司，主营移动式加氢站建设。据 Nimohyss 的报告，移动式加氢站的土地面积只需普通加氢站的 30%，施工时间只需要 60%，比较适合在大都市进行建设，截至目前，Nimohyss 已经在东京都和爱知县地区建立起了 6 个商业化移动式加氢站，氢气税后售价为 1200 日元 /kg（约合 74 元人民币 /kg）。[①]

2018 年 2 月，丰田、日产、本田、新日本石油（JXTG）、出光兴产、岩谷产业、东京燃气、东宝燃气、液化空气日本分公司、丰田通商、日本发展银行等 11 家公司正式合资建立 Japan H2 Mobility（以下简称 JHyM），负责日本加氢站建设运营，旨在通过企业间合作，推动加氢站的战略布局和高效运行。2021 年 5 月，随着 4 座新加氢站的建成以及 Satonenryo 公司加入，JHyM 运营的加氢站数量增加至 63 座，JHyM 的参与公司数量增加到 26 家。截至 2022 年底，日本累计建成商业加氢站 165 座，其中，JHyM 在三年内建成 59 座，已成为 NEDO 发布的氢与燃料电池战略路线图目标的主要实践者，2023 财年继续开展多座加氢站的建设[②]。JHyM 还计划在未来推动商用车加氢站和高速路加氢站建设，并推动加氢站 7 × 24h 运营，满足未来燃料电池汽车大规模发展需求。JHyM 不仅强化了车企与加氢站企业间的联合，也优化了站点配置，提高了客

---

① 资料来源：中国国际经济交流中心课题组，《中国氢能产业政策研究》。

② 资料来源：Fuel Cells Works，Japan H2 Mobility to Add Four New Hydrogen Stationstoits Network。

户加氢的便利性，对于燃料电池汽车的普及有着积极作用。

（2）氢能应用侧

相对于氢能的获取和产业技术成熟度，日本氢能应用目前正处于示范向规模化导入迈进的转型阶段。就需求端而言，降低氢供应成本，创造广泛的需求成为重点工作。丰田、本田、松下、东丽、旭化成、旭硝子、日本东洋、TKK、神户制钢、三井化学、住友理工、宇部兴产、日野、田中贵金属、日清纺等企业已在燃料电池的上游材料、中游集成和下游应用有了全方位密集布局，形成了强大的技术壁垒；日本汽车企业将应用场景拓展到铁路、公路、船舶运输等领域；常石造船、今治造船、日本邮船、商船三井、川崎汽船等造船、航运企业也参与了氢能应用研发；三菱动力、川崎重工则在氢能发电领域深度布局；JERA、IHI、丸红等企业致力于氢气合成氨，逐步推进氨混烧、氨专烧技术，并利用全球供应链进口氨。

① 燃料电池

日本率先实现了燃料电池汽车和固定式燃料电池（ENE-FARM）商业化，并且在燃料电池领域的专利数量上保持领先（2010—2022 年）。

2009 年，日本成为世界上第一个开始销售 ENE-FARM 家用燃料电池热电联供系统的国家，该系统用氢来源于城市燃气或液化石油气重整。截至 2022 年 12 月，全日本已售出 ENE-FARM 家用燃料电池热电联供系统38万套[①]，其中，大阪燃气和东京燃气合计售出占比超过70%。[②]另外，松下在 2021 年 1 月已累计生产 20 万台。固体高分子燃料电池（PEFC）系统的销售价格已从开售时的 300 多万日元降至 100 万日元以下。目前，东京燃气正在研发 80% 转化率的热电联产设备。

燃料电池零部件方面，东丽开发了用于氢气生产、运输、储存和应用的多种核心材料，在碳纸（CP）/ 气体扩散层（GDL）方面具有世界领

① 资料来源：大阪燃气株式会社。
② 资料来源：东京燃气株式会社。

先的技术水平，在日立造船的协助下，东丽参与建设山梨县米仓山 Power to Gas 示范系统，推进了日本首个兆瓦级质子交换膜电解水技术开发和实证项目。在“NEDO 电解水・绿氢制造 10kW 开发机项目”中，东丽开发的膜电极 MEA19–1，在保持低气体透过性的同时，电解水电压达到 1.71V@2A/cm^2，实现了 2020 年度 NEDO 项目 1.75V 以下 @2A/cm^2 的最终目标①。

② 交通领域应用

截至 2022 年 12 月，日本全国已有 165 座加氢站、共 8150 辆燃料电池汽车投入运营，虽然日本政府对加氢站的建设费用和运营费用提供补贴，但补贴后加氢成本依然较高，总拥有成本和加氢便利性成为阻碍燃料电池汽车进一步普及的障碍。此前，日本政府及企业重点关注乘用车领域的车辆推广与普及；未来，日本政府将在商用车领域大力推广燃料电池长途卡车的应用，并支持开发和建设大型加氢站，以配合燃料电池卡车的市场投放。

丰田作为日本燃料电池汽车领域代表性企业，自 2005 年第一台实验车研发至今，在日本、美国和欧洲已累计销售燃料电池汽车超过 12300 台，燃料电池汽车输出功率密度较 2005 年提高 50 倍，达到 5.4kW/L。2020 年 12 月上市的 Mirai Ⅱ，采用了新的储氢瓶布局，增加储氢量至 5.6kg，续航里程达到约 850km，燃料电池系统成本下降到 2015 年水平的 1/3 以下，整车产能 30000 台 /a，在日本实现总销量超 4000 台。丰田同时在开发燃料电池巴士和卡车，燃料电池巴士 SORA 已在日本运营 100 台，其中东京都运营 85 台。丰田还发布了新氢燃料电池轻卡，且对重卡的研究已进入实证阶段。本田、日野、五十铃等汽车公司也纷纷布局零碳汽车产业，开展燃料电池汽车技术研发。

③ 大规模发电

电力去碳将刺激大规模和长期的氢、氨等新燃料需求，并有望在

---

① 资料来源：东丽株式会社，《东丽为实现氢社会的努力》。

2030年前构建大规模、低成本的氢气供应链中发挥主导作用。目前，日本企业正在研究适合发电的氢载体和开发混合燃烧及氢气专烧（纯氢）的燃烧器，并将在今后使用实际设备验证燃烧的稳定性，解决技术性问题。在氢气发电领域，经济性、可再生、可靠性成为发展氢发电应用的重要因素，目前已研发出可以有效利用现有设备的氢气发电和合成氨发电两条技术路线。

氢气路线：松下已开发出可灵活设置的小型化、模块化燃料电池，可进行多模块单元组装，形成大规模发电设备①。三菱开发的固体氧化物燃料电池（SOFC）实现220kW级商用，预计2023年实现1MW级商用，能够适应LNG、副产气、沼气、氢气与合成气等多种燃料，热电综合效率达65%。同时，日本已开始进行小型装置（1MW）氢燃机（100%氢气燃料）的实机示范，并已完成大型装置（几十万千瓦级）30%氢混烧的燃烧器技术开发②。

合成氨路线：日本企业已成功开发出了合成氨混烧用的燃烧器，目前正在进行大容量的混烧试验，并计划于2021—2023年开展20%合成氨混烧率的实机示范。三菱动力研发的“H-25”燃气轮机，具有超过80%的热电联产效率，改进版可使用氨作为燃料，到2022年12月已累计运营超过630万h，实现了逾190台订单③。

④ 工业原料利用

氢冶金：在日本的工业部门中，钢铁行业的二氧化碳排放量居首位，其中高炉炼钢过程中排放量最大。为此，NEDO委托日本钢铁联盟开展了COURSE 50项目，研究钢铁行业碳减排技术，在项目中，日本钢铁联盟开发了“高炉氢气还原+CCUS”生产低碳钢的创新技术，最终实现钢铁厂碳减排30%④。

---

① 资料来源：松下株式会社。

② 资料来源：丸红株式会社。

③ 资料来源：三菱株式会社。

④ 资料来源：日本制铁株式会社，《钢铁工业中的氢利用》。

氢化工：目前，日本的石油化工行业主要以石脑油为原料，以副产气（碳氢化合物）为热源，碳排放量较大。为实现化工行业脱碳，日本政府及企业正分阶段引进新技术，从原料和燃料两个方面推进脱碳。例如，在利用氢气和二氧化碳合成甲醇时不使用化石燃料，并将甲醇作为制造烯烃（乙烯、丙烯等）的原料。

⑤ 热利用

日本企业正在结合氢的特性，开发燃烧器及锅炉等与供热有关的设备，促进氢的有效利用。例如，三浦工业开发了一种以氢气为燃料的贯流锅炉，将其安装在副产氢源附近，提高了氢的利用率。

4.1.3 氢能研发体系及关键技术情况

（1）氢能研发体系

NEDO 在支持日本氢能和燃料电池技术研究方面发挥了核心作用，主导了日本在全球范围内数十个氢能示范项目，目前，正在组织日本相关企业、大学和研究机构合作开展氢能及燃料电池领域的项目研发工作（见图 4–2、表 4–3）。

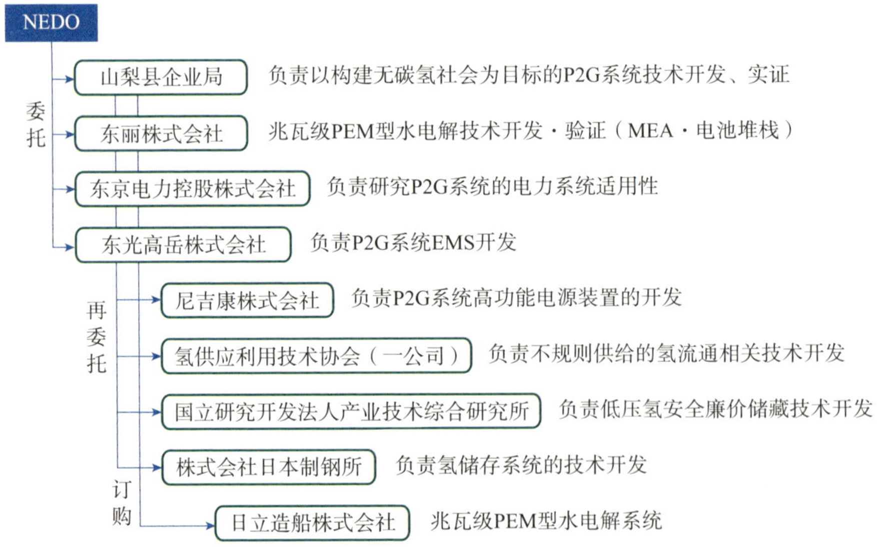

图 4–2 NEDO 氢社会构筑技术开发项目研发示范体系

表 4-3　NEDO 主导的研发项目情况

类别	期限及预算	研发项目
氢能利用等先导研发事业	期限：2014—2022 财年 2020 财年预算：15.0 亿日元	（1）电解水制氢技术的基础技术研究开发 （2）大规模氢能利用技术的研究开发 （3）超越现有技术的超高效发电通用基础研发 （4）能源载体系统调查与研究 （5）利用碳氢化合物等物质的零碳排放制氢技术调查
构建氢能社会的技术开发事业	期限：2014—2022 财年 2020 财年预算：141.2 亿日元	（1）氢能系统技术开发 （2）大规模氢能利用技术开发 （3）综合调研
超高压氢气基础设施正式普及的技术研究开发事业	期限：2018—2022 财年 2020 财年预算：30.0 亿日元	（1）国内规定合理化相关技术开发 （2）加氢站降低成本等相关技术开发 （3）国际发展、国际标准化等相关研究与开发
为扩大燃料电池应用、解决共同课题的产学研合作研究开发项目	期限：2020—2044 财年 2020 财年预算：52.5 亿日元	（1）共同课题解决型基础技术开发 （2）氢能利用等高度化尖端技术开发 （3）实现燃料电池的多用途利用的技术开发

资料来源：丸红株式会社

日本在氢能项目示范中形成了成熟的合作模式。由东丽、东京电力等企业参与的“构建无碳氢社会为目标的 P2G 系统技术开发、实证”的项目，充分发挥了日本氢能及燃料电池产业链各企业的技术优势，形成了典型的政、产、学、研、用的合作研发体系。该项目除主要受托企业参与外，还将由山梨县产业劳动部与三浦工业、松下、加地科技等能源企业，日立电力装置、荻野精机、富岳通运等氢应用示范企业，国立大学法人山梨大学、山田氢燃料电池网络协议会等单位合作，开展氢能领域自主技术研发。

（2）技术开发战略

2018 年，日本《东京宣言》表达了其参与国际氢能技术合作的信心，日本将与世界各国一道，在燃料电池汽车技术、氢存储、关键零部件、基础设施等氢相关技术方面开展合作。随后，2019 年 9 月，日本政府基于《氢能燃料电池战略路线图》制定了《氢能、燃料电池技术开发战略》，确定了三大领域的十项技术为重点开发对象（见表 4–4）。

表 4–4　重点开发技术课题

三大领域	十项技术	主要课题
燃料电池	车载用燃料电池	提高效率 延长寿命 降低成本
	固定式燃料电池	
	辅助设备、储氢罐等相关系统	延长寿命 降低成本 拓展车辆以外的用途
氢能供应链	大规模制氢	改善能源效率
	储运技术	
	氢能发电	氢的稳定燃烧
	加氢站	降低建设费用 降低运营费用
电解水及其他	电解水技术	提高电解效率 应对高负荷运转 应对设备启停 应对负荷变动 降低成本
	产业利用等的氢能应用	开发新技术 开展安全性评价
	非连续性的技术革新	

4.1.4　氢能示范项目及商业模式

目前 MOE 围绕区域联合型低碳氢技术和利用现有可再生能源实现低成本氢气供应两个主题，在日本主导了 10 个氢能示范项目，旨在建立氢能供应链，推进日本社会脱碳。

（1）代表性示范项目

① 宫城县富谷市低碳氢能供应链示范项目

该项目通过光伏发电制取绿氢，再利用现有物流网络，通过金属储氢的方式，进行低碳、低成本氢气运输，向当地安装在家庭和商店等处的燃料电池提供绿氢，开展就地消纳型氢能系统的示范。该项目的示范结果将为向日本东北地区及全国推广提供支持。

② 福岛氢能示范项目

日本 2016 年提出“福岛新能源社会构想”，将福岛定为未来能源示范基地，并以“扩大可再生能源导入”“构建氢社会模型”“建设智能社区”为主题，设定了 2020 年、2030 年及 2040 年的 3 个阶段性目标。2018 年 8 月 9 日，NEDO、东芝、东北电力和岩谷产业宣布在福岛建设太阳能电解水制氢装置——福岛氢能源研究站（FH2R）。FH2R 于 2020 年 3 月 7 日投运[①]，具备 200t/a 的绿氢产能，为东京奥运火炬、奥运村及奥运期间的汽车和巴士供氢，还将为福岛的工厂、公交、卡车、乘用车和无人机等提供能源。

2021 年，日本修订《福岛新能源社会概念》，扩大可再生能源和氢能在各方面的应用，并明确将分阶段推动氢能应用。在第一阶段，将开展福岛浮式海上风电示范、大规模制氢示范、氢储运技术示范、建设相马市与新地町智慧社区示范；第二阶段将形成氢能社会示范模式[②]。

（2）商业模式

国家层面，日本氢能产业采取技术输出和氢能进口为主的商业模式，

① 资料来源：日本经济产业省。

② 资料来源：《福岛新能源社会概念》。

为此积极推动技术创新，加快专利布局，抢占国际标准，深挖氢能产业护城河，为技术、标准和产品的输出奠定基础；推动福岛等地开展氢能实证项目，形成典型应用模式，并向国内外推广，带动日本产品、技术、标准的输出；同时，日本积极开展国际合作，与资源型国家建立贸易关系，将日本技术与当地化石能源和可再生能源结合，生产低碳氢并销往日本本土，构建国际氢能贸易价值链。

企业层面，日本 JHyM 运营模式是典型的闭环基础设施建设运营商业模式，JHyM 加盟公司包括：金融企业（丰田通商、日本发展银行），提供贷款和社会投资，负责 JHyM 的融资项目，辅助运营日本各地的加氢站；能源与基础设施建设企业（JXTG、出光兴产、岩谷、东京燃气、东宝燃气、液化空气日本分公司），负责加氢站建设和运营；汽车制造商（丰田、日产、本田），向 JHyM 成员提出加氢站建设和运营的委托，推广燃料电池汽车。联盟内企业构成了基础设施需求、投资、建设、运营、氢源供给和燃料电池汽车运营的完整闭环，使得 JHyM 具备加氢站建设优势，JHyM 也因此有机会参与氢能相关的制度修订和标准制定。

4.1.5 氢能产业相关标准情况

《东京宣言》也表达了日本参与国际氢能法规、规范和标准方面的信心，目前，日本正积极参与全球氢能产业的协调工作，推动有利于自身的相关法规、规范和标准制定，形成了系统全面的涉氢高压储氢瓶、阀门、仪表、管件等的安全检测检验方法和标准体系，已有多项燃料电池汽车方面的标准被联合国采用，如在 2013 年 7 月，联合国宣布采用日本制定的燃料电池汽车安全标准。截至 2022 年 12 月，日本氢能及燃料电池汽车领域现行标准为 82 项。

（1）法律基础与标准战略

在政府的支持下，日本已在氢能应用领域建立了先进、完整的标准体系，制定了《高压气体保安法》《消防法》《建筑基准法》《加氢站安全检查标准》《危害预防规程》等法律和标准。其中,《高压气体保安法》不仅适用于燃料电池汽车方面的高压储氢系统,还适用于加氢站建设,已成为氢能安全应用标准和规范的制定依据。

为了抢占国际标准高地,2006年,日本出台"国际标准战略",以制定国际标准为国策,力争国际标准化活动能力达到欧美国家同等水平,国际标准提案数量翻一番,承担ISO、IEC秘书处工作数量达到欧美主要发达国家水平。在《2050碳中和绿色增长战略》中,日本再次强调氢基础设施和加注的标准要国际化。

(2)专业机构

日本标准专职机构和专业研究机构是加快标准和检测认证体系建设的重要单位,也是实现日本氢能标准战略的重要抓手。政府以投资或与企业合作等多种方式成立专业研究机构,建立实验场所,为标准制定和相关产品检测认证提供支撑,完善了日本标准制定和检测认证体系。

日本工业标准调查会(Japanese Industrial Standards Committee,JISC)是负责日本标准化的管理机构,在制定标准方面发挥着核心作用,JISC 1952年加入ISO,1953年加入IEC,与ISO和IEC合作不断深化,仅2017年JISC监委会就在国际标准方面提出了96项新建议。

福冈氢能测试研究中心由福冈市政府投资建设,建有完善的测试实验室,包括高压储氢阀门耐久性测试、加氢高压软管低温循环测试、O型圈疲劳测试、加氢站储氢容器破坏性测试等测试实验室和抗爆试验仓。该中心既研究测试试验的方法,还提供设备及材料安全性能测试认证服务。

日本自动车研究所是由政府与汽车企业各出资50%建设和运行的日本车用氢能安全研究机构,建有世界上第一座可进行燃料电池汽车(FCEV)、电动汽车(EV)、内燃机汽车火灾爆炸评价测试的大型试验仓,还建有高压氢气试验设备、液压试验设备和液化氢试验设备等。该研究所开展了容量为260L的70MPa储氢瓶破坏性试验、燃料电池汽车整车火烧试验、氢气泄漏火灾爆炸试验、高压氢系统设备破坏性测试、容器阀门等的循环寿命和耐久性试验、高压氢安全加注程序研究，以及燃料电池汽车、电动汽车和汽油车安全性对比研究等，为支撑日本车用氢能安全利用做出了重要贡献。

4.1.6 氢能技术及产业国际交流合作情况

日本作为最早布局氢能产业的国家之一，从国际产业组织、标准组织、企业合作等多方面积极参与国际交流合作，不断强化国际合作对氢能发展的重要作用，在构建氢贸易网络的同时，推动氢能技术和标准的输出。

（1）参与国际组织，利用国际协调机制

日本充分运用IEA、国际能效合作伙伴关系组织（IPEEC）、IRENA、G20、G7等框架下的协调机制，参与全球氢能技术、标准和贸易合作，同时还参与《巴黎协定》、海洋环境保护委员会（MEPC）和《东京宣言》框架下的国际协调。日本在MEPC协调框架下，将本国的液氢动力船、燃料电池船、氨动力船等技术和方案加入GHG减排战略；在《东京宣言》协调框架下，日本与欧盟委员会能源总局（DG ENER）和美国能源部（DOE）共同开展氢能研究、开发、实证、推广等方面的合作。

（2）开展资源外交，推动国际氢能贸易

从海外市场获得低价[①]、低碳的氢能是日本实现氢能社会的关键，为此，日本与国际企业在氢能供应链建设方面展开广泛合作（见表4–5）。

① 日本—澳大利亚褐煤制氢国际供应链项目

2018年4月，在日本和澳大利亚政府的支持下，以川崎重工、岩谷产业、丸红、电源开发（J–Power）、JXTG等为代表的日本企业与澳大利亚企业AGL在维多利亚州建设褐煤气化制氢工厂，计划将氢气液化后通过液氢运输船运至日本。该示范项目主要探讨褐煤制氢、氢气提纯、液

① 日本能源经济研究所的研究显示日本在APEC经济体中的制氢成本最高。

表 4–5　日本氢能领域开展国际合作的情况

化石燃料制氢、运输	可再生能源制氢、运输	氢能供应链、基础设施建设
日本—澳大利亚褐煤制氢国际供应链项目（液氢）	阿联酋可再生能源制氢项目	洛杉矶港氢能利用项目
日本—文莱国际氢能供应链项目（甲基环己烷）	马来西亚水电站弃电制氢项目	新加坡氢能需求开拓项目
日本—澳大利亚氨供应链项目	新西兰绿氨项目	美国、荷兰、新加坡氢能发电项目
日本—沙特蓝氨供应链项目	新西兰地热制氢项目	美国加州加氢站项目
挪威氢能供应链项目	美国犹他州可再生能源制氢、储氢项目	
	加拿大燃料氨项目	

资料来源：丸红株式会社

氢制造、液氢运输船、液氢装卸基地以及氢能供应链的商业化等课题，还将就近开展碳捕集与封存，减少碳排放。项目总成本为 4.96 亿美元，于 2022 年 2 月 25 日首次完成从澳大利亚维多利亚州到日本神户的液氢运输实证，计划 2030 年实现商业化运作。

② 日本—文莱国际氢运输示范项目

2017 年 7 月，千代田、三井、三菱和日本裕森在 NEDO 的支持下，成立了“先进的氢能链技术开发协会”（PREST）。PREST 与文莱合作，利用文莱天然气液化厂的副产气进行重整制氢，应用千代田开发的 Spera 氢技术，将甲苯加氢生成液态甲基环己烷（MCH），通过海运将其在标准温度和压力下储运到日本，随后进行脱氢，分解成原来的甲苯和氢，氢气作为燃料用于热电厂示范项目，甲苯则返回文莱，重复加氢和运输的循环。该试点项目投资 1 亿美元，于 2019 年 12 月正式启动，并于 2020 年 2 月 20 日成功将 4.7t 氢运至日本[①]。

① 资料来源：氢云链，https：//mp.weixin.qq.com/s/B_yDhBXM49Ew0uUfl2t16Q。

③ 日本—沙特蓝氨供应链项目

2020 年 8 月至 2020 年 11 月，沙特阿美、沙特工业基础公司（SABIC）和日本能源经济研究所进行了蓝氨供应链示范，在沙特制取蓝氨，并将制氨排放的二氧化碳收集后用于强化采油（EOR）（20t）和合成甲醇（30t），将制取的 40t 蓝氨运往日本，供应给氨燃烧试验设施。该示范已成为沙特和日本合作的材料循环经济的典型案例。同年 9 月，沙特 KAUST、日本东北大学和 NEDO 开始了氢和氨燃料的研发工作。

④ 日本—中国氢能企业合作

在中国大力发展氢能产业之际，日本企业积极进入中国市场，形成了以技术输出为主的企业层面合作，如日本丸红与浙江巨化、日本东芝与摩氢科技、丰田与亿华通等合作，扩大了日本企业对中国氢能产业的影响力。其中，丰田通过开放大量燃料电池相关专利，开展燃料电池技术的合作与推广，并向张家口等地提供燃料电池汽车，在冬奥会期间成功完成示范运营。

（3）成立主导组织，构建国际价值链

日本氢能协会（Japan Hydrogen Association）由丰田汽车、岩谷产业、三井住友金融集团、新日石、川崎重工、神户制钢、三井、关西电力和东芝等诸多日本公司发起成立，并由丰田汽车、岩谷产业和三井住友金融集团担任秘书职务。截至 2022 年 12 月，日本氢能协会已经有超 330 家会员单位，将与现有的企业和组织合作，努力构建氢能价值链，以促进氢能行业的供应链和全球伙伴关系的形成。

神户 / 关西地区氢利用委员会由岩谷产业、大林组、川崎重工、关西电力、神户钢铁、壳牌日本、丸红、三菱动力和新日石等共同成立，旨在制定 2030 年氢大规模商业化路径和 2025 年氢应用商业化示范的具体方案。该委员会将推动构建大规模氢供应链，整合供需，研究关西地区氢应用的商业模式，为关西地区氢应用模式的社会实施制定路线图，明确社会实践中的问题，向国家和地方提出政策建议。

另外，日本伊藤忠商事（东京都港区）、宇部兴产（东京都港区）、川崎汽船（东京都千代田区）等23家国内外企业和机构于2021年6月11日宣布成立联盟，将以实现国际海事组织的脱碳为目标，推动氨用作船用燃料，并将参与国际合作，开发氨燃料船舶和构建氨燃料国际供应链。

4.1.7　总结

日本作为全球氢能及燃料电池技术和产业最发达的国家之一，在国家政策、产业研发、商业模式、标准等方面形成了支持氢能产业发展的完整体系，在实证中扩大了示范规模，提升了企业技术水平，构建了国家—企业—地方的合作机制，形成了政策有支撑、资金有支持、人才有保证、机制有保障的协调发展局面；同时，日本充分发挥在国际组织中的主导地位优势，积极开展国际合作交流，推动日本技术成为国际标准，推动日本产品向全球输出；日本还通过建立全球氢能供应链、成立基础设施建设联盟、组建投资产业促进联盟等形式解决了国内氢源短缺、产业发展初期规模小、示范开展缓慢等问题，形成了具有国际参考价值的发展模式。

4.2　韩国氢能技术与产业发展

随着韩国“绿色新政”的实施，氢能已成为韩国调整能源结构、促进产业发展、带动经济增长的重要部分，氢经济已被韩国列为三大创新增长战略之一，氢能应用也被视为韩国实现2050年碳中和目标的重要手段，在政策支持下，氢能及燃料电池技术在韩国能源和交通领域有了长足发展（见图4–3）。

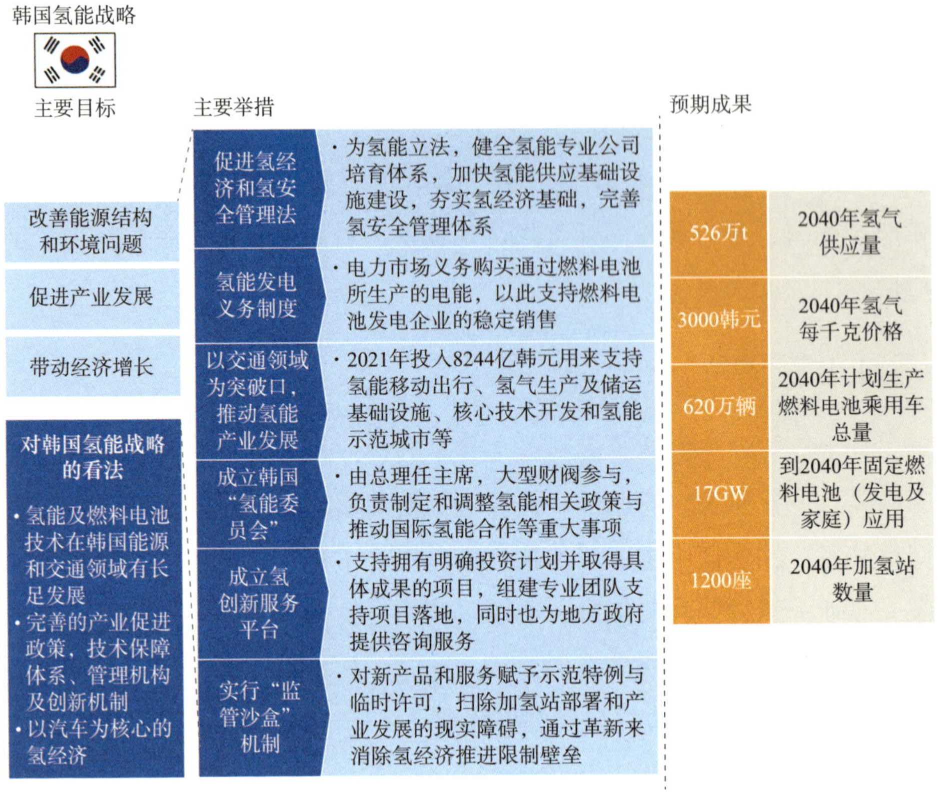

图 4-3　韩国氢能战略

4.2.1　氢能发展战略与相关政策

（1）政策基础

韩国《促进新能源和可再生能源开发、应用和普及法》定义了氢能在内的 11 种新能源和可再生能源，为氢能发展提供了法律依据。2008 年 8 月，韩国政府制订了《国家能源基本规划》，指出新能源和可再生能源的比重将在 2030 年达到 11%，同年 9 月，韩国政府推出绿色增长的第一个详细行动计划《绿色能源产业发展战略》，确定了优先发展光伏、风能、高效照明、电力 IT、燃料电池、清洁燃料、高效煤炭 IGCC、CCS 和储能等九大重点领域和热泵、小型热电联产、核能、节能型建筑、绿色汽车和超导等 6 个阶段性增长领域，以绿色技术和清洁能源创造新的增长动力和就业机会。为加快培养燃料电池产业，韩国于2012年制定《氢燃料电池产业发展方案》，在原有“100万户绿色之家”项目中增加燃料电池示范应用。2017年12月发布《可再生能源3020实施方案》，明确将培育燃料电池等分布式电力能源产业，计划到2030年可再生能源发电量占比达到20%，可再生能源装机容量累计达到63.8GW。2018年8月，韩国政府将氢能产业确定为战略投资领域，计划未来五年投入2.5万亿韩元，并于9月成立了氢能经济推进委员会，着手制定《氢经济发展路线图》。

（2）《氢经济发展路线图》及配套政策

2019年1月韩国发布《氢经济发展路线图》（以下简称《路线图》），明确了不同阶段氢能发展目标，其中，2018—2022年为氢能立法、技术研发和基础设施投资准备期，2022—2030年为氢能推广发展期，2030—2040年为氢能社会打造期。《路线图》作为《第三个能源基本计划》内能源转型的中长期政策之一，将加快推进韩国能源转型（见表4-6）。

在《路线图》的指导下，2019年10月，韩国国土交通部宣布氢能试点城市推广战略，同时MOTIE等多个部委联合发布了《2030未来汽车产业发展战略》，对包括无人驾驶、电动汽车、燃料电池汽车在内的未来汽车产业发展方向做出规划，加快了韩国氢能及燃料电池示范进程。韩国政府于2019年12月发布《氢气安全综合管理办法》，将氢生产—储运—应用环节安全管理体系提升到国际水平，提高加氢站、生产基地、燃料电池发电站三大核心设施管理水平。2020年1月出台《促进氢经济和氢安全管理法》（以下简称《氢法》），确立了低压氢气设备及氢燃料使用设施安全管理的法律基础，并建立“氢经济委员会”和氢经济实施评估体系。《氢法》在2021年2月正式实施，并于2022年6月进行修订，引入“氢能发电义务制度”（Hydrogen Energy Portfolio Standard，HPS）和“清洁氢气认证制度”。《氢法》将促进韩国健全氢能企业培育体系，加快氢能供应基础设施建设，夯实氢经济基础，完善氢安全管理体系。

表 4-6 《氢经济发展路线图》主要目标

<table>
<tr><th colspan="3">类别</th><th>2018 年</th><th>2022 年</th><th>2040 年</th></tr>
<tr><td rowspan="7">移动出行</td><td rowspan="5">氢能汽车</td><td>合计</td><td>0.18 万辆</td><td>8.1 万辆</td><td>620 万辆以上</td></tr>
<tr><td>乘用车</td><td>0.18 万辆</td><td>7.9 万辆</td><td>590 万辆</td></tr>
<tr><td>出租车</td><td>—</td><td>—</td><td>12 万辆</td></tr>
<tr><td>客车</td><td>2 辆</td><td>2000 辆</td><td>6 万辆</td></tr>
<tr><td>卡车</td><td>—</td><td>—</td><td>12 万辆</td></tr>
<tr><td colspan="2">加氢站</td><td>14 座</td><td>310 座</td><td>1200 座以上</td></tr>
<tr><td colspan="2">火车、船舶、无人机</td><td colspan="3">通过研发和示范促进 2030 年前实现商业化和对外出口</td></tr>
<tr><td rowspan="3">能源</td><td rowspan="2">燃料电池</td><td>发电应用</td><td>307.6MW</td><td>1.5GW</td><td>15GW 以上</td></tr>
<tr><td>家庭、建筑应用</td><td>7MW</td><td>50MW</td><td>2.1GW 以上</td></tr>
<tr><td colspan="2">氢燃气轮机</td><td colspan="3">到 2030 年完成技术开发，到 2035 年左右开始商用发电</td></tr>
<tr><td rowspan="2">供应与价格</td><td colspan="2">氢气供应量（=需求量）</td><td>13 万 t/a</td><td>47 万 t/a</td><td>超过 526 万 t/a</td></tr>
<tr><td colspan="2">氢气价格</td><td>—
（政策价格）</td><td>6000 韩元 /kg
（初始市场价格）</td><td>3000 韩元 /kg</td></tr>
</table>

资料来源：相关部门联合，《氢经济发展路线图》，2019 年 1 月

注：以上有关燃料电池汽车的目标是指包含韩国国内销售和出口的产量。

2020 年 6 月 14 日，MOTIE 宣布建立氢经济发展基金，用于与氢供应和应用有关的工业领域。2020 年 12 月《第五次可再生能源基本规划（2020—2034 年）》发布，重申了氢在韩国未来能源系统中的地位，制定了 2050 年实现碳中和的目标，增加了建立氢电系统、提高系统稳定性和推动氢生态体系建设等内容。为进一步推动以燃料电池汽车为主的示范应用，韩国 2021 年 2 月发布了《第四次环保汽车基本计划（2021—2025 年）》，计划到 2025 年在韩国累计推广燃料电池乘用车 20 万辆、客车 4600 辆、卡车 900 辆，同时计划建设 450 座加氢站；2030 年计划将燃料电池汽车保有量提升至 85 万辆，并建设 660 座加氢站。

4.2.2　氢能产业发展现状及趋势

氢能应用成为韩国能源转型、实现碳中和的重要手段，是降低能源对外依存度，创造经济增长新动力的有效方式。经过燃料电池汽车示范、绿色城市建设示范，韩国在现代汽车、SK、浦项制铁等企业引领下，氢能技术、产业等快速发展。

（1）氢能产业定位

为改善能源结构和环境问题，韩国政府提出了向低碳高效能源结构过渡的政策，氢能因此成为韩国能源转型、实现2030年碳减排37%的重要载体。韩国自2005年开始持续扩大燃料电池装机规模，截至2022年12月，已累计装机859MW；韩国政府宣布从2022年开始施行“氢能发电义务制度”（Hydrogen Energy Portfolio Standard，HPS），要求电力市场义务购买通过燃料电池所生产的电能，以此支持燃料电池发电企业的稳定销售；在氢能产业未来发展方面，韩国将培育氢气生产、储运、应用的全产业链生态，支持加氢站、燃料电池汽车和燃料电池的供应，加强氢气安全管理。

（2）以汽车为核心的氢经济

交通是韩国氢能产业发展的重要领域，韩国基于世界领先的燃料电池汽车技术和汽车产业基础推动氢能产业发展，设定了2040年燃料电池汽车累计产量达到620万辆的目标。韩国政府还于2022年计划投入1.3万亿韩元（相比2021年增加约60%）用来支持氢能移动出行、氢气生产及储运基础设施、核心技术开发和氢能示范城市等。

燃料电池汽车市场方面，在韩国政府政策支持下，截止到2022年12月，韩国现代汽车已成为世界最大的燃料电池乘用车企业，目前韩国现代汽车旗下燃料电池汽车NEXO已取得中国准入许可，并于2022年上市；2020年现代汽车正式推出全球首款量产燃料电池重卡XCIENT Fuel Cell，截至2022年12月共向瑞士出口47辆，累计行驶里程突破

500万km，现代汽车计划到2025年出口1600辆，并进一步向德国、荷兰等多个欧洲国家拓展燃料电池重卡市场。现代汽车还计划投资德国加氢站运营商H2 Mobility网络，以支持燃料电池汽车相关的基础设施建设，稳定燃料电池汽车在德国的市场占有率。燃料电池汽车产业合作方面，2018年6月，现代和奥迪签署了一项多年期专利交叉许可协议，涵盖范围广泛的燃料电池汽车零部件和技术，旨在利用两家公司在燃料电池技术方面的集体研发能力，提升各自在燃料电池汽车市场的地位。现代汽车计划到2030年前向燃料电池汽车生产设施及相关研发活动投资7.6万亿韩元，新建两座工厂，生产50万辆燃料电池汽车和70万套燃料电池系统，其中20万套系统将出售给其他汽车制造商。目前，现代汽车正在积极研发燃料电池技术，以降低车辆的总体成本，实现经济性和市场推广；积极参与电动房车赛事等全球活动以提升品牌知名度。

（3）大企业主导的产业链

韩国氢经济正以大型企业为核心快速发展（见表4–7），在韩国召开的氢经济委员会第三次会议中，包括现代汽车在内的主要大型企业发布了到2030年在氢经济领域总投资43万亿韩元的计划。各大企业依托已有基础逐步向相关领域扩展，氢能从生产到储运、交通、发电等全领域形成了无法由一个特定公司垄断的产业结构，现代汽车、SK、浦项制铁和晓星于2021年9月建立四方对话机制，并将牵头成立韩国“氢能委员会”[①]，进一步加强引导社会在氢能领域投资。在氢能跨洋运输方面，现代重工（HHI）和海洋工程公司（KSOE）已取得BV船级社的原则认可，以设计氨运输船和氨燃料船，三星重工（SHI）取得了挪威船级社的原则认可证书，用于氨燃料大型油轮的基本设计。

---

① 资料来源：《现代汽车等四家韩企将组建氢能企业对话机制》，韩联社，2021年6月10日。

表 4–7　韩国主要大型企业氢能领域投资计划

企业名称	产业链位置	计划投资	产业链延伸计划及目标
现代汽车集团	整车	燃料电池汽车生产设备及研发等方面投资 11.1 万亿韩元	通过现代制铁、现代 Rotem、现代 Glovis 等公司向氢能生产、运输及其他应用等氢能价值链领域进行扩张
SK 集团	制氢	全产业链总共投资 18.5 万亿韩元	依托炼油领域积累，向氢气生产、流通到储存和应用的全产业链发展；截至 2023 年，建立年产 3 万 t 的世界上最大规模液态氢工厂，确保到 2025 年拥有年产 28 万 t 氢气的能力，并在其加油站业务的基础上，建立 100 座加氢站
浦项制铁集团	应用	总投资 10 万亿韩元	到 2050 年实现氢气年产 500 万 t，并开发氢还原炼钢工艺
韩华集团	制氢（绿氢生产）	在绿氢生产等方面投资 1.3 万亿韩元	收购全球燃气轮机企业，掌握氢气混烧发电技术，并与发电企业进行合作，利用 80MW 级燃气轮机对氢气混烧发电进行示范验证
晓星集团	氢能基础设施	总投资 1.2 万亿韩元	截至 2023 年建立年产 13000t 的液态氢工厂，并建设 120 座加氢站
现代石油银行等中小企业、中型骨干企业	家用燃料电池和绿氢研发	总投资 1.2 万亿韩元	计划截至 2025 年实现年产蓝氢 10 万 t，到 2030 年建设加氢站 180 座等，持续扩大氢能事业，将炼油事业比重减少至 40%

资料来源：现代汽车集团

韩国正在以示范为基础推动氢能向全领域应用发展，大企业在其中起到行业引领作用。基础设施方面，2021 年 2 月，现代汽车、液化空气韩国公司、韩国地域暖房公社、现代石油银行、SK 能源、Caltex、S–OIL、SK 燃气、E1 等 9 家企业共同成立了合资企业“KOHYGEN”，该合资企业正在进行 10 座燃料电池商用车加氢站建设，计划到 2025 年将建设加氢站 35 座以上。燃料电池汽车方面，韩国已在 2021 年试运行基础上，从 2022 年第二季度开始正式批量生产燃料电池重卡，此外，现代汽车正携手多家合作伙伴共同开发，将燃料电池系统拓展应用于叉车、中大型挖掘机、轨道交通、船舶、城市空中出行（UAM）等更多领域。截至 2022 年 12 月，韩国已累计投运加氢站 149 座，燃料电池汽车保有量超过 29369 辆（其中燃料电池巴士 108 辆），车站比已达到 197∶1，加氢站配套建设相对滞后。韩国政府正在逐步扩大氢能在交通领域示范规模，建立安山、蔚山、完州和全州 4 个示范城市，同时在制氢领域向可再生能源制氢方向发展，推动了海上风电制氢项目。在电力方面，据韩国产业通商资源部统计，截至 2022 年，韩国国内累计推广燃料电池供电系统 859MW，较 2021 年增加了 110MW（见图 4–4）。相比 2020 年，2021 年和 2022 年增速均有所放缓。从地域分布来看，京畿道和仁川市占比较高，合计占比超过 55%；从市场格局方面，斗山市场占比达到 55%，布鲁姆 SK 紧随其后。

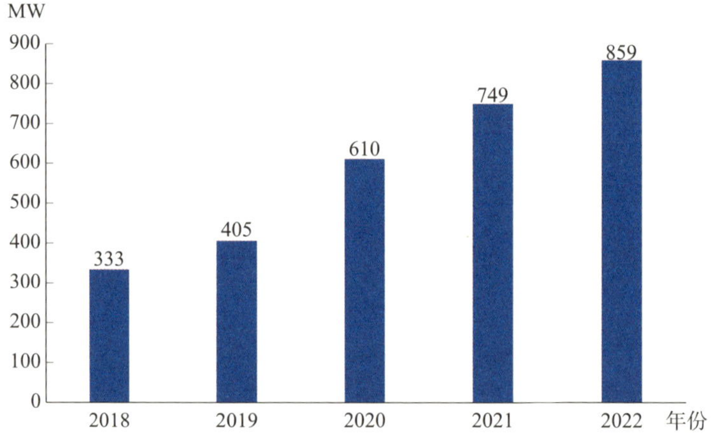

图 4–4　韩国累计推广燃料电池供电系统装机量

资料来源：中国产业发展促进会氢能分会（HEIPA）

4.2.3　氢能研发体系及关键技术情况

韩国氢能产业形成了 MOTIE 主导、企业参与的研发体系，在 2003 年韩国决定大力发展氢能产业之时，现代汽车、SK 等企业就是积极参与者。现阶段，MOTIE 将加强短期研发（通过降低发电成本、商业化、示范验证等实现早期推广）和长期研发（通过开发前瞻技术和多领域融合来增强全球竞争力），并通过将设施认证简化为韩国工业标准（KS）和以市场友好的方式修订相关法规来减轻业务部门的负担。MOTIE 制定了在氢获取、氢储存和氢应用方面的技术研发方向，并牵头推动破解电解水制氢及储运过程中的高成本难题。

在燃料电池汽车技术方面，现代汽车作为韩国汽车产业的代表，拥有燃料电池汽车全产业链自主技术，已成为韩国对外竞争的核心力量。现代汽车 1997 年开始研发燃料电池汽车技术，2006 年推出了自主研发的第一代燃料电池汽车，并配套生产了 30 辆 SUV 和 4 辆巴士；2013 年，现代汽车推出了全球首款量产的燃料电池汽车 ix35，远销全球 18 个国家，目前，现代汽车的燃料电池巴士已实现量产，该巴士搭载 180kW 级燃料电池系统，装备 5 个储氢罐，可储存 34kg 氢气，续航里程达 500km 以上；2018 年初推出新款燃料电池汽车 NEXO，配置的三个小型储氢罐，储氢 3.99kg/56L，采用了缓冲碰撞装置及可长时间承受火焰的特殊涂覆技术，经过了 12000 次的 86.5MPa 氢压力循环测试，具备百公里加速 9.2 秒、−30℃启动和 CLTC−P 工况下 596km 续航的能力。现代汽车将继续通过加强研发来提高燃料电池汽车的性能，进一步推动燃料电池小型化和低成本化，从而巩固其在燃料电池技术方面的领导地位。

制氢方面，韩国重点推动绿氢应用，通过引入碳认证体系，将认证对象从太阳能组件扩展到风电和燃料电池，并审查可再生能源配额制（RPS）竞标的附加点，同时还推进了氢能领域新民营牌照和工程技术人员资格制度。

4.2.4　氢能示范项目及商业模式

（1）示范项目

2019 年 12 月 29 日韩国国土交通部宣布，将安山、蔚山、完州和全州选为“氢能经济示范城市”，并推动制定“氢城市法”，在示范城市将建立氢能示范区，推动燃料电池公交、有轨电车等氢能交通枢纽建设，进行绿氢生产示范验证，并推进燃料电池发电系统在公共住宅和公共机关的应用，示范城市已于2020年开始正式建设。

在蔚山示范城市建设中，该地区的石化工厂在2021年1月已实现通过管道输送副产氢，为现代汽车研发的1MW燃料电池发电系统项目供氢，每年可生产约8000MW·h的电力，按照每户每月使用量300kW·h的标准，可向约2200户家庭供电。2021年4月蔚山地区建成了韩国第一座私营加氢站，未来还将建设大容量加氢站，并推进相关设备国产化。晓星和林德合作的液氢项目于2021年6月21日开工建设，并预计在2023年投产，可实现年产13000t液氢。

（2）政府推动的商业模式

以消费者为导向的供应和普及。MOTIE将采用和推广以消费者参与为基础的商业模式（例如与居民合作的生态友好型能源城镇），通过公众参与氢能消费，增加新能源/可再生能源的使用，还将由私营公司提供从设施安装到保修的服务。

推动产业海外扩张。MOTIE除了在“新能源和可再生能源金融支持项目”（2014年为1034亿韩元）下协助国内商业活动外，还将为寻求海外扩张的中小企业提供支持，协助筹集资金。MOTIE同时还将为有前景的企业制定市场发展战略，并通过与其他政府和国际组织的合作不断探索海外扩张机会。

4.2.5 氢能产业相关标准情况

（1）氢经济社会标准领先战略

作为全球首个实现燃料电池汽车商业化的国家，2007年，韩国决定与中国和日本共同应对氢能国际标准竞争[①]，并于2016年开始关注临氢材料和高压储氢瓶的相关标准研究工作[②]。为摆脱氢标准落后于德国、美国和日本的情况，实现标准领先，2018年韩国国家技术标准院举办了首届氢经济标准论坛，明确了振兴氢经济所需的标准路线、国际化战略和促

① 资料来源：《韩、中、日联合应对国际标准》，http：//www.motie.go.kr。
② 资料来源：国际标准协会国家标准协调办公室，《2016十大标准化战略趋势》，2016年4月1日。

进商业化的目标[①]，为氢标准路线图出台奠定了基础。会议成立了专家组，计划针对氢能先进国家领先的领域（如电解水制氢、液态和固态储氢技术）制定应对措施，并制定战略以确保能够引领氢纯化和加氢站等领域的国际标准。

韩国国家技术标准院还主导建立了与美国、欧洲、日本等氢经济发达区域的氢能标准合作体系，未来将在加氢站、燃料电池等应用领域以安全为重点制定国际标准。建立国际合作体系是推动韩国实现《氢经济标准化战略路线图》的重要措施[②]。

（2）氢能产业发展标准路线图

2019 年 4 月韩国发布《氢经济标准化战略路线图》（以下简称《标准路线图》），旨在到 2030 年抢占 15 项以上氢领域的国际标准，在《标准路线图》的指导和国家技术标准院的管理下，韩国氢标准、认证和技术性贸易壁垒工作得到有效的协调和融合。截至 2022 年 12 月底，韩国氢能及燃料电池领域国家标准有 27 项，其中 4 项为技术标准，12 项采用 ISO 标准，2 项采用 IEC 标准。

4.2.6 氢能技术及产业国际交流合作情况

确定氢经济发展战略之后，韩国更加积极地参与全球氢能领域合作。现代汽车作为韩国代表型企业，活跃于国际氢能舞台，担任“国际氢能委员会”（Hydrogen Council）指导委员，正积极推动全球氢能产业大规模商业化，成为韩国与欧美、中国及中东氢能产业技术合作的重要桥梁。现代汽车与欧洲多家企业合作以扩大燃料电池应用，如与英力士集团合作，将基于现代汽车燃料电池技术和英力士化学技术，构筑氢能生产、储运、燃料电池汽车开发、燃料电池系统应用的综合氢能价值链。现代汽车还与美国能源部在 2020 年 2 月签署了谅解备忘录（MOU），旨在推

---

① 资料来源：《实现氢经济社会标准领先》，http：//www.motie.go.kr。

② 资料来源：《加强与美国、欧洲、日本等氢经济发达国家的国际化合作》，http：//www.motie.go.kr/motie/ne/presse/press2/bbs/bbsView.do?bbs_cd_n=81&bbs_seq_n=161802。

进燃料电池技术创新和扩大全球氢能技术合作，将燃料电池汽车和加氢站运营的实证分析数据与学界、政府、企业等共享，为燃料电池汽车应用从加利福尼亚州向美国全境推广奠定基础。

中国也是韩国最重要的燃料电池汽车海外市场之一，未来发展潜力得到了现代汽车等企业的重视。目前，现代汽车通过与中国地方政府积极合作，已初步完成了在中国的燃料电池汽车产业布局，形成了北京乘用车、四川资阳卡车和广州燃料电池系统的制造体系布局，除向中国市场提供燃料电池整车外，未来还将向中国客户提供燃料电池系统。

另外，在2019年6月沙特政府官员访韩期间，现代汽车与沙特阿美签署了以氢能及碳纤维材料开发合作为主要内容的谅解备忘录，计划推动韩国和沙特的燃料电池汽车普及，开发更安全、更轻量化的储氢瓶，提高燃料电池汽车的产品竞争力。

4.2.7 管理机构与机制创新

韩国在国务总理主导下多次召开氢经济委员会会议，形成了韩国氢能领域最高领导机构，明确了氢能产业发展管理机制，成为韩国氢能发展的重要推动力。

成立氢经济委员会。2020年7月1日，韩国成立“氢经济委员会”。该委员会是韩国氢经济最高管理机构，由总理任主席，相关部委的部长和相关领域专家共11人担任委员，负责制定和调整氢能相关政策与推动国际氢能合作等重大事项。

建立“新·可再生能源服务平台”。为推动新能源和可再生能源应用普及，在《促进新能源和可再生能源开发、应用和普及法》基础上，由韩国能源署牵头建立“新·可再生能源信息服务平台”[①]，负责新能源和可再生能源技术及项目的支持、管理、认证、普及、统计、培训和国际合作等，并由其下设的可再生能源产业办公室具体负责燃料电池产业基础

① 资料来源：韩国能源署，http：//www.kemco.or.kr。

设施建设和氢能产业政策研究等工作。

成立氢能创新服务平台。为培育氢能企业，支持企业氢产业投资计划，政府主导在氢产业促进机构（H2 Korea）内设立“氢能创新服务平台”[①]。主要支持拥有明确投资计划并取得具体成果的项目，组建专业团队支持项目落地，推动法规改革和制度建立（标准、认证等），同时也为地方政府提供咨询服务。该平台还成立了“专业氢能企业技术与管理支持小组”，支持企业的技术转让、产品认证和产品性能测试，提供战略制定和会计咨询等服务，并利用氢工业综合信息系统，通过市场开拓和专业技术人员的匹配，促进氢能企业创新能力的提升。

实行“监管沙盒”机制。监管沙盒是指对新产品和服务赋予示范特例与临时许可，使其从现有制度的限制中得到免除或放宽的制度。[②]例如，2019 年，MOTIE 将“市中心加氢站”选定为第 1 号监管沙盒，根据现行法令，加氢站必须符合《国土计划法》《土地补偿法》《高压气体安全管理法》等十余项法律和法规，才可在首尔市中心建设，而在监管沙盒针对建立加氢站的示范特例规定下，在市中心建立加氢站变得更加容易。

2020 年 10 月，“综合型加氢站”和“燃料电池有轨电车”被选定为示范特例。综合型加氢站不同于只满足轿车、客车等燃料电池汽车加氢需求的现有加氢站，还可为使用氢气的多种氢能交通工具（包括氢能汽车、氢能列车、氢能无人机等）进行加氢。将加氢站间隔距离限制、只允许燃料电池汽车加氢、不允许给包括燃料电池有轨电车在内的其他建设机械加氢等在《高压气体安全管理法》中的诸多不合理的限制列入法规特例，扫除了加氢站部署和终端加氢的现实障碍。这种监管沙盒体现了韩国政府通过革新来消除氢经济推进限制壁垒，积极支持氢能生态系统建设的决心。

---

① 资料来源：产业部设立氢能创新服务台，密切支持氢能投资企业。http：//www.motie.go.kr.

② 资料来源：韩国贸易、工业和能源部。

4.2.8 总结

韩国依托现代汽车集团等大企业集团形成了氢能产业从能源供给到基础设施，再到燃料电池汽车商业运营的完整链条，并在国家氢经济战略下，通过监管沙盒等政策机制创新和大规模资金支持，破除了燃料电池汽车示范阻碍，形成了具有代表性的示范城市。国际方面，韩国通过与中国、美国、中东等国家和地区加强合作来推动燃料电池汽车推广，针对绿氢、液氢、国际供应链等产业链不足的短板，引入国外企业参与国内产业发展，推动基础设施完善，并通过加快抢占国际标准高地，增加国际氢能领域话语权。

4.3 亚洲其他地区氢能技术与产业发展

亚洲部分地区的经济发展和工业化水平较低，在能源安全和碳减排方面面临的压力相对较小，氢能产业发展主要采取跟随策略，产业发展相对缓慢。随着国际标准、技术专利和产业布局日渐完善，这些地区正采取与国际企业合作的方式推动本国氢能产业发展。

4.3.1 印度

印度重视氢能产业发展，积极推动氢能技术研究和产业布局，正在通过参与国际合作推动自主技术研发和产业发展。

（1）氢能发展战略与相关政策

印度于 2003 年 10 月成立了国家氢能源委员会，指导氢能产业发展，于 2006 发布《国家氢能路线图》，明确了 2020 年发展愿景，将发展氢能作为保持经济增长，确保能源安全的重要手段，也提出了政策、立法、融资和基础设施建设的目标，确定了氢能技术的研究、开发和示范方案，并明确了引入氢能产业、加快商业化、促进氢能基础设施建设的途径。该路线图为印度 2020 年启动氢经济第一阶段发展奠定了基础。

为延续氢能发展战略，2020 年 2 月，印度财政部表示 2020 财年将进一步加大对可再生能源领域的投入，同年 6 月，印度的能源与资源研究所（The Energy and Resources Institute，TERI）发布了名为《印度制氢》的政策简报，指出印度的潜在氢能应用规模巨大，到 2050 年，氢用量将在目前 600 万 t/a 的基础上增加 3~10 倍（见表 4-8）。2020 年 12 月美国商业机构 FTI 发布的《印度绿色氢经济和政策路线图》进一步明确了印度氢能产业发展远景目标。2021 年，印度总理莫迪在印度独立 75 周年讲话上强调，将实施国家氢能计划，使印度成为全球绿氢中心和最大的氢能出口国。

表 4-8 印度氢能产业 2030 年发展目标

产业公共预算资金	2025 年达 1 亿美元，2030 年达 5 亿美元
氢能消耗量	达 1300 万 t/a，占能源消耗总量的 4%
天然气掺氢	氢气比例达 20%
氢能产业新增岗位	75000 个直接或间接岗位
燃料电池汽车及基础设施	累计推广 12000 辆重型燃料电池汽车、10 座加氢站
示范项目	10 个示范项目（货运、港口物流、工业应用、沼气制氢等）
电解槽产能	实现吉瓦级别产能
煤气化制氢	利用 10%（约 1 亿 t）的煤炭气化制氢

资料来源：FTI，《印度绿色氢经济和政策路线图》

（2）氢能产业发展现状及趋势

开展氢能基础设施建设，推动燃料电池汽车示范和建设绿氢工厂，已成为印度氢能产业发展的主要方向。目前，印度已开展了燃料电池、储氢材料和燃料电池三轮车等 22 个研发项目，并有 100 余家企业布局氢能产业，正在推动氢能全产业链发展，并在可再生能源制氢、燃料电池技术研发和氢能应用等方面确定了明确目标：研究并评估各种工艺 / 技术生产氢气的可行性；开发储氢材料 / 工艺 / 零部件 / 系统；支持政府与企业合作发展氢能基础设施；支持与氢气生产、储存和应用有关的示范项目。印度还将通过组建产业联盟的方式促进印度实现清洁能源多样化发展，印度财政部长 Nirmala Sitharaman 已在 2021—2022 年预算发布中表示，将组织信实（Reliance）、塔塔斯（Tatas）、马欣德拉斯（Mahindras）和印度石油（Indian Oil）等多家公司组建氢能产业联盟，共同发展绿氢。

燃料电池汽车技术方面，印度科学与工业研究理事会（CSIR）和 KPIT 公司开发了低温 PEM 10kWe① 燃料电池组，可在 65~75℃下工作，该电池组配套的印度第一辆燃料电池原型车于 2020 年 10 月完成试验，在典型的印度道路条件下，以 60~65km/h 的速度行驶约 250km。该燃料电池原型车还配置有 35MPa Ⅲ型高压储氢瓶，可存储约 1.75kg 氢气。另外，印度政府还在支持由 CSIR 承担的氢柴油双燃料汽车研发项目，以及由印度理工学院与 Mahindra & Mahindra 合作的两辆氢燃料内燃机公共汽车及 15 辆燃料电池三轮车项目。

氢能及燃料电池汽车示范方面，2019 年 7 月 4 日，印度德里政府与印度石油有限公司（IOCL）和 Indraprastha 天然气有限公司（IGL）开始合作建立印度首个半商用富氢压缩天然气（HCNG）站，同步开展 50 辆 CNG 公交改装成为 HCNG 公交的项目②，并实现了成功运行。2020 年 9 月，道路运输和公路部（MoRTH）已在汽车行业标准（AIS）157 中规定了燃料电池汽车的安全性和型式批准要求，同时，18% 的氢气与 CNG 混合（HCNG）已被批准为汽车燃料③。印度石油公司（IOCL）将依托氢燃料生产与供应能力，在新德里辖区内开展 15 辆燃料电池公交示范，塔塔汽车将为示范提供搭载巴拉德 70kW 燃料电池模组的燃料电池公交。2021 年 8 月 7 日，印度政府首次对燃料电池列车进行招标，计划采购两列燃料电池列车用于“索尼帕特—金德段”（89km）示范，项目还涉及建立完整的储氢设施和供应链。当前，印度铁路公司正在加快引进氢动力列车，准备为采购 35 辆绿色能源驱动的列车进行招标，这些列车的成本约为

---

① kWe 为发电机组输出的功率单位，也称电功率，此处指燃料电池组发电输出功率。
② 印度首批氢动力公交车上路，4G 元号，2019 年 7 月 5 日。
③ 印度新能源和可再生能源部 2021 年 8 月 5 日就氢能相关问题的答复。

280亿卢比（约合3.38亿美元）。

绿氢/绿氨项目方面，印度太阳能独立发电商ACME在印度拉贾斯坦邦（Rajasthan）建设的印度第一个大型绿氨商业项目，自2021年投入运营以来，持续为欧洲、美洲和亚洲等地区供应绿氢和氨。另外，2021年，ACME和Tatweer签署协议，将在杜克姆（Duqm）建设总投资额为25亿美元的绿氢和氨的工厂；IOC也宣布将在印度建造第一座绿氢工厂。未来，还将有更多国际公司在印度布局绿氢/绿氨项目。

（3）氢能产业国际交流合作情况

2020年11月，意大利能源基础设施公司Snam与印度可再生能源公司Greenko合作，支持印度氢能价值链发展。Snam还与阿达尼燃气（Adani）签署了一项协议，将依靠Snam 4 Mobility公司Cubogas的技术，在印度建立一家压缩机制造工厂，为加氢站提供压缩机，以促进氢气的大规模应用和商业化。

2021年3月，爱尔兰的绿色氢公司Fusion Fusion Green已与印度EPC承包商BGR能源系统公司签署了一项在印度开发绿氢项目的协议。两家公司已经结成新的合作伙伴，计划在泰米尔纳德邦库达洛尔区建立一个有成本竞争力的绿色氢气示范工厂，将使用其HEVO-SOLAR技术产生具有成本竞争力的绿氢，为绿氨和生物乙醇生产提供氢气。

2021年4月，印度信实和美国技术与设备供应商公司组成了印度H2联盟，旨在降低氢气生产成本，帮助印度开发蓝氢和绿氢的生产及储存技术，以及建立氢气应用产业集群和燃料电池汽车示范，促进氢技术和系统商业化，并在印度建立氢经济价值链，实现净零碳目标。该联盟将与印度政府在五个方面开展合作：制定2021—2030年的国家氢能政策和路线图；建立公私联合的国家氢气工作组；在示范阶段规划大型氢气项目；设立国家氢能基金；建设氢气生产、储存和分配项目。该联盟还将制定高压气态和低温液态形式的氢气储存和运输标准。

（4）总结

印度政策层面支持氢能技术研发和产业布局，但在过去十年中尚未取得突破性进展，氢能及燃料电池汽车整体技术水平较低，不具备国际竞争力，现阶段印度氢能产业发展以产业部署和氢供应链建设为主，并以此推动氢能领域的国际合作。印度以能源企业牵头的绿氢生产项目正在加快建设，未来在绿氢/绿氨生产方面拥有巨大潜力，将成为全球氢贸易供应链的重要参与国。

4.3.2 中东

中东地区化石能源和可再生能源资源丰富，在碳中和背景下，中东国家正由化石能源输出国向氢能输出国进行战略转型。目前，中东地区正结合欧洲、日韩等地区的氢能战略，利用自身良好的资源和物流基础条件，形成以氢源为主的全球氢能贸易枢纽，加速构建世界氢能贸易链。中东地区将以加速开发低成本蓝氢制取技术，推动绿氢标准和认证，降低绿氢成本作为未来发展重点。沙特和阿联酋等国正在积极布局氢能产业，并与德国、美国、日本和韩国在贸易、科技、示范等领域建立广泛合作。

（1）发展战略

中东地区国家尚未出台明确的氢能发展战略，但中东是以能源输出为主的地区，蓝氢和绿氢并行发展将成为沙特和阿联酋等国氢能发展的重要路径。2016年沙特《2030愿景》提出了实现经济的多元化、减少对石油依赖的目标，并于2017年开始打造完全由可再生能源供电的“新未来”智能城市——NEOM[①]，在NEOM中布局绿氢产业，加快实践《2030愿景》。阿联酋也致力于全产业链减少碳排放，计划到2030年碳排放量较2016年减少24%，并将依托资源优势开展氢能产业布局，既通过CCUS技术扩大蓝氢生产规模，也把风、光等的可再生能源制取绿氢纳入发展规划。

（2）产业发展现状

蓝氢供应能力最强。沙特和阿联酋已掌握应用CCUS技术的成熟生

---

① 资料来源：沙特致力于氢能新未来，https：//mp.weixin.qq.com/s/m4cgIm1o0YIfwzmSkRy6SQ。

产工艺，将蓝氢转化为蓝氨并实现跨洋运输方面也具备了成功经验，丰富的化石能源储量使中东地区成为蓝氢供应能力最强的地区之一。2016年，阿联酋启动了全球首个商业规模化 CCUS 钢铁厂减碳项目；2020 年9 月，沙特阿美已实现向日本出口全球第一批蓝氨，沙特阿美还计划斥资 1100 亿美元开发储量约 5.7 万亿 m^3 的天然气田用于制造蓝氢。

绿氢供应潜力巨大。中东地区低成本可再生能源以及丰富的海水资源是绿氢行业发展的坚实基础，沙特和阿联酋正在通过建设大型可再生能源电解水制氢项目实现其氢能计划。预计在海湾合作委员会国家（包括沙特和阿联酋）持续发展可再生能源的情况下，到 2050 年，海湾合作委员会国家可具备 150~210GW 的电解水制氢装机量，每年生产 1000 万~1500 万 t 氢气，除满足当地氢需求外，还将为欧洲和东亚等市场大量供应氢气。

氢能产业发展资金充足。传统化石能源发展所积累的金融储备，例如主权基金（沙特公共投资基金、阿布扎比投资局等），是推动中东氢能发展的重要资本。另外，区域内资本较为雄厚的海湾合作委员会国家已制定氢能发展目标，将在 2030 年之前投资 50 亿~250 亿美元，实现年产绿氢 1500 万~3000 万 t，并将推动远期平准化绿氢成本（LCOH）降低至 2 美元 /kg 以下，其中，投资金额的 50%~60% 将用于可再生能源发电设施建设，20%~40% 用于电解槽技术研发落地，10%~20% 用于储运环节的布局。

氢能联盟推动产业发展。2021 年 1 月 20 日，阿联酋两大主权基金——穆巴达拉投资公司和阿布扎比发展控股公司（ADQ）与阿布扎比国家石油公司（ADNOC）宣布成立国家氢能联盟，旨在将阿联酋打造成可信赖的氢出口国。ADNOC 将利用其现有产能，主导阿联酋蓝氢发展，穆巴达拉将规划绿氢产业布局，ADQ 则将整合其能源价值链上的投资公司，包括阿布扎比港口、机场、铁路，以及阿布扎比国家能源公司和阿联酋核能公司等，支持国家氢能联盟的运转。

与国际企业合作开展示范。在燃料电池汽车方面，2017 年，阿联酋迪拜道路和交通管理局与富泰姆汽车公司（Al Futtaim Motors）合作，开始试运行第一辆丰田燃料电池出租车。2019 年 3 月，阿联酋标准化和计量管理局（Emirates Authority for Standardization & Metrology，ESMA）完成了燃料电池汽车技术法规的制定，成为中东和北非第一个进行相关立法的国家，为燃料电池汽车应用铺平道路。2020 年，沙特阿美向现代汽车采购了两辆燃料电池乘用车和两辆燃料电池巴士，用于当地示范项目，推动沙特阿拉伯境内的燃料电池汽车普及。加氢站方面，2019 年 1 月 25 日，沙特阿美和空气产品公司签署协议，合作建设加氢站和成立燃料电池示范车队，目前已在位于沙特达兰技术谷创新生态圈的空气产品公司世界级技术中心内建设了加氢站，并于 2019 年第二季度投入运营，空气产品公司还将专有的 Smart Fuel® 氢燃料技术应用到示范中，为车辆提供氢气。此外，美国氢燃料公司 Power Tap 也计划与中东各国政府合作部署至少 100 座加氢站，以推动中东地区燃料电池汽车的应用。

（3）绿氢示范项目

① 沙特 Helios 绿氢工厂项目

沙特政府正在建设一座造价 50 亿美元的绿氢工厂 Helios。该工厂由空气产品公司和沙特国际电力和水务公司（ACWA Power）共同建设，将于 2025 年投入使用，为沙特《2030 愿景》计划中的超级城市 NEOM 提供能源。该项目将包括超过 4GW 太阳能和风能的电力创新集成，计划采用蒂森克虏伯（ThyssenKrupp）电解制氢技术实现日产 650t 氢气，利用空气产品公司的空气分离技术生产氮气，采用托普索公司（Haldor Topsoe）的合成氨技术实现年产 120 万 t 绿氨。随着可再生能源发电成本的下降，预计到 2030 年，Helios 的绿氢成本可降至 1.5 美元 /kg，远低于目前 5 美元 /kg 的平均成本。

② 迪拜太阳主题公园项目

2021 年 5 月，迪拜电力和水务局（DEWA）、2020 年迪拜世博会和西门子能源公司在迪拜合作的“太阳主题公园”项目实现投产，该项目是光伏与光热相结合的 5GW 太阳能绿氢工厂，是中东和北非首个太阳能驱动的绿色氢能源生产设施。该项目由迪拜酋长于 2011 年 9 月发起，由 DEWA 具体实施，是迪拜 2030 年能源发展战略的组成部分，总投资金额为 120 亿迪拉姆（约合 33 亿美元），目标是建成总发电能力 1GW 的太阳发电站，计划氢气产能为 20.5kg/h。DEWA 旨在通过该试点项目展示从太阳能制绿氢到氢气的存储和再电气化。这套系统可以为可再生能源的生产提供缓冲，既可用于需快速响应的应用，也支持长期存储，以适用未来氢能在交通或工业领域不同的应用场景。

③ 阿曼 100 万 t 绿氢项目

为了实现到 2050 年净零排放的承诺，引导阿曼向绿色经济转型，阿曼成立了阿曼能源发展公司（Energy Development Oman SAOC，EDO）的全资子公司 Hydrom。Hydrom 致力于成为全球最大的绿氢生产商之一，目标是到 2030 年生产 100 万 t 绿氢。阿曼政府已指定南部港口城市 Duqm 的两个街区和塞拉莱的另外四个街区用于开发绿氢项目。2022 年 11 月 6 日，Hydrom 进行首次公开招标，目标是在 2023 年前授予首批地块，以实现其生产目标。Hydrom 将监督项目的开发和建设，同时与阿曼经济特区和自由区公共管理局密切合作，建设道路、电网等基础设施。

（4）国际交流合作情况

沙特阿美正代表沙特成为中东氢能领域重要的引领者，2019 年 12 月，沙特阿美收购了现代石油银行 17% 的股份，进一步加强了沙特阿美和现代石油银行的贸易合作关系。2021 年 2 月，沙特阿美与现代重工业控股公司签署氢气项目合作协议，现代石油银行将从沙特阿美进口石油气，以制造蓝氢，并将生产过程中捕获和储存的二氧化碳提供给沙特阿美，用于强化采油。同时，现代石油银行也将直接从沙特阿美购买蓝氨。

2021 年 1 月，乌兹别克斯坦能源部、沙特国际电力和水务公司（ACWA Power）与美国空气产品公司签订战略框架协议，利用 ACWA Power 和空气产品的丰富经验，开展氢能和可再生能源领域的研究项目。乌兹别克斯坦拥有丰富的可再生能源资源，据中石油报道，乌兹别克斯坦的水力发电占该国发电总量的 12%，可再生能源潜力约为 510 亿 toe，其中光伏潜力相当于509.73亿toe。依托丰富的可再生资源禀赋，乌兹别克斯坦非常注重发展氢能源项目，正在筹备成立“氢能源科技创新中心”，该中心将作为氢能源领域科研、国际交流合作及人才培训的基地，计划于2023年正式挂牌。

2021年7月8日，ADNOC与日本国际石油开发帝石控股公司（Inpex）、Jera和日本国有的油气和金属开采公司（Jogmec）签署了联合研究协议，将探索在阿联酋生产蓝氨的商业潜力，目前已开始建设一家年产能约100万t的蓝氨工厂。

（5）总结

中东地区氢能及燃料电池技术落后，其传统化石能源积累的工业基础和财富是支撑中东氢能产业发展的基础，优秀的蓝氢生产能力有利于抢占全球氢供应市场，丰富的可再生能源则使发展绿氢贸易具有优势。未来，中东将有望成为欧洲、日本和韩国的主要氢源地，大量的绿氢需求也将拉动规模化太阳能发电制氢和海水淡化技术的发展，并带动相关配套产业链建设。中东开展“太阳能开发—海水淡化—电解水制氢—绿氢出口”联动模式，将有利于中东将能源资源优势转化为经济可持续发展优势，促进中东各国建设光伏、光热、储能、制氢、海水淡化工业产业链，全面提升中东地区在全球低碳氢能贸易领域的话语权。

作为“一带一路”沿线的重要区域，中东地区与中国在氢能领域的合作有着广阔的前景。中东地区拥有丰富的风力、太阳能等可再生能源资源，在可再生能源开发和“绿氢”制取方面有着得天独厚的优势。2022年12月8日，中国国家主席习近平在对利雅得进行国事访问期间表示，沙特阿拉伯和中国签署了关于氢能和鼓励两国直接投资的谅解备忘录。作为石油输出国组织第三大产油国的阿联酋正全面布局氢能产业，积极推进能源低碳转型，积极发展可再生能源制氢，加速氢能的生产及出口。中国拥有全球最大的电解水设备产能，凭借制造优势和成本优势，国内企业应抢抓中阿氢能产业合作全面深化重要契机，推动中国电解槽设备、质子交换膜、氢能储运设备等相关设备和工程服务的出口。

第 5 章　其他地区氢能技术与产业发展

5.1　澳大利亚氢能技术与产业发展

澳大利亚作为传统的资源大国，拥有丰富的化石能源储备，且以风能、太阳能为主的可再生能源条件也位居世界前列。随着全球清洁能源替代的迅速推进，澳大利亚开始积极布局以出口为导向的氢能产业。澳大利亚发展氢能具备众多优势条件，丰富的氢能资源为其提供了强力的市场竞争筹码；拥有完善可靠的能源供应与出口链条，且具备良好稳定的国际关系与能源出口信用；相比于其他潜在的氢能出口国，澳大利亚和亚太氢能发展较快的国家距离较近，拥有出口区位优势；同时还拥有强大的制氢技术储备保证高效低成本的氢能供应。澳大利亚将利用自身资源禀赋优势，配合技术创新和政策引导，推动氢经济发展。

5.1.1　氢能发展战略与相关政策

（1）氢能发展具有国家战略级地位

澳大利亚政府理事会（Council of Australian Government，COAG）能源委员会通过了氢战略小组制定的《澳大利亚国家氢战略》，将氢能发展上升到国家战略层面，旨在建立清洁、创新、安全的氢能产业，并通过降低污染和成本使澳大利亚氢能具备出口优势。《澳大利亚国家氢能战略》确定了 15 个大发展目标，57 项具体行动，力争在 2030 年将澳大利亚打造为亚洲前三的氢能出口基地，同时在氢安全、氢经济以及氢认证方面走在全球前列，成为有国际影响力的氢能出口国。

《澳大利亚国家氢战略》通过分析澳大利亚在氢制备、储存及运输、应用等价值链上的主要技术、产业优势、发展现状及存在的障碍，提出了以国家协调、增加产能、满足本地需求为主题的 57 项联合行动，行动涵盖加强监管、开展国际合作、技术创新及研发、培训职业技能、创造就业岗位以及提升社会认知六个方面内容，涉及氢能出口、运输、工业使用、输氢管网、新型电力及储能系统、氢安全、先进技术开发及环境影响等多个领域。

按照战略发展目标设定，澳大利亚氢能项目规模到 2025 年和 2030 年将分别达到 100~300MW 和 500~1000MW，到 2050 年氢能产业将创造 1.7 万个工作岗位，产值达到 260 亿美元（约合 1777 亿元人民币）。

（2）工业与研究部门总体布局

2018 年，澳大利亚联邦科学与工业研究组织（Commonwealth Scientific and Industrial Research Organisation，CSIRO）推出国家氢能发展路线图作为整个国家的氢能工业发展的蓝图。同时作为研究部门，CSIRO 还负责为氢能示范项目提供合作性技术支持，其中包括化石燃料制氢所需要的 CCS 技术以及储氢的膜分离技术。

（3）设立能源投资与融资部门

澳大利亚联邦政府注资 3.7 亿美元（约合 25 亿元人民币）设立了氢能发展基金。同时，澳大利亚可再生能源署（Australian Renewable Energy Agency，ARENA）和清洁能源金融公司（CEFC）分别为氢能示范性项目提供投资和融资，在示范性项目指标达到一定程度后便可获得资金支持。截至 2022 年 12 月，ARENA 已向氢能项目提供了 3.2 亿澳元（约合 14.6 亿元人民币）资金。

5.1.2 氢能产业发展现状及趋势

澳大利亚氢能产业目前尚处于起步阶段，企业在政府的政策与资金支持下，根据自身的业务需求开发氢能示范性商业项目，但在这种情况下，氢能的示范项目分布零散，企业之间缺乏联系，从而导致产业链在供需上存在断裂性，无法形成完整的产业链。基于现有的条件，澳大利亚氢能产业链的理想呈现模型如图 5-1 所示。

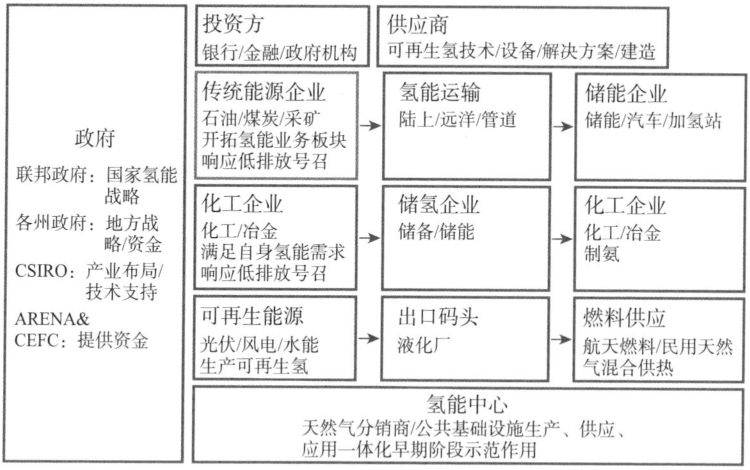

图 5-1　澳大利亚氢能产业链理想呈现模型

翻译制图：中国产业发展促进会氢能分会（HEIPA）

为响应联邦政府号召，澳大利亚的 8 个州也分别根据各自不同的能源禀赋和现有能源开发基础以及环保压力所导致的低排放诉求，确定了不同的氢能发展方向。截至 2020 年底，各州的氢能发展概况如下：

昆士兰州（QLD）：位于澳大利亚大陆东北部的昆士兰州，拥有众多用于出口贸易的良港以及完备的能源出口工业，因此旨在建立以出口为导向的大规模氢能产业群。昆士兰州拥有澳大利亚各州最多的氢能项目（14 个），多集中于格兰斯通、布里斯班等港口城市。

维多利亚州（VIC）：维多利亚州作为经济和能源基础相对发达的地区，加之由高污染的能源工业向低排放转型的迫切意愿，积极实施了以天然气脱碳和低排放为核心的可再生能源制氢策略，同时还额外提供了州政府级别的氢能投资项目。此外，维多利亚州还拥有世界上第一条氢能出口供应链示范项目（HESC）。

西澳大利亚州（WA）：西澳大利亚州拥有整个澳大利亚最好的可再生能源开发潜能，同时在天然气等传统能源开发、供应、出口上有良好的基础和丰富的经验，因此实施了以氢能生产出口、天然气网络脱碳、远程运输为主的氢能发展策略，拥有 11 个氢能项目，位列各州第二位。

南澳大利亚州（SA）：南澳大利亚州旨在发挥自身的可再生能源优势并增加氢能出口机会，在国际合作中寻求可再生氢的开发机遇，同时增加氢能供应与应用方面的设施建设，以及完善响应监管措施，拥有 4 个氢能项目。

塔斯马尼亚州（TAS）：塔斯马尼亚州拥有澳大利亚最丰富的水能与相应的能源工业，因此选择了以开发现有水能为主的可再生氢的发展方向，同时积极改善出口与民间应用的设施。截至 2020 年 8 月，塔斯马尼亚州已经获得了 23 份有关氢能项目的开发申请。

新南威尔士州（NSW）：新南威尔士州作为澳大利亚经济最为发达的州，拥有优质的能源产业基础、丰富的产业人力，因此将优先发展氢能应用领域的基础设施与研究监管机构，为澳大利亚氢能产业链提供应用领域的支持。

北领地（NT）：北领地于 2020 年 7 月发布氢战略，目前还处于前期规划的状态，但其拥有优质的可再生能源条件以及向亚太地区出口的区位优势。

首都特区（ACT）：首都特区旨在达成 2045 年完全零排放的目标，完善氢能工业监督体系，支持可再生氢在应用领域的项目。

5.1.3 氢能研发体系及关键技术情况

研发体系方面，澳大利亚于2021年开始打造“氢簇计划”[①]，投资185万澳元（约合 879 万元人民币）建设 13 个区域氢能技术集群，作为推动全国性氢集群驱动力的行动之一，将培育价值数十亿美元具有全球竞争力的制氢产业。由澳大利亚国家能源资源局（National Energy Resources Australia，NERA）牵头的国家集群将为澳大利亚的氢技术和专业知识打造全球知名和公认品牌，推动氢产业链的发展，减少重复建设，助力新型氢技术的开发、推动商业化发展。NERA 将利用全国各州和地区政府的一系列资金承诺以及行业金融支持，建设覆盖澳大利亚各州和地区的区域性氢能技术集群。

---

① 资料来源：https：//www.nera.org.au/regional-hydrogen-technology-clusters。

氢能技术方面，澳大利亚氢能战略的一个关键要素是创建氢能枢纽——大规模氢气需求产业集群（见图 5-2）。这些设施覆盖港口、城市及偏远地区，将为氢能产业提供扩大规模的市场空间。氢能枢纽将提升基础设施的成本效益，从规模经济中提高效率并加速创新，同时从各领域耦合中实现协同效应。在运输、工业和天然气管道网络中应用氢能，并将氢能技术以提高可靠性的方式整合到澳大利亚电力系统中，打造氢能社会试点（见表 5-1）。

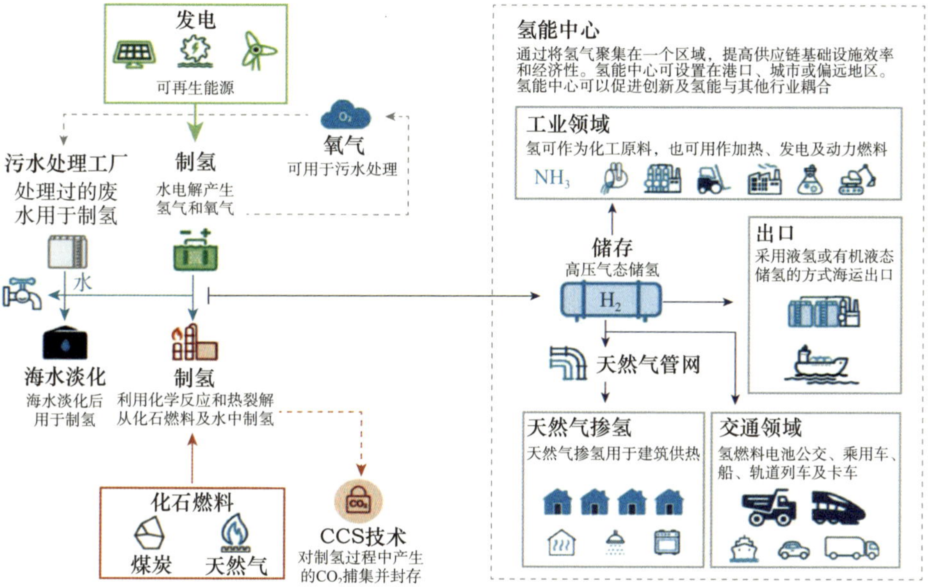

图 5-2　澳大利亚氢能枢纽技术示意图

翻译制图：中国产业发展促进会氢能分会（HEIPA）

表 5-1　澳大利亚氢能技术发展规划（乐观场景下）

技术类型	2020—2025 年	2025—2030 年
技术投资	在主流氢能技术投资中，企业投资份额将超过政府	政府激励措施将从资金支持逐步过渡到市场机制
项目规模	全国制氢项目总计达到 100~300MW 规模	全国制氢项目总计达到 500~1000MW 规模
成本竞争力	氢能技术逐步突破，同时产业规模扩大推动产业链成本快速下降	大部分氢应用中，氢与替代燃料相比具有成本竞争力

续表

技术类型	2020—2025 年	2025—2030 年
出口	投资氢供应链基础设施，达成出口协定	澳大利亚将作为全球氢的主要供应商，在技术创新方面处于领先地位，并具有成本优势
化工原料	工业用氢企业以绿氢替代灰氢，绿氢化工示范规模大于 10MW	由于技术的重大进步，绿氢成本大幅降低，主要化工企业均升级设施以应用绿氢
电网储能	应用并网电解水制氢装置进行负载平衡、并网和辅助服务的试验	并网电解水制氢装置用于提供电力系统支持服务，进行应用氢能的季节性储能试验
采矿和离网制氢	在离网发电中，氢气正在与大规模可再生能源一起进行试验，以取代柴油	离网电力系统将大规模采用可再生能源，氢气作为负载平衡和季节性储能
重型运输	燃料电池重型车辆的研究、开发和示范进展顺利，开始重型运输项目示范，正在解决车辆可用性问题	重型燃料电池车辆应用于多个领域
乘用车	主要氢能应用中心部署加氢站等基础设施，为燃料电池乘用车应用提供服务	在主要中心和公路上广泛部署加氢站，为燃料电池乘用车应用提供服务
氢气管网	城市和部分地区开展掺氢示范，探索在天然气网络中输送氢气	已建成或大规模实施天然气管网掺氢
炼钢	正在进行氢冶炼技术的研究和开发，使该工艺朝着经济和技术可行性的方向发展	炼钢成为氢的主要应用，所有炼钢新设施都使用氢冶炼技术

资料来源：澳大利亚氢能战略

5.1.4 氢能示范项目及商业模式

澳大利亚主要绿氢项目见表 5-2。

表 5-2 澳大利亚主要绿氢项目统计

项目名称	地点	供电	开发商	应用	产量	计划建成时间
西部绿色能源中心（28GW）	澳大利亚西南部	50GW 风能和太阳能	洲际能源和 CWP Global 等财团	在国内和出口市场销售	350 万 t 绿氢 /a（2000 万 t 绿氨 /a）	投资成本 700 亿美元，预计 2028 年建成

续表

项目名称	地点	供电	开发商	应用	产量	计划建成时间
亚洲可再生能源中心（14GW）	西澳大利亚州，皮尔巴拉	6GW 的陆上风电，10GW 太阳能光伏，为 14GW 的电解槽供电	洲际能源、CWP Energy Asia、维斯塔斯、麦格理	以绿氢和绿氨形式出口到亚洲国家	175 万 t 绿氢 /a（将生产 990 万 t 绿氨 /a）	计划投资 360 亿美元，2027—2028 年建成
HyEnergy 零碳氢（8GW）	西澳大利亚州，加斯科因地区	风能和太阳能	Province Resources	绿氢和氨，用于重型运输、工业、天然气掺氢，出口到亚洲市场	—	2030 年
默奇森（Murchison）可再生氢能项目（5GW）	西澳大利亚州，皮尔巴拉	陆上风电和太阳能	澳大利亚氢能可再生能源公司和哥本哈根基础设施合作伙伴（CIP）	为运输燃料提供氢；天然气掺氢；大规模扩张阶段将生产氢出口到亚洲	—	100 亿~120 亿美元投资成本，预计 2028 年建成
太平洋太阳能氢项目（3.6GW）	昆士兰州，卡利德	太阳能	Austrom Hydrogen、初创公司	出口日本和韩国	每年超过 20 万 t	—
格拉德斯通氢能中心项目（3GW）	昆士兰州，格拉德斯通港	可再生能源	The Hydrogen Utility（H2U）	以绿氨形式出口到日本等国家	每年约 100 万 t	预计于 2025 年开始运营
杰拉尔顿（Geraldton）项目（1.5GW）	西澳大利亚州，杰拉尔顿	陆上风电和太阳能	BP/BP Lightsource	为国内和出口市场生产绿氨	每年约 100 万 t 绿氨产量	—

5.1.5　氢能产业相关标准情况

澳大利亚政府提出，要研究全球氢能安全和氢能行业发展的相关法律和行业标准，配合战略执行，突出政策导向，消除政策重叠和政策壁垒，构建全国统一的行业标准体系。当前澳大利亚共有 11 项氢能及燃料电池相关标准（见表 5-3）。

表 5–3 澳大利亚氢能和燃料电池相关标准汇总

Australian National Standards – AS	澳大利亚国家标准 –AS
AS ISO 14687：2020 Hydrogen fuel quality – Product specification	AS ISO 14687：2020 氢燃料质量—产品规范
AS ISO/TR 15916 Basic Considerations for the Safety of Hydrogen Systems	AS ISO/TR 15916 氢气系统安全基本要素
AS 16110.1：2020（ISO 16110–1：2007，MOD）Hydrogen generators using fuel processing technologies，Part 1：Safety	AS 16110.1：2020（ISO 16110–1：2007，MOD）氢燃料发电系统技术，第 1 部分：安全
AS 16110.2：2020 Hydrogen generators using fuel processing technologies，Part 2：Test method for performance	AS 16110.2：2020 氢燃料发电系统技术，第 2 部分：性能测试方法
AS 16111：2020 Transportable gas storage devices – Hydrogen absorbed in reversible metal hydride	AS 16111：2020 可移动储氢装置—可逆金属氢化物储氢
AS 19880.3（ISO 19880.3：2018，MOD）Gaseous hydrogen – Fueling stations，Part 3：Valves	AS 19880.3（ISO 19880.3：2018，MOD）气态氢—加氢站，第 3 部分：阀门
AS ISO 19881：2020 Gaseous hydrogen – Land vehicle fuel containers	AS ISO 19881：2020 气态氢—陆地车辆燃料容器
SA TS 19883：2020（ISO/TS 19883：2017，MOD）Safety of pressure swing adsorption systems for hydrogen separation and purification	SA TS 19883：2020（ISO/TS 19883：2017，MOD）用于氢气分离纯化的变压吸附系统的安全性
AS 22734：2020（ISO 22734：2019，MOD）Hydrogen generators using water electrolysis Industrial，commercial and residential applications	AS 22734：2020（ISO 22734：2019，MOD）工业、商业、住宅用电解水制氢设备
AS 26142：2020（ISO 21642：2010 Ed 1. MOD）Hydrogen detection apparatus – Stationary applications	AS 26142：2020（ISO 21642：2010 Ed 1. MOD）氢探测装置—固定装置

5.1.6 氢能技术及产业国际交流合作情况

澳大利亚 CSIRO 于 2021 年 7 月发布 500 万澳元（约合 2378 万元人民币）的氢研究、开发和示范国际合作计划，旨在加强澳大利亚研究机构与国际领先氢研究组织之间的研究联系、合作和知识共享。同时，澳大利亚政府还与德国、新加坡和日本建立了伙伴关系，以加快开发包括氢气在内的低排放技术，推动澳大利亚的投资并创造就业机会。

国际项目合作方面，澳大利亚与日本在 2019 年启动了“氢能供应链”（HESC）合作计划：日本川崎重工与澳大利亚政府合作在维多利亚打造全球首个价值3.88亿美元（约合26.5亿元人民币）、为期4年的褐煤制氢商业试点项目，利用褐煤生产的氢气开拓国际氢气供应链，制成液氢从澳大利亚出口至日本。参与公司包括：川崎重工有限公司（KHI）、J-Power、岩谷公司（Iwatani）、壳牌日本有限公司、丸红公司（Marubeni）、JXTG Nippon Oil & Energy Corporation、澳大利亚工程公司（HEA）、住友公司和澳大利亚AGL能源公司。

澳大利亚的福特斯库未来工业（Fortescue Future Industries，FFI）已与印度电力生产商JSW Energy Limited的子公司JSW Future Energy Limited签署协议，探索印度工业和运输领域中绿色氢开发和应用。FFI和JSW Energy将就可再生能源制氢的潜在项目展开合作。它们还将探索利用绿氢在印度炼钢、氢储运、合成氨以及其他工业领域的应用潜力。

5.1.7　总结

澳大利亚以亚太地区氢能需求不断增长为前提，依托自身能源优势以及完整的能源工业、出口区位等优势，通过各级政府支持企业开发示范性商业项目的形式，努力在未来30年内建立起以氢能出口为导向的生产、供应、应用的氢能工业全产业链条。目前，澳大利亚的氢能产业处于起步阶段，政府统筹布局发展战略并积极寻求国际合作，首批示范项目即将投产，氢能产业链因参与企业与项目的多样性而呈现离散性和断裂状态，但也因此具有广阔的氢能开发市场以及丰富的国际合作机会。

5.2　非洲氢能技术与产业发展

非洲可再生能源丰富，拥有发展氢能产业的巨大潜力。由于北非地区太阳能和风能发电的综合容量系数高，是世界上能源成本最低的地区之一，目前该地区生产绿氢的成本低于2美元/kg（在大型项目中平均为2.5~4.5美元/kg）。同时，通过绿氢的应用可改善非洲的粮食和能源安全问题。鉴于非洲目前对氢的需求主要集中在工业领域，绿氢还可以在工业领域应用并实现脱碳，借此提高可再生能源的普及率。

5.2.1 摩洛哥

摩洛哥在众多非洲国家中受到了最多的关注，并被广泛认为是全球绿氢市场中最有潜力的国家之一。摩洛哥经济、社会和环境理事会（Conseil Économique，Social et Environnemental，CESE）于2020年发布的一份报告显示，到2050年该国96%的电力将来自可再生能源。而摩洛哥可再生能源产量增加，需要一种高效且环保的方案来存储多余的能源，以供离网系统运行。因此，摩洛哥可再生能源发展潜力为绿氢产业的开发提供了基础。

摩洛哥的基础设施和地理位置使其在绿氢市场上相对于其他非洲国家具有比较优势。在氢气生产方面，摩洛哥可以利用现有的基础设施更有效地生产氢气，除了通过扩大可再生能源生产绿氢外，摩洛哥还可应用沼气重整和氨制氢技术获得氢气。在地理位置方面，摩洛哥将天然气出口国阿尔及利亚与欧洲连接起来。摩洛哥还有马格里布—欧洲的天然气管道，为向欧洲国家和其他非洲国家通过管网出口氢气打下基础。

与其他非洲国家相比，摩洛哥已经进入了一个相对领先的氢能开发阶段。丰富的可再生能源、低运营成本和规模经济带来的机会使摩洛哥成为绿氢经济重要的潜在参与者。凭借世界领先的太阳能和风能资源以及相对安全的投资环境，摩洛哥有望成为绿氢的重要出口国。多数非洲国家通过非洲—欧盟能源或双边伙伴关系与欧盟建立了贸易联系，摩洛哥的氢能发展伙伴关系处于更领先的阶段。例如，摩洛哥与德国合作，于2020年在非洲开发了第一个绿氢工厂——Power to X项目，专注于绿氢生产，有望成为非洲第一个绿氢生产项目，计划在2024年至2025年期间运营；摩洛哥还与葡萄牙签署了一项关于在绿氢领域发展伙伴关系的协定；在研究方面，太阳能和新能源研究所（Institut de Recherche en Energie Solaire et Energies Nouvelles，IRESEN）和穆罕默德六世理工大学（Mohammed Ⅵ Polytechnic University，UM6P）已经建立了一个绿色氢氨园（Green H2A）平台，推动绿氢产业研究和发展；此外，摩洛哥还于2019年成立了国家氢能委员会。

在“一带一路”倡议下，中国建筑公司也正在摩洛哥建设可再生能源基础设施。基于两国多年的合作以及现有的绿色金融法规，接下来中国企业将持续加大对非洲氢能产业的投资规模。在欧盟大力帮助摩洛哥建立绿氢供应基础的同时，中摩伙伴关系可以使摩洛哥的制造业更好地完成低碳转型。

5.2.2 纳米比亚

纳米比亚位于非洲西南部地区，拥有丰富的陆上风能和太阳能资源，柴卡布国家公园是世界上五大制氢成本最低的地点之一。依托其巨大的可再生能源发电潜力，纳米比亚政府将推动纳米比亚成为非洲首个碳中和国家。为此，纳米比亚政府大力推动“绿色能源、绿色氢”项目。该项目规模约为94亿美元，相当于纳米比亚一年的GDP产值。项目将用于制备绿氢及绿氨，投产后预计绿氢产能为30万t/a。纳米比亚总统出席在格拉斯哥举行的联合国气候变化会议期间宣布，Hyphen Hydrogen Energy公司中标该绿色氢能项目40年的建设和运营权。预计项目第一阶段投资44亿美元（约合664亿纳元），将于2026年投产，第一阶段投产后将具备2GW的可再生能源发电能力，并用于制备绿氢及绿氨合成。此外，Hyphen Hydrogen Energy公司还成功中标纳米比亚Tsau/Khaeb国家公园吉瓦级绿氢生产中心项目，该项目总投资近100亿美元，将分多个阶段建设，预计达到5~6GW的可再生能源发电能力并配套3GW的电解槽，年产绿氢约35万t。项目第一阶段预计年产12.5万t绿氢，将于2025年1月开工，2026年底投产后，预计绿氨产能将达到100万t/a。

德国莱茵集团（RWEG.DE）已与纳米比亚Hyphen Hydrogen Energy公司签署《谅解备忘录》，计划每年从纳米比亚采购多达30万t绿氨。莱茵集团表示：“纳米比亚项目的目标是到2027年每年生产100万t绿氨——这是一种特别适合船舶运输的氢衍生品。”对此，莱茵集团宣布了一项位于汉堡附近 Brunsbuettel 的港口建设计划，该港口将作为纳米比亚绿氨的进口点，具备约 30 万 t/a 的氨处理能力。

另据纳米比亚《新时代报》报道，纳米比亚已启动“奥利斯绿氢村庄”（Daures Green Hydrogen Village，DGHV）试点项目，使得该国绿氢行业发展取得新的进展。该项目规模为 1.5GW，投资额为 1510 万欧元（约合 2.8 亿纳元），将主要用于绿氢和绿氨的生产。DGHV 项目建成后将是非洲第一个“净零”村庄。

在国际合作方面。2023 年 1 月 8 日，由中国能建国际集团牵头组成的联合体中标纳米比亚电力公司吕德里茨 50MW 风电 IPP 项目。该项目是中资企业首个通过公开竞标方式在纳米比亚获得的新能源投资项目，实现了两国在新能源领域合作的重要突破。该项目位于纳米比亚卡拉斯（Karas）省吕德里茨市以南约 16.5km 处，厂址规划可用占地面积约 743 公顷，主要工程内容包括 50MW 风电场及配套 132kV 变电站及送出线路。该项目采用 BOO（建设—拥有—经营）模式开展，是向投建营一体化转型发展的重要实践。该项目建成后将进一步推动纳米比亚电力供应多元化，促进当地社会经济可持续绿色发展。中国能建国际在纳米比亚远期拟建吉瓦级可再生能源项目，并配套绿氢项目。

5.2.3 博茨瓦纳

博茨瓦纳位于非洲南部地区，拥有丰富的光照资源，根据全球太阳能数据机构统计，其直接太阳辐射每年超过 3000kW·h/m²。据博茨瓦纳能源监管局统计，截至 2022 年 2 月，超过 61% 的新建项目为可再生能源发电项目。目前，在该国 600MW 的峰值电力需求中，只有 6% 为可再生能源发电。博茨瓦纳政府已承诺到 2036 年将可再生能源发电占比提高至 36%。

2021 年 11 月 12 日，Tlou Energy 和氢能技术合作伙伴 Synergen Met 宣布将在已有大型天然气设施基础上，进一步开发光伏制绿氢项目，为当地提供一系列互补的清洁和绿色发电方案。Tlou Energy 已与博茨瓦纳电力公司签署了 10MW 的购电协议（PPA），将助力博茨瓦纳从现有煤电等碳密集型电力向绿色可再生能源电力转型。该项目的制氢装置在布里斯班设计、制造和测试，于 2022 年 1 月运至 Lesedi 进行生产试验。连接 Lesedi 和现有电网的输电线路预计于 2023 年建成。

另据 2022 年 2 月 1 日太阳能贸易机构非洲太阳能工业协会统计，在博茨瓦纳和纳米比亚用于生产绿氢的可再生能源装机计划已经扩大了 4 倍，从 1GW 可再生能源装机容量扩大至 5GW，并将配套建设相应规模的制氢设施。

5.2.4 埃及

埃及位于非洲东北部，拥有丰富的可再生能源资源、强大的工业基础、发达的基础设施和市场机制，为发展绿氢产业奠定了坚实的基础。2021 年 8 月，德国西门子能源与埃及电力控股公司（EEHC）签署了一份谅解备忘录，共同在埃及开发具有出口能力的氢能产业。该备忘录建立在西门子和 EEHC 于 2021 年 1 月签署的意向书的基础上（计划投资 40 亿美元），为在埃及建立和发展长期合作关系以及扩大氢工业规模提供了基础。西门子能源与 EEHC 将共同推动埃及可再生能源制氢相关项目的投资、技术转让和实施。作为初始步骤的一部分，西门子能源和 EEHC 将开发一个试点项目，包括 100~200MW 的制氢电解槽，有助于推动早期技术部署、促进合作伙伴关系、建立和测试监管环境及认证，搭建承购关系，并构建氢能储运体系。

5.2.5 南非

南非位于撒哈拉沙漠以南地区，拥有丰富的风能和太阳能资源，为南非大力发展可再生能源、实现绿色能源转型提供了坚实的基础。据国际能源机构统计，南非合成燃料年产量可达 80 亿 L，且现有基础设施均可用于生产绿氢，有望成为未来主要的绿色氢气出口国。同时，南非拥有全球 75% 的铂族金属资源，作为电解槽和燃料电池膜电极催化剂的关键原材料，丰富的铂金属资源为南非发展氢能产业提供了有利条件，南非也将燃料电池产业列为重点发展领域。

作为非洲经济最发达的国家之一，南非也是非洲最大的碳排放国。南非政府承诺将于2025年前实现碳达峰，并在2021年至2025年期间以及2026年至2030年期间，分别实现碳排放减少至398亿~510亿t以及350亿~420亿t。基于碳达峰的承诺，2022年2月17日，南非发布了非洲地区第一份国家级氢能发展路线图——《南非氢能社会路线图》。该路线图将氢能产业作为其经济重建和恢复计划的一部分，并提出基于南非可再生资源和矿产资源，刺激当地对可再生能源制氢的需求，建立绿氢出口市场，帮助南非实现经济增长，持续创造绿色产业就业机会。

根据《南非氢能社会路线图》（见图5-3），到2050年，南非将通过提升氢气在能源体系中的占比（从灰氢向蓝氢和绿氢转型）、建设绿氢和绿氨出口市场、在工业领域能量密集型产业（采矿、水泥、钢铁、炼化）开展绿氢替代，以实现脱碳、推广燃料电池车各领域应用、打造绿色电力网络、发展燃料电池制造产业链六个方面构建零碳经济。

《南非氢能社会路线图》将氢能发展划分为3个重要阶段。2021—2024年开展小规模电解槽和绿氢生产实验；在交通领域，部署100辆氢燃料电池公交和卡车，部署20辆燃料电池叉车，建设5座加氢站；在公共建筑领域，开展氢供能试点示范，开展包括绿色航煤在内的多领域示范应用。2025—2030年，部署电解槽制氢产能11.7GW，其中10GW在北开普省，同时在建电解槽产能5GW，氢气年产量不低于50万t；在应用方面，氢燃料电池公交和卡车数量不少于500辆，开展氢燃气轮机和氨燃气轮机应用，以及氢能在交通运输领域和工业领域耦合应用，到2030年，每年创造2万个就业机会。2030—2040年，新增电解槽产能不低于15GW，氢能全面应用于交通运输、工业及电力领域，到2040年，每年创造3万个就业机会。

为确保路线图有效开展实施，南非政府制定了4个重点项目，分别为博戈巴伊经济特区项目（SEZ）、南非氢谷项目、CoalCO2-X项目以及可持续航空燃料项目（SAF）。

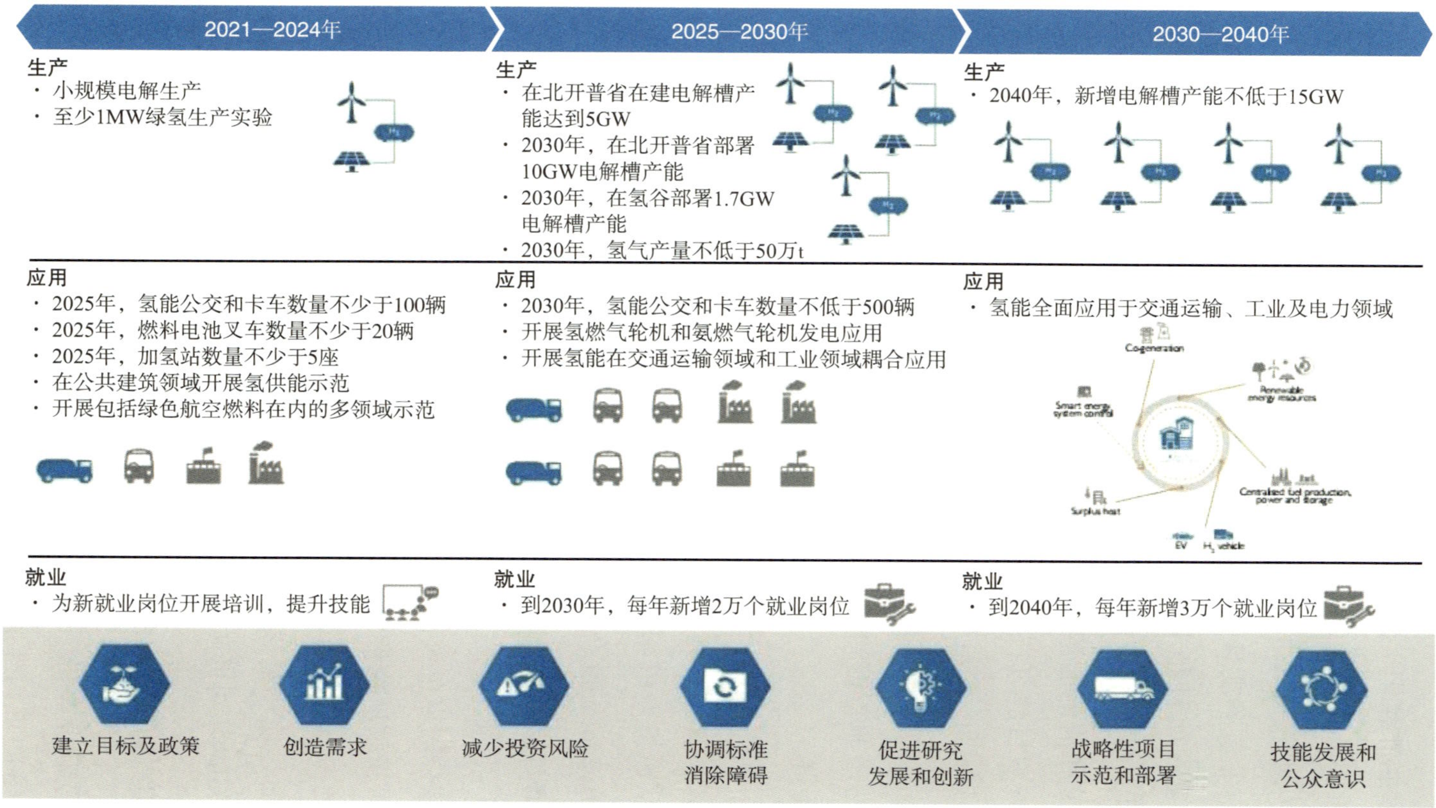

图 5-3 南非氢能社会路线图

翻译制图：中国产业发展促进会氢能分会（HEIPA）

（1）博戈巴伊经济特区项目（SEZ）

由国家能源和化学公司 Sasol 牵头的北开普省博戈巴伊经济特区绿氢项目，在毗邻港口的 6 万 hm^2（600km^2）场地建立一个 30GW 的太阳能 + 风能园区，拥有 5GW 的电解槽和绿氨生产设备。

（2）南非氢谷项目

南非氢谷项目是非洲大陆 5 大氢能项目之一，由南非科学与创新部（DSI）牵头，与能源和服务企业 ENGIE、南非国家发展研究所（SANEDI）和清洁能源解决方案提供商 Bambili Energy 展开合作，在南非开展氢谷项目的可行性研究，确定了交通运输、制造和建筑三大领域的 9 个氢能项目。项目距离英美资源集团 Mogalakwena 铂族金属矿约 835km，将南非北部林波波省的 Mokopane 附近铂矿作为起点，通过工商业走廊到达南非首都约翰内斯堡，最后连通德班，建立一个以氢能为核心的产业集群。

（3）CoalCO2-X 项目

CoalCO2-X 项目利用 Boegoebaai 公司绿色氨生产化肥产生的污染物，将污染物从燃煤发电站的烟气中剥离，并将其转化为增值产品。该项目将直接与 Boegoebaai 合作。北开普省的绿氨将沿着海岸线运往理查兹湾港，然后通过铁路运往姆普马兰加地区。在这里，绿氨将与姆普马兰加燃煤发电厂烟气中的二氧化碳混合，转化为肥料盐。根据路线图预测，Boegoebaai 公司绿色氢气总产量的 25% 将用于这一项目。

（4）可持续航空燃料项目

项目的参与者为南非最大的氨供应商 Sasol、林德以及 SAF 财团，该项目计划通过使用低碳原料来生产具有成本竞争力的可持续航空燃料，以满足 H2Global 对低碳燃料的要求。

5.2.6 阿尔及利亚

阿尔及利亚是非洲面积最大的国家，位于非洲西北部。阿尔及利亚拥有丰富的可再生能源资源。南部沙漠地区全年平均日照时长超过 2000h，单位面积辐射量北部地区可达 3kW·h/m^2，南部地区可达 5.6kW·h/m^2。风力资源分布于东南部沙漠地区和北部地中海沿岸地区，风能年发电潜力为 35TW·h。丰富的风光自然资源，为阿尔及利亚发展可再生能源产业提供了优质的资源基础。

阿尔及利亚于 2020 年公布“能源转型和氢能发展路线图”，计划到 2030 年实现氢能在能源消费结构中占比达到 10%。为了确保目标的达成，阿尔及利亚政府制订了行动计划，根据行动计划，到 2025 年，将建成一批示范项目，打通氢能产业链，实现协同发展；到 2030 年，氢气年产量达到 10 万 t，主要以蓝氢和绿氢为主，同时积极发展燃料电池整车、氢储运技术及制氢技术；到 2050 年，实现氢能在能源消费结构中占比提高至 20%。据报道，2022 年 5 月 31 日，阿尔及利亚国家石油公司的首席执行官 Toufik Hakkar 和意大利埃尼集团的首席执行官 Claudio Descalzi 在意大利签署了一份谅解备忘录，旨在加速阿尔及利亚气田的开发和通过绿色氢实现脱碳。

5.2.7　总结

非洲拥有全球 60% 的光伏资源，以及丰富的风能、地热、水能等可再生能源，资源条件得天独厚。但与丰富的资源禀赋形成鲜明对比的，是目前非洲的光伏装机容量仅占全球的 1%。因此，非洲拥有巨大的可再生能源，尤其是太阳能发展潜力，近年来已成为可再生能源大规模开发的热土。可通过可再生能源与绿氢耦合，推动非洲地区在能源、工业、化工、交通等领域实现绿色低碳转型与产业升级；同时，把握全球日益增长的绿色能源需求的发展机遇，充分发挥非洲地区绿氢生产成本低廉的优势，实现绿氢、绿氨等绿色能源向欧洲、亚洲、美国等需求旺盛市场出口，使绿色能源输出成为非洲各国经济发展新的增长点。目前非洲已规划了一批大型绿氢项目（见表 5-4），并且在燃料电池领域也已初步形成标准框架体系（见表 5-5）。

表 5-4　非洲规划中的大型绿氢项目统计

项目名称	地点	供电	开发商	应用	产量	计划建成时间
AMAN Power2X 项目	西非毛里塔尼亚北部	由 30GW 风能和太阳能供电	CWP Global	绿色钢铁、长途运输、国内外氨肥脱碳	预计绿氢产能达到 16~20GW	CWP 与毛里塔尼亚政府于 2021 年 6 月签署了谅解备忘录
Nour 项目	毛里塔尼亚	风能和太阳能供电	Chariot	绿氨出口	绿氢产能 10GW	—
Hevo 氨摩洛哥项目	摩洛哥 Jorf Lasfar、Essaouira 或 Agadir 附近	风能和太阳能供电	Consolidated Contractors Group 和 Fusion	绿氨出口	18.3 万 t/a 绿氨	项目计划在 2026 年运营
中能建埃及项目	埃及苏伊士湾 Ain Sukhna	风能和太阳能供电	中能建	合成氨等	约 14 万 t/a 绿氢	—
氢能发展行动计划	阿尔及利亚	风能和太阳能供电	阿尔及利亚国家石油公司和意大利埃尼集团	绿氢 / 蓝氢出口	10 万 t/a 绿氢及蓝氢	2030 年
SCDI 氢能项目	纳米比亚 TsorKhaib 国家公园	5GW 风能和太阳能供电	Haven 氢能公司	绿氢出口	30 万 t/a 绿氢	第一阶段：2026 年；第二阶段：2029 年

表 5-5　非洲氢能和燃料电池相关标准汇总

South African National Standards – SANS	南非国家标准 –SANS
SANS 62282-1：2013/IEC/TS 62282-1：2010 Fuel cell technologies Part 1：Terminology	SANS 62282-1：2013/IEC/TS 62282-1：2010 燃料电池技术第 1 部分：术语
SANS 62282-2：2014/IEC 62282-2：2012 Fuel cell technologies Part 2：Fuel cell modules	SANS 62282-2：2014/IEC 62282-2：2012 燃料电池技术第 2 部分：燃料电池组件
SANS 62282-3-100：2014/IEC 62282-3-100：2012 Fuel cell technologies Part 3-100：Stationary fuel cell power systems – Safety	SANS 62282-3-100：2014/IEC 62282-3-100：2012 燃料电池技术第 3-100 部分：固定式燃料电池系统—安全
SANS 62282-3-200：2016/IEC 62282-3-200：2015 Fuel cell technologies Part 3-200：Stationary fuel cell power systems – Performance	SANS 62282-3-200：2016/IEC 62282-3-200：2015 燃料电池技术第 3-200 部分：固定式燃料电池系统—性能
SANS 62282-3-201：2014/IEC 62282-3-201：2013 Fuel cell technologies Part 3-201：Stationary fuel cell power systems – Performance for small power systems	SANS 62282-3-201：2014/IEC 62282-3-201：2013 燃料电池技术第 3-201 部分：固定式燃料电池系统—小型动力系统性能
SANS 62282-3-300：2015/IEC 62282-3-300：2012 Fuel cell technologies Part 3-300：Stationary fuel cell power systems – Installation	SANS 62282-3-300：2015/IEC 62282-3-300：2012 燃料电池技术第 3-300 部分：固定式燃料电池系统—安装

续表

South African National Standards – SANS	南非国家标准 –SANS
SANS 622282–4–101：2015/IEC 62282–4–101：2014 Fuel cell technologies Part 4–101：Safety of electrically powered industrial trucks	SANS 622282–4–101：2015/IEC 62282–4–101：2014燃料电池技术第4–101部分：电动工业卡车安全性
SANS 62282–5–1：2013/IEC 62282–5–1：2012 Fuel cell technologies Part 5–1：Portable fuel cell power systems – Safety	SANS 62282–5–1：2013/IEC 62282–5–1：2012 燃料电池技术第 5–1 部分：便携式燃料电池系统—安全性
SANS 62282–6–100：2021/IEC 62282–6–100：2012 Fuel cell technologies Part 6–100 Micro fuel cell power systems – Safety	SANS 62282–6–100：2021/IEC 62282–6–100：2012燃料电池技术第6–100部分：微型燃料电池系统—安全性
SANS 62282–6–200：2013/IEC 62282–6–200：2012 Fuel cell technologies Part 6–200 Micro fuel cell power systems – Performance test methods	SANS 62282–6–200：2013/IEC 62282–6–200：2012燃料电池技术第6–200部分：微型燃料电池系统—性能测试方法
SANS 62282–6–300：2017/IEC 62282–6–300：2012 Fuel cell technologies Part 6–300：Micro fuel cell power systems – Fuel cartridge interchangeability	SANS 62282–6–300：2017/IEC 62282–6–300：2012燃料电池技术第6–300部分：微型燃料电池系统—燃料电池互换性
SANS 62282–7–1：2012/IEC 62282–7–1：2010 Fuel cell technologies Part 7–1：Single cell test methods for polymer electrolyte fuel cell（PEFC）	SANS 62282–7–1：2012/IEC 62282–7–1：2010 燃料电池技术第 7–1 部分：聚合物电解质燃料电池（PEFC）单电池测试方法
SATS 62282–7–2：2014/IEC/TS 62282–7–2：2014 Fuel cell technologies Part 7–2：Single cell test and stack performance tests for solid oxide fuel cell	SATS 62282–7–2：2014/IEC/TS 62282–7–2：2014燃料电池技术第7–2部分：固体氧化物燃料电池单电池及电堆性能测试方法

结合非洲得天独厚的可再生能源资源以及丰富的铂资源优势，积极开展中非国际合作项目，以技术输出、项目共建等方式，帮助非洲开发利用可再生能源，推动各领域绿色转型升级，实现绿氢、绿氨等绿色能源出口，开展绿色能源国际贸易，进一步加强中非绿色能源领域的全面合作，是中国企业走进非洲，充分践行中非“一带一路”合作规划的重要使命。

第6章 我国氢能技术与产业发展意见建议

氢能产业作为战略性和先导性的新兴产业，代表着未来技术变革和能源转型发展的重要方向。布局氢能产业，推动氢能应用发展是进一步落实深度脱碳，加快实现“双碳”目标的重要手段。在国家《氢能产业发展中长期规划（2021—2035年）》《新能源汽车产业发展规划（2021—2035年）》《关于加快建立健全绿色低碳循环发展经济体系的指导意见》《中华人民共和国国民经济和社会发展第十四个五年规划和2035年远景目标纲要》《2022年能源工作指导意见》等一系列顶层文件指导下，我国在可再生能源制氢、燃料电池汽车、氢储能等领域加速布局，相关技术水平快速提升，氢能已成为我国未来产业发展的重要方向。

6.1 我国氢能技术与产业发展现状

6.1.1 我国氢能产业发展总体情况

2020年4月10日公布的《中华人民共和国能源法（征求意见稿）》中，氢能被正式定义为能源，2022年3月23日由国家发改委和国家能源局联合印发的《氢能产业发展中长期规划（2021—2035年）》进一步明确了氢能和氢能产业的战略定位，开启了我国能源绿色低碳转型和未来产业升级的“氢时代”。

2022年我国可再生能源新增装机达1.52亿kW，占全国新增发电装机的76.2%，已成为我国电力新增装机的主体，其中光伏和风电占比最高，分别达到57.4%和24.7%。截至2022年12月，我国累计可再生能源装机量达到12.13亿kW，占全国发电总装机的47.3%。随着我国可再生能源发电规模的飞速扩大，供需地理位置错配问题日益凸显，可再生能源在资源侧和供应侧呈现“西富东贫，北多南少”的格局，而需求侧则与之相反。氢能以其可跨季节长时储能和利用方式灵活等优势，成为促进可再生能源消纳以及能源供应体系多元化发展的最佳选择。据中国产业发展促进会氢能分会统计，截至2022年，全国已建成和规划可再生能源制氢产能达410万t/a，2022年全年电解水制氢项目约52个，其中风电光伏一体化项目21个，占比约为40%，光伏制氢项目19个，风电制氢项目10个，水电制氢项目2个。光伏发电以其波动性相对较小、年利用时长相对较长、建设成本相对较低等优势已成为与氢能耦合的主流模式。同时，在地域方面，内蒙古以其优秀的资源禀赋获得了24个项目，以46%的占比领跑全国，成为我国氢能发展的重要组成部分。

未来10年将是我国氢能产业的“黄金发展期”，我国充分发挥政策引导作用，从政策规划、技术创新、产业链布局、资金支持、国际合作等方面全方位积极谋划，以全面创新为动力，推动我国氢能全产业链高质量发展，氢能产业发展顶层设计日渐完善，各省、市、区因地制宜，抢抓发展机遇，积极规划布局氢能产业，大力支持企业科技创新，关键材料及装备国产化不断突破，各地氢能产业规模快速提升，全国氢能发展总体形势向好。截至2022年12月，全国已有30个省级行政区域将氢能发展纳入“十四五”规划，69个地级市、县、区明确提出要发展氢能相关产业。2022年1—12月，国内各地区累计出台412项氢能相关政策。国家层面出台政策62项，各地区出台政策350项，其中，广东省、成渝地区以及北京市分别出台50项、37项以及28项政策，居全国前三位。在各地政策密集发布的同时，政策措施也向各细分领域深入，各省辖区内各级政府均因地制宜，纷纷出台了有本地特色的氢能发展规划，表现出各地区氢能产业发展的高涨热情，氢能发展进入加速阶段。目前我国各省市到2025年的氢能规划产值总额已接近万亿元，巨大市场潜力下的规模效应，将是我国氢能产业迅速发展的基础。

在政策引导下，我国氢能产业发展趋势总体向好，产业链逐步完善，与国际先进水平差距逐步缩小，国内外合作进一步加强。在产业层面，我国氢气总产量稳步增长，2022 年氢气总产量超过 3781 万 t[①]，同比增长 14.5%；氢能行业发展迅速，相关企业注册量持续增加，截至 2022 年 12 月，开业企业已达 8843 家[②]。我国氢气制备及氢能应用逐步由灰氢、蓝氢向绿氢过渡，规模不断扩大；氢能相关核心技术不断突破，自主化水平快速提升；氢能示范规模进一步扩大，应用场景更加多元化，2022 年我国氢燃料电池汽车的产销量分别为 3626 辆和 3367 辆，分别同比增长 105.4% 和 112.8%。截至 2022 年底，燃料电池汽车保有量 12682 辆[③]（见图 6–1），是仅次于韩国和美国的世界第三大氢燃料电池车市场。截至 2022 年 12 月，国内在营加氢站总量已达 245 座，建成数量累计 358 座（见图 6–2），加氢站数量占全球的 36.7%，位居全球第一[④]，我国 34 个省（区、市）中，除香港特别行政区、澳门特别行政区、台湾省和西藏自治区外，均有加氢站建成投运，其中广东、山东、江苏三省分别以累计建成加氢站 47 座、28 座、27 座位居全国前三。燃料电池领域专利数量增长呈爆发趋势，我国目前燃料电池领域的专利数量已达 60129 件[⑤]。燃料电池汽车相关标准体系日趋完善，现行各类标准 149 项，正在制定的标准 23 项[⑥]，覆盖氢能安全与管理、氢能基础设施建设与运营以及氢能“制储输用”多种场景和全产业链中的各个环节，为氢能产业的健康发展起到了引导作用。

---

① 数据来源：国家能源局。
② 数据来源：爱企查。
③ 数据来源：中国汽车工业协会。
④ 数据来源：中国产业发展促进会氢能分会统计。
⑤ 数据来源：国家知识产权局。
⑥ 数据来源：中国标准化研究院。

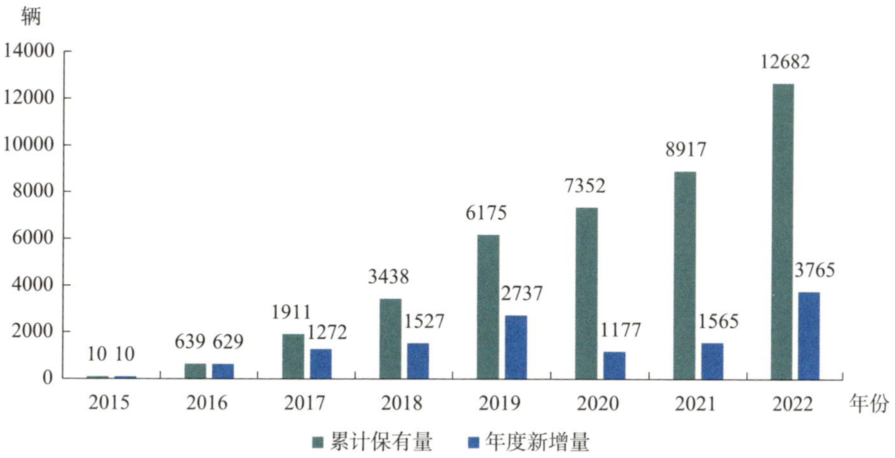

图 6-1　中国燃料电池汽车保有量统计

资料来源：根据汽车工业协会发布信息整理

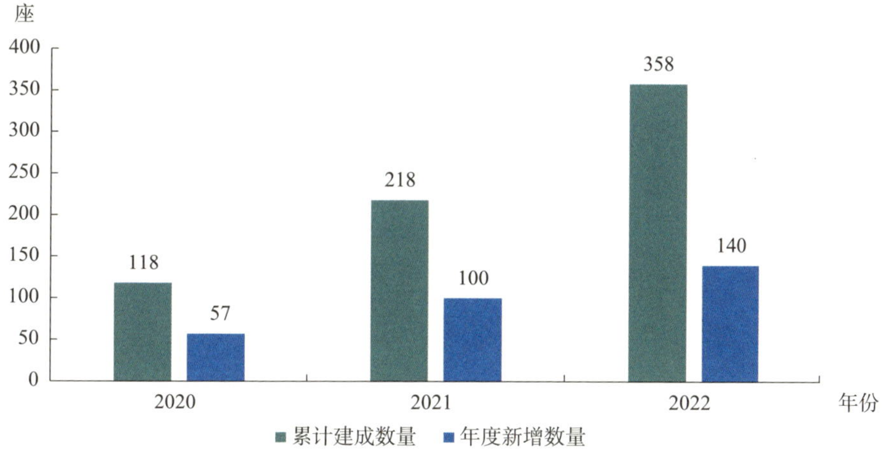

图 6-2　中国加氢站建成数量统计

资料来源：中国产业发展促进会氢能分会

综合我国氢能产业发展总体情况，2022 年，我国氢能产业在面临多重压力的背景下，依然延续了 2021 年的良好发展态势，在氢能“制储输用”产业链中各个环节的核心技术均取得了重大突破；并且随着国家顶层设计文件《氢能产业发展中长期规划（2021—2035 年）》的出台和各地方政府相关政策的快速跟进，以及京津冀、河北、河南、上海、广东五大燃料电池汽车示范城市群的正式批复，氢能产业呈现集聚发展态势，已初步形成京津冀、长三角、珠三角、山东、成渝、环武汉、内蒙古七大重点产业集群。同时，伴随我国各领域用氢需求的持续增长、氢能应用领域的不断拓展、产业链核心技术的快速突破，我国氢能全产业链进入加速发展阶段。可再生能源制氢、新型氢储运等多个领域从实验室研究阶段进入项目示范及产业落地阶段。

在我国氢能产业高速发展的同时，我们也需要看到我国氢能产业与国外相比起步迟、发展晚，各领域在关键材料、核心零部件、装备性能以及稳定性和可靠性方面依然存在核心技术不强、运营成本较高等问题。因此，加强政策引导，完善、细化氢能各领域法规及标准体系建设，因地制宜地充分发挥各地方的资源、政策和产业优势，整合各级企业、院所在各自领域的技术优势，深化地方政府和企业、院所的合作，实现氢能产业链关键领域和环节技术的加速突破、产业化和规模化的有序扩大、运营成本的持续降低是我国氢能产业未来发展的方向和趋势。同时，在氢能产业发展的过程中，应注意各领域的均衡发展。目前，我国氢能的应用研究主要集中在交通运输、电力、化工、冶金、建筑领域，在农业、医疗、建材等领域的应用研究相对薄弱。多领域协同发展有助于进一步探索和拓展氢能应用场景，为各地氢能产业发展提供新思路、新选择，促使多个行业形成产业合力，加快技术突破、扩大产业规模、降低用氢成本。

6.1.2 我国氢能产业发展优势

（1）产业基础雄厚，氢能资源丰富

在氢能产业发展方面，依托我国完整的汽车工业体系及产业链，在燃料电池相关产品制造方面，能够快速实现燃料电池汽车等终端产品研发生产。2022 年我国燃料电池系统累计装机量 506.9MW[①]，同比增长 191.7%，创下历史新高。氢燃料电池已成为各地发展氢能产业的重

① 数据来源：国金证券。

要抓手。

在氢能供给方面，氢制取传统工艺成熟，煤制氢、天然气制氢、工业副产氢提纯和碱性电解水制氢原料充足、技术成熟、成本低廉，将是推动氢能产业规模化、商业化发展的重要基础。2022 年，我国氢气年产量达 3781 万 t[①]，连续多年稳居世界产氢第一大国。目前我国仍以煤制氢为主，随着可再生能源发电成本逐渐降低以及可再生能源制氢规模不断扩大，风电制氢、光伏制氢等绿氢制造技术已得到示范验证，进入规模化建设阶段。

（2）应用场景多元，可扩展空间巨大

氢能兼具能源和原料双重属性，在通过电气化转型助力交通、建筑、能源等领域实现深度脱碳的同时，氢气作为重要的工业原料，将在冶金、化工、建材、航运和航空等难以通过电气化实现大规模减碳的领域发挥重要作用。

目前我国在燃料电池汽车、热电联产、氢冶金、绿氢化工、绿色建筑等领域已从战略规划逐步向示范应用过渡。除燃料电池汽车领域发展迅猛以外，作为我国三大“耗能大户”的建筑领域及工业领域也与氢能融合。据测算，目前利用氢燃料电池纯发电效率仅约为 50%，而通过热电联产的方式综合效率可达 85%，氢燃料电池在为建筑发电的同时，余热可回收用于供暖和热水。据估计，2050 年全球 10% 的建筑供热和 8% 的建筑供能将由氢气提供，每年可减排二氧化碳 7 亿 t[②]。此外，在绿氢化工领域，利用氢气加成二氧化碳制备甲醇，可以实现二氧化碳的循环利用。利用弃风、弃光制备绿氢可降低绿氢成本，利用 CCUS 技术可解决二氧化碳的消纳问题。在氢冶金领域，富氢高炉、氢气竖炉等绿色冶金技术也进入示范应用阶段。未来氢能将助力交通、建筑、工业等领域深度脱碳。预计到 2030 年，我国氢气年均供应量将达 4800 万 t，其中电解水制氢供应量约为 1100 万 t/a，相当于 75～100GW 电解制氢容量，占

---

①② 数据来源：国家能源局。

比约为 25%。可再生能源制氢新建投资规模将达到 3750 亿元，绿氢产能接近副产氢，蓝绿氢并行成为重要形式。

根据中国产业发展促进会氢能分会预测，到 2025 年中国氢气的年需求量将达到 4058 万 t，到 2030 年，中国氢气的年需求量将达到 4910 万 t（见图 6-3）。根据预测，到 2030 年我国氢气需求量最大的应用依然为合成氨及炼化领域，占比分别为 51.5% 及 30.5%，同时，发电领域的氢需求量也将突破 10 万 t。

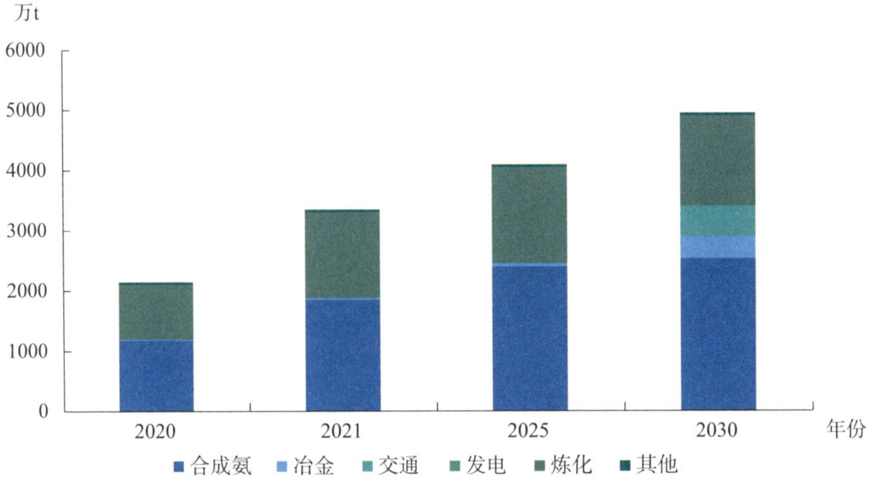

图 6-3　我国氢气需求总量情况预测

资料来源：中国产业发展促进会氢能分会统计预测

（3）传统能源企业转型，国企、民企多点发力

在中央及各地方政策的引领下，我国氢能产业发展形态呈现央国企全产业链布局带动行业发展、民营企业积极参与深耕细分领域的局面。中国石化、中国石油、国家电投等大型传统能源与装备央企积极转型，已成为氢能领域的骨干企业，重塑科技、国鸿氢能、宇通客车、隆基氢能、阳光氢能等一批优秀民营企业也在各自细分领域厚积薄发，初步展现头部效应。氢能领域企业竞争日趋激烈，产业集中度逐渐提高，产业链上下游企业合作日趋紧密。

6.1.3　我国氢能产业发展现状及面临的难题

（1）氢能领域核心设备制造能力有待加强

我国在先进制氢工艺和设备制造方面不断研究创新，在国产化等方面取得了许多突破性进展，但与国外领先技术水平相比，仍有不足：加氢站等领域关键设备或零部件多为进口；制造设备自动化、智能化水平有待加强。

① 氢制取方面

a. 碱性电解水制氢（ALK）

目前氢气的制取方式主要分为四类：化石燃料制氢、工业副产制氢、电解水制氢及以生物质制氢等其他新型制氢技术。其中电解水制氢技术作为绿氢的典型代表，近年来得到了飞速的发展。碱性电解槽由于在经济性方面的优势，现阶段在我国电解水制氢领域应用最为广泛，商业成熟度最高，发展速度最快。据不完全统计，我国以碱性电解为主，电解槽产能约 12GW（含已规划产能），主要分布在西北地区、华东地区、华北地区。制氢规模达 6GW（含已规划产能），制氢项目主要分布在西北地区、华北地区和华南地区，三区制氢规模占比超 98%①。但碱性电解槽的启动时间相对较长，停机后需要 30~60min 才能重新启动。因此，碱性电解槽与具有快速波动特性的可再生能源配合性相对较差。2022 年我国碱性电解槽的产能已超越欧洲跃居全球第一，据不完全统计，2022 年我国碱性电解槽出货量已超 700MW。与国外技术路线不同，我国碱性电解槽设计多采用高压电解槽路线，电流密度为 2500~4000A/m^2，而如蒂森克虏伯等国外电解槽制造商则采用常压路线，电流密度可达 6000~8000A/m^2，同时由于采用常压设计，国外电解槽的维修较为便利，无须复杂拆卸流程，更换便捷，国内高压电解槽在更换及维修方面较为复杂。在材料成本方面，高压电解槽无须贵金属催化剂，而常压电解槽则需使用贵金属作为催化剂，因此成本较高。总体看来，相对于国

① 数据来源：中国产业发展促进会氢能分会统计。

际先进水平，我国碱性电解槽在寿命、电流密度及维修便捷性方面存在差距。

提高碱性电解槽的电流密度、稳定性和寿命是提升国产电解槽竞争力的主要方向，降低设备单位产量体积，减少占地面积和投资成本是制造水平提升的重要方向。

b. 质子交换膜电解水制氢（PEM）

碱性电解槽存在启停响应时间长、使用高温碱液设备维护复杂、氢气输出压力低等问题，因此无法很好地与绿电耦合。在这方面，PEM 电解水制氢具有电解液无腐蚀性、占地面积小、动态响应快可快速启停的特点，是现阶段最好的与风能、太阳能这类具有间歇性且波动性相对较大的可再生能源耦合的技术路线，也便于就地消纳风电、光电这类波动性较强的可再生绿电，全过程中几乎没有碳排放。

在 PEM 电解水技术方面，我国近年来技术加速突破，大连化物所已完成 PEM 电解水装置的自主研发工作，并以技术许可的方式由上海电气、阳光电源、华电重工等企业实现量产，并在安徽六安、吉林白城等项目开始建设应用。国氢科技研发的 200Nm^3/h 兆瓦级 PEM 电解水制氢装备也已成功交付吉林长春中韩示范区可再生能源制氢加氢一体化项目，同时还将为大安风光制绿氢合成氨一体化示范项目提供总计 10000Nm^3/h 的 PEM 电解水制氢系统。随着我国催化剂、碳纸、质子交换膜、膜电极、双极板等关键材料国产化的技术突破以及产量逐步提升，国产 PEM 电解槽的成本将持续降低，根据测算，PEM 电解槽的成本有望在 2030 年从 2022 年平均 2.9 万元 /Nm^3 降低至 1.5 万元 /Nm^3（见图 6–4）。现阶段大多已落地的 PEM 电解水制氢项目设备主要还是来自 ITM、康明斯、西门子等国外品牌，究其原因，还是国内 PEM 电解水装备在能耗、效率、电流密度、稳定性等方面与国际领先水平存在差距，仍然处于跟跑阶段。

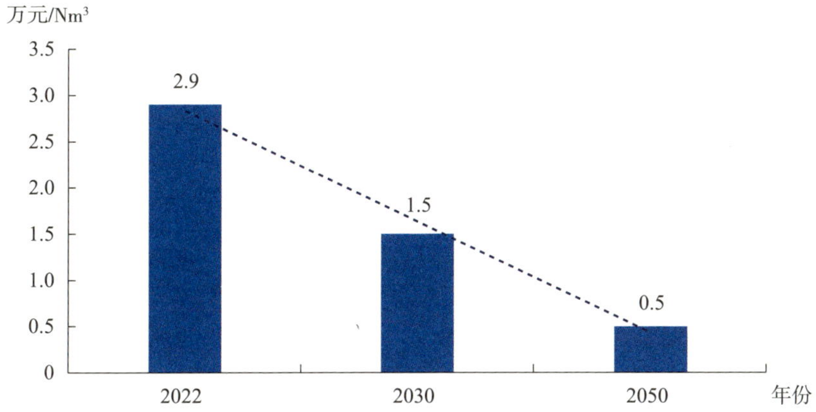

图 6–4　国产 PEM 电解槽成本预测

资料来源：中国产业发展促进会氢能分会统计预测

c. 固体氧化物电解水制氢（SOEC）

相比于碱性电解水制氢技术和 PEM 电解水制氢技术，固体氧化物电解水制氢技术在能量转化效率方面有明显的优势，固体氧化物电解槽在高温（600~1000℃）下运行，电解制氢的效率可接近 100%，SOEC 的技术特点决定了它很适合与同时提供电能和热能的一次能源耦合。固体氧化物电解槽的操作温度一般需要在 700℃以上才可以实现较高的能量效率，目前普遍采用铱稳定的氧化锆（YSZ）作为电解质材料。

在技术成熟度方面，相较于已经实现规模化应用的 ALK 和 PEM 电解槽，我国在高温固体氧化物电解槽方面，整体还处于示范验证阶段，还未实现商业化，单槽仅达到千瓦级的规模水平。同时，长期运行性能衰减问题是制约 SOEC 商业化的关键环节，造成性能衰减的主要因素是材料的衰减和运行控制两方面。因此，解决材料在高温和长期运行状态下的耐久性问题是未来的主要研究方向。

② 氢储运方面

在氢能制取、氢能储运、氢能应用三大环节中，储运环节是氢能高效利用的关键，氢储运技术作为氢能领域的关键技术之一，制约着我国氢能产业规模化发展的步伐。氢储运技术按氢气的状态分为气态储运、（低温 / 有机）液态储运及固态储运三种技术路线。目前应用最为广泛、技术成熟度最高的是气态储氢，包括车载储氢瓶、长管拖车及管道输氢；低温液态储氢还处于示范阶段，主要应用于航天和军工领域。随着国内液氢储运装备制造技术不断进步以及《液氢贮存和运输技术要求》等国家标准的出台，液氢储运正在加速向民用领域渗透；以绿色甲醇、绿氨等为代表的液态储氢技术以其可常温存储、安全性高的优势，近年来受到了广泛的关注。固态储氢方面，镁基、钛基金属氢化物储氢技术发展迅速，已进入示范性验证阶段。

安全、高效、经济的氢储运技术是氢能产业发展的必要因素，目前氢储运仍然是制约全球氢能产业发展的环节之一。在国内氢储运技术快速发展的同时，我们也需清楚地认识到与国外领先水平相比，我国在气态储氢压力等级、液态储氢核心装备、固态储氢基础研究以及各类储氢技术的运营经验等方面仍然存在差距。

③ 气态储氢

气态储氢可分为高压气态储氢及管道输氢两种模式。

高压气态储氢以储氢瓶为容器进行高压气态氢的储运，是目前应用最为广泛的储氢方式，这种储氢方式具有结构简单、充放氢速度快、能耗及成本较低的优势，但也存在体积储氢密度低、安全性能较差的问题。储氢气瓶按结构可以分为Ⅰ型金属气瓶、Ⅱ型金属内胆环向缠绕气瓶、Ⅲ型金属内胆全缠绕气瓶、Ⅳ型非金属内胆全缠绕气瓶及Ⅴ型无内胆全缠绕气瓶。随着非金属材料对金属材料的替代，气瓶的重容比不断降低，储氢密度不断升高。

现阶段国内运输的高压气态储氢以20MPa Ⅱ型瓶长管拖车为主，在欧洲和北美地区，以林德为代表的国际大型气体公司已开始大量使用30MPa Ⅱ型瓶长管拖车进行氢气陆路运输，并且研发出了压力达到7500psi（约52MPa）的长管拖车，欧洲部分地区也开始采用50MPa Ⅵ型管束式集束柜进行氢气运输。目前我国已成功研发出用于长管拖车工作压力为30MPa的Ⅱ型瓶，可有效提高单车运氢量，降低运氢成本；车载35MPa和70MPa Ⅲ型瓶已有相关示范，70MPa Ⅲ型瓶已在冬奥会上首次实现规模化应用，70MPa Ⅳ型瓶国内气瓶制造商也已经掌握了相关气瓶制造技术，并通过了相关认证。但在基础材料和制造设备方面仍然高度依赖进口。在基础材料方面，70MPa Ⅲ型气瓶的金属内胆材料已完全国产化。Ⅳ型气瓶塑料内胆材料国产化尚未取得进展，相关塑料材料的技术和制造工艺仍被帝斯曼等国际材料巨头垄断。在碳纤维方面，国内20MPa长管拖车制造商已开始大批量使用国产碳纤维进行气瓶制造，国产碳纤维的市场占比超过50%，此外，在70MPa高压储氢气瓶的研发和制造过程中，国内储氢气瓶制造商也开始批量使用国产碳纤维，初步实现了高压储氢领域国产化替代。

与此同时，在气瓶附件方面，目前20MPa长管拖车气瓶的阀门已完成国产化，并开始批量供货，70MPa高压储氢阀门目前还依赖进口。同时，在制造技术方面，国内制造商与丰田、现代等国际领先的气瓶制造商相比，技术水平依然存在差距，存在成本高、制造工艺不成熟的问题；98MPa固定储氢容器和45MPa（含以上）固定储氢瓶组性能指标基本达到国际先进水平，但尚未规模化推广。

在车载储氢气瓶方面，加快70MPa高压储氢气瓶内胆材料研发及提高国产碳纤维制造稳定性，提高产能、降低成本，提高气瓶制造技术水平，提高气瓶口部密封结构的可靠性和耐久性是我国车载储氢气瓶近期的重点研究方向。在长管拖车方面，目前我国长管拖车压力以20MPa为主，单车运氢量约为300kg，当压力提高至30MPa时，储氢量可提升约630kg[①]，当压力提高至50MPa时，长管拖车储氢量可达到900kg。因此提高长管拖车工作压力，增加单车载氢量，降低氢气运输成本是加快推动氢能产业应用端规模化发展，提升氢能与传统能源竞争力的重要方向，基于气瓶的制造成本，中国产业发展促进会氢能分会认为，将长管拖车储氢压力提升至30MPa为现阶段最具经济效应的解决方案。

---

① 数据来源：会员单位提供数据。

管道输氢作为所有氢能长距离输送方案中经济性最高的方式，近年来已成为我国的重点发展方向之一。利用现有天然气管道掺氢及新建纯氢管道输氢对我国氢储运的发展意义重大。现阶段我国管道输氢主要以利用现有天然气管道掺氢为主，同时也在同步开展纯氢管道的建设。据中国产业发展促进会氢能分会统计，截至2022年12月，我国已建成及纳入规划的输氢管网里程已达1835.61km，其中纯氢管道为1441.51km，占比为78.5%，天然气掺氢管道为394.1km，占比为21.5%。在已经运营的天然气掺氢项目中，国家电投辽宁朝阳天然气掺氢示范项目，是国内首个电解水制氢掺混天然气项目，掺氢比例为10%，主要供燃气锅炉使用，已安全运行两年以上。此外，规划在建的天然气管道掺氢项目中，掺氢比例最高的是广东海底掺氢管道项目，项目全长55km，掺氢比例为20%，设计年输氢量为40亿m^3，设计压力4MPa。在不断探索提高天然气掺氢比例的同时，在纯氢管线项目规划建设方面，全长42km的巴陵—长岭输氢管道已安全运行7年以上，年输氢量4.42万t，设计压力4MPa。2022年12月，中国石化公布的“西氢东送”管道起点位于内蒙古乌兰察布市，终点位于北京市燕山石化，管道全长超过400km①，是我国首条跨省区、大规模、长距离的纯氢输送管道，一期运力达10万t/a，并且预留50万t/a的远期提升潜力；同期披露的内蒙古乌海至呼和浩特市距离约为500km的“内蒙古氢走廊”项目是目前我国压力最高、距离最长的输氢管道。

管道输氢一次性投入大、建设周期长，不适宜在氢能产业初期大规模发展，随着氢能产业应用领域的多元化以及用氢需求量的不断提升，结合我国制氢与用氢在地域上的逆向分布特点，在氢能产业发展至一定阶段，管道输氢以其输氢成本低，可大规模、连续性输氢的特点，将成为我国氢储运体系的重要组成部分。未来加快管道输氢低成本、高强度

---

① 数据来源：中国石油化工集团有限公司。

抗氢脆材料的研发，大流量压缩机及氢气计量设备阀门、仪表的国产化以及管道运行监测等领域关键技术和制造能力的突破，是目前我国输氢管道的重点研究方向。

④ 液态储氢

低温液态储氢具有储氢密度大（液氢密度为 70.78kg/m^3，是气态氢标况下的密度 0.08342kg/m^3 的 848 倍，是 15℃下、70MPa 气态储氢的 1.8 倍）、安全性相对较高的优势，但也存在氢液化能耗大（液化 1kg 氢的能耗约为 13～17kW・h，约占氢能总能量的 30%）、容器绝热性能要求高的问题。国外液氢储运技术相对成熟，国内液氢储运技术在民用领域应用处于示范阶段。目前，我国氢液化装置、储罐、罐车均已具备自主国产化技术和产品，在多个领域取得突破。2022 年 12 月，我国首套具有自主知识产权的国产 1.5TPD 氢液化设备完成调试，这是我国首个国产、民用、合规的液氢产业化示范项目，为氢燃料电池汽车的推广、加氢站的建设以及液氢相关设备的研发提供基础支撑。在氢液化装备关键零部件方面我国也实现突破，中国航天六院 101 所成功研制出液氢产能 1.7t/d 的氢液化系统，解决了透平膨胀机、压缩机、正—仲氢转化器、控制系统等一系列关键技术问题，实现 90% 以上国产化。此外，中科富海也实现了 1.5t/d 氢液化设备的全国产化，打破了国外垄断。同时，在内蒙古自治区乌海市，我国首个民用液氢工厂也已建成投产，年产液氢量约 180t，填补了我国民用液氢的空白。在液氢储罐方面，国内液氢储罐以圆柱形储罐为主，最大储量 300m^3。

在我国液氢技术快速发展的同时，我们也应清楚地认识到我国液氢产业与美国、日本等发达国家相比仍存在较大差距。例如在产能方面，全球液氢产能已达到 485t/d，其中美国占全球产能的 67%，且其液氢工厂产能均在 5t/d 以上，其中大部分工厂产能为 10～30t/d，而我国目前液氢最大产能仅为 6t/d。在储罐规模方面，我国目前最大的在用液氢储罐容积仅为 300m^3，而美国和日本的液氢储罐容积最大分别达到 4732m^3 及

2500m³。在日蒸发率方面，美国、日本等发达国家普遍可以控制在 0.3% 以内，而我国目前仅能达到 0.5% 的水平。因此，对比美国、日本等氢液化产业发达国家，我国液氢装备技术仍然存在应用规模小（我国液氢主要应用于航天领域，在民用领域应用刚刚起步）、产能低、成本高、关键核心技术水平不强以及产品性能稳定性不足等问题。

其中，氢液化规模是决定能耗和成本的关键因素，根据测算，当氢液化能力为 2t/d 及以下时，能耗为 20kW · h/kg，当氢液化规模达到 50t/d 时，能耗可降至 10kW · h/kg 以内。因此加快氢液化领域核心技术的突破，提高氢液化装备产能，是推进我国液氢产业规模化应用的重要方向。

有机液体储氢是利用不饱和有机液体化合物在催化剂的作用下进行加氢反应生成稳定的化合物，等需要氢气时，再通过脱氢反应释氢，以液态化合物的方式对氢进行存储的储氢方式。具有可常温常压下储存、安全性高、质量储氢密度高的优势，但也存在脱氢过程中反应温度较高、脱氢效率不高、氢气纯度不高（可能发生副反应）的问题。我国有机液体储氢研究已接近国际先进水平，并在交通领域展开了示范应用。

有机液体储氢的储氢密度高、易于运输、可长期稳定使用的优点，使其被认为是解决氢能储运的有效技术之一，提高低温下有机液体储氢介质的脱氢效率、改善催化剂反应性能、改善反应条件、减少副反应的发生、提高氢气纯度是有机液体储氢进一步发展的关键。

⑤ 固态储氢

固态储氢具有体积储氢密度高、能耗低、安全性好的优势，目前在氢能叉车、氢能两轮车领域已开展示范应用，其中永安行已推出采用镁基固态储氢技术续航达到 80km 的氢能两轮车，并已在江苏常州投放 1000 辆进行示范推广。现阶段，固态储氢也存在技术成熟度不足、质量储氢密度低、充放氢效率低等问题，因此提高储氢材料性能、优化储氢控制系统是未来固态储氢的重点研究方向。

从经济性方面分析，根据测算，管道输氢最具经济性，但一次性投入巨大且建设周期长。因此，现阶段仍将以长管拖车及液氢槽罐车为主要运输方式，当运距 250km 以内时，20MPa 长管拖车更具优势；超过 300km 时，则液氢槽罐车经济性更高。如果将长管拖车压力提升至 30MPa，则相较于液氢槽罐车，30MPa 长管拖车在 300km 内更具优势（见图 6–5）。

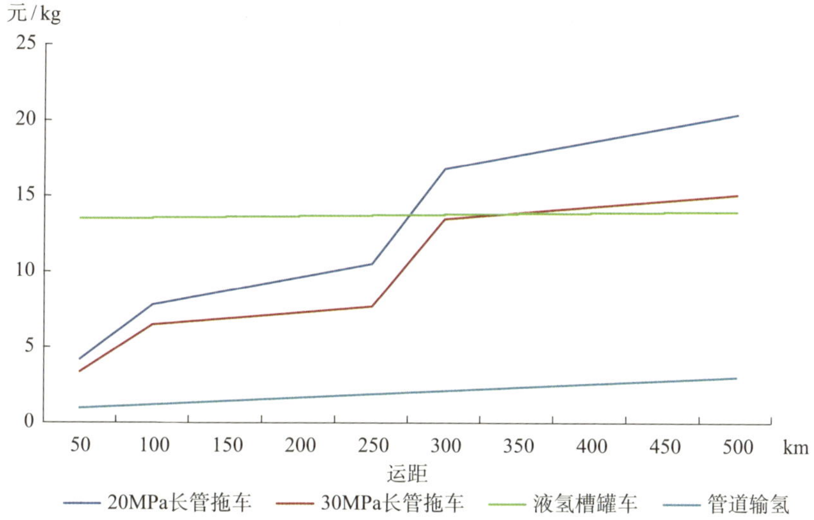

图 6–5　不同储氢方式运输成本对比

资料来源：中国产业发展促进会氢能分会统计分析

⑥ 加氢站

加氢站主要由压缩系统、储存系统、加注系统以及控制系统组成，主要设备有卸气柱、压缩机、储氢罐、加氢机、置换吹扫系统、氢气冷却器、顺序控制阀门及计量仪器组成。加氢站按氢气的来源可分为外供氢加氢站和站内制氢供氢加氢站，外供氢加氢站一般采用氢气长管拖车、液氢储罐、氢气管道的方式获得氢气来源。站内制氢供氢加氢站一般采用电解水制氢或天然气、甲醇重整制氢的方式为加氢站提供氢源。按站内氢气储存形态可分为气氢加氢站和液氢加氢站。目前，我国已累计建成加氢站 358 座，以 35MPa 的外供气氢加氢站为主，70MPa 加氢站数量仅 28 座，液氢加氢站仅有 1 座（见图 6–6）。

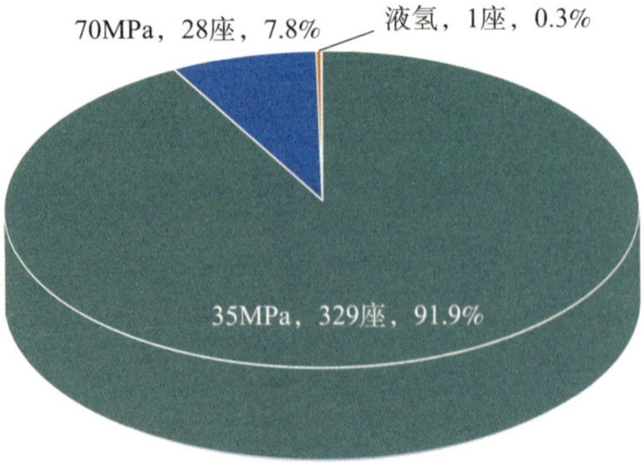

图 6-6　国内加氢站建成数量及压力等级

资料来源：中国产业发展促进会氢能分会统计

用于氢气增加的压缩机是加氢站的核心设备，成本占加氢站总建设成本的 30% 以上。目前国内加氢站常用的压缩机为隔膜式压缩机、液驱活塞式压缩机和离子液压缩机三种。其中，隔膜式压缩机和液驱活塞式压缩机主要用于储氢压力不超过 45MPa 的加氢站，离子液压缩机主要应用在储氢压力 90MPa 的加氢站。目前我国已具备 45MPa 隔膜式压缩机和液驱活塞式压缩机的自主研发制造能力，并且制造技术日趋成熟，国产压缩机在加氢站中应用比例正在逐步提高。同时，我国也已开发出 90MPa 压缩机的样机，并完成了氢气工况运行考核。但压缩机的关键部件仍需进口，与压缩机整机制造相比，关键零部件的国产化进程相对较慢。作为加氢站的另一个重要组成部分，加氢机整机开发目前已实现国产化，但加氢枪、阀门、流量计等关键部件虽已实现国产化，因性能及可靠性不足等原因，尚未推广应用，仍然依赖进口。在液氢加氢站方面，我国也在浙江平湖建成首个液氢加氢站示范项目，开始示范运营。在加氢站的运行方面，国外具备成熟的液氢和 70MPa 气态加氢站建设运营经验，而国内加氢站经验较少，尚需要经过高负荷工况下的性能和可靠性验证，并进行进一步优化。

在加氢站核心设备方面，加快国产化进程和规模化发展有助于降低加氢站建设成本，推进加氢站规模化建设。在整体设计规划方面，制加一体化加氢站无卸车环节和运输成本，可有效降低终端用气成本，突破储运环节的成本问题。因此，采用站内制氢模式以及油气氢电混合的综合能源站模式配合模块化建站将是未来的加氢站建设的发展趋势。站内制氢加氢站的模块化设计具有集成度高、布局方便、占地面积小、土建施工少、安装快捷、建站速度快等优点，同时模块化设计便于运输、吊运和管理，既适用于永久站，又适用于临时站，可加快加氢站的布局和建设速度，是未来加氢站建设的发展方向。

⑦用氢

随着《氢能产业发展中长期规划（2021—2035年）》的出台，我国氢能应用进入加速推广阶段，在交通、化工、电力、建筑及冶金等领域呈现“百花齐放”的良好发展态势（见图6-7）。

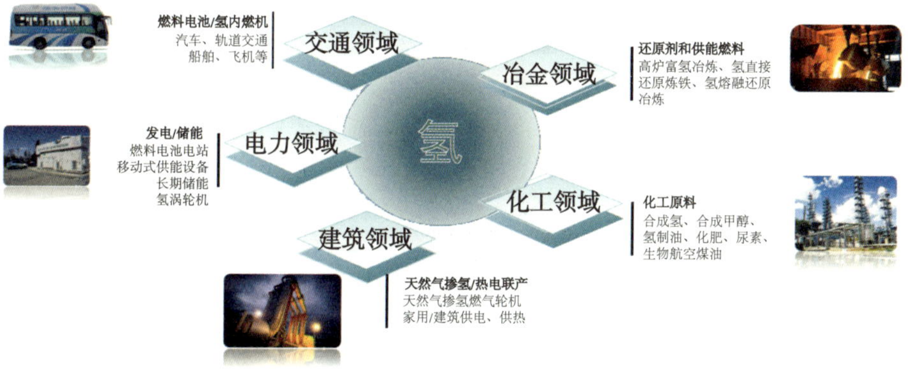

图6-7　氢能应用领域

交通领域作为我国氢能应用的先行领域发展迅速，已成为我国氢能示范应用的重点领域，各地纷纷出台了氢能发展规划，并均将交通领域作为重点示范应用场景，推动本地区氢能产业发展。在核心技术方面，我国在燃料电池车整车制造、燃料电池系统集成控制系统、电堆制造工艺、质子交换膜材料、双极板制造以及催化剂等方面均取得了长足进步，已初步具备全产业链自主研发制造能力。根据中国汽车工业协会数据，2022年全年，我国氢燃料电池车产销量分别达3626辆及

3367辆，相较2021年均实现了成倍增长。尤其是在2022年北京冬奥会期间，共投入使用816辆氢燃料电池车，首次实现大规模的成功应用，对产业的发展具有重要的象征意义和示范作用。同时，随着五部委联合发布的《关于启动燃料电池汽车示范应用工作的通知》以及氢燃料电池汽车示范城市群首批名单的公布，2025年将在五大城市群中完成3.3万辆氢燃料电池车的推广应用。2022年工信部发布的1~12批《新能源汽车推广应用推荐车型目录》中共新增63家车企289款燃料电池汽车，同比增长37.6%，且平均额定功率突破100kW，其中专用车占比38.8%，排在首位，其次分别为重卡和客车，占比分别为28.7%及25.3%（见图6-8）。

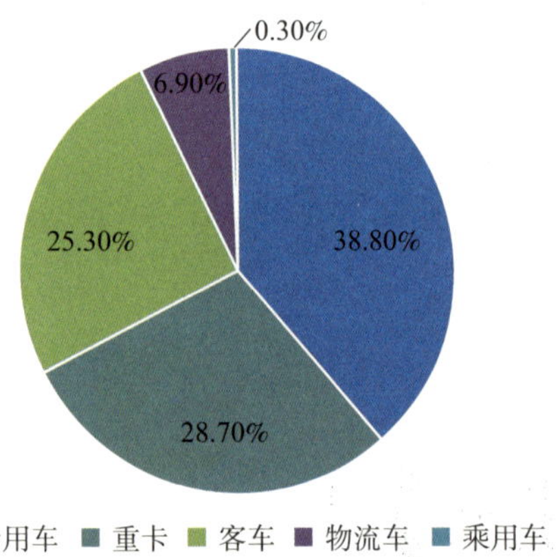

图6-8　2022年中国新增各类燃料电池车占比

资料来源：中国产业发展促进会氢能分会统计

在燃料电池车细分领域，液氢燃料电池车方面，福田汽车推出了35t级和49t级液氢燃料电池重卡，两款液氢重卡分别搭载了60kg和100kg车载液氢燃料系统，匀速满载续航可达到700km和1000km，实现了国内液氢在民用领域的突破。有机液体储氢燃料电池车方面，三环集团、武汉氢阳等联合推出了国内首款续航400km的有机液体储氢燃料电池物流车样车。固态储氢燃料电池车方面，TiMn系固态车载储氢系统已成功应用于燃料电池客车中，可实现在5MPa氢压下15分钟左右即可充满氢，已累计运行1.5万km[①]。氢燃料电池叉车作为工业车辆领域的创新性产品，凭借其零排放、加注快、耐低温、动力足、输出功率恒定等优势，开始受到仓储物流产业的重视。天津新氢动力与杭叉集团股份有限公司联合生产的3.2t氢燃料电池叉车，于2022年7月在粤港澳大湾区正式完成上牌，该款氢燃料电池叉车额定起重量为3t，搭载19.8kW电堆，储氢量1.2kg，续航6~8h。在氢助力两轮车方面，永安行推出了搭载300W固态储氢燃料电池系统，储氢量分别为18g和36g，最高续航分别为40km和80km的氢助力两轮车，并在江苏常州开始推广示范。

在化工领域，氢作为重要的化工原料，广泛应用于合成氨、合成甲醇、石油精炼等领域，但在这些化工应用中的氢依然主要采用化石燃料制作的灰氢。2022年随着大批可再生能源制氢一体化项目的落地，我国绿氢化工取得了快速发展。从化工领域用氢企业产量来看，据不完全统计，我国2022年合成氨产量约为6000万t、合成甲醇产量约8100万t，其氢气需求量分别达到约1059万t、1012万t，绿氢替代潜力巨大。其中，风光一体化绿氢合成氨项目市场关注度最高。从项目分布区域来看，主要集中在可再生资源丰富的“三北地区”，其中内蒙古多伦县风光储氢制绿氨项目规模达到60万t，赤峰风光制绿氢绿氨一体化示范项目、通辽储氢氨一体化零碳产业园、辽宁台安县新能源制氢制氨项目的规划绿氢合成氨产能也达到30万t级别。在绿氢合成甲醇方面，鄂托克旗年产33.75万t绿色合成甲醇项目也于2022年11月正式签约。

在电力领域，将氢能应用于新型电力系统中“源—网—荷—储”各环节，构成电氢耦合发展生态模式，采用电氢耦合，能够打破电网在新能源发电承载能力上的局限，使风光水等资源得到充分的开发利用，耦合不同能源形式。在电源侧，利用可再生能源绿氢制备技术，将风能、太阳能等可再生能源电力清洁高效地转换为氢，氢在电源侧与可再生能源耦合，可促进大规模可再生能源消纳，提高可再生能源利用率。在电

① 数据来源：《中国科学报》。

网侧，利用氢能跨季节、长时间的储能特性，发挥氢的储能作用，可积极参与电网调峰调频辅助服务，提高电力系统安全性、可靠性、灵活性，实现跨地域和跨季节的能源优化配置。在用户侧，通过氢燃料电池热电联供、区域电网调峰调频及建筑深度脱碳减排等应用，可扩展氢能在终端用能领域的应用范围和综合能源业务发展，推动冷—热—电—气多能融合互补，提升终端能源效率和低碳化水平。

2022 年 3 月国内首座 3kW 级“氨—氢”燃料电池发电站交付中国铁塔龙岩分公司，现已成功发电并稳定运行①。“氨—氢”燃料电池发电站具有绿色、高效、无噪声的特点，以及长续航、远程可操控的优势。通过移动分布式电源产品，可推广至数据中心、写字楼和商业中心等场所，实现安全、零碳、低成本供电。

2022 年 7 月 6 日，国内首座兆瓦级氢能综合利用示范站在安徽六安投运，标志着我国首次实现兆瓦级制氢—储氢—氢能发电的全链条技术贯通。该示范站位于安徽省六安市经济技术开发区，额定装机容量 1MW，占地面积超过 7000m^2，主要配备兆瓦级质子交换膜制氢系统、燃料电池发电系统和热电联供系统、风光可再生能源发电系统、配电综合楼等，是国内首次对具有全自主知识产权“制、储、发”氢能技术的全面验证和工程应用。

在建筑领域，氢能作为清洁能源解决建筑用能问题，通过氢燃料电池系统，将氢能转化为电能和热能；热能通过热泵可转化为冷能，配合储热（冷）水设施，用于建筑日常用电、夏季制冷和冬季取暖。2022 年 8 月 1 日，世界首个实用化和规模化零碳智慧能源中心——榆林科创新城零碳分布式智慧能源中心示范项目建成投用。该项目是世界上首个实现包含氢能在内的零碳多能源供需系统实用化和规模化的示范应用，为实现碳达峰、碳中和目标提供了新的技术路径。项目由能源站主体、制氢储氢和氢燃料电池系统、光伏发电系统、水介质储冷储热系统、浅层地

① 数据来源：福建省福州市人民政府。

热井群等组成，室内建筑面积超过 4000m^2。该项目在陕西省第十七届运动会运动员村零碳供能，供能面积达 12 万 $m^2$①。

在冶金领域，目前现有工艺为“碳冶金”，建立在以“碳”为还原剂的基础上。冶金作为工业领域中高能耗、高排放的产业，脱碳压力巨大。同时，钢铁生产又具备全流程用氢条件，包括高炉喷氢、炼钢氢气烤包、连铸坯氢气切割、热轧氢气加热、冷轧氢气热处理。采用富氢高炉、氢基竖炉等低碳冶金工艺，用氢代替碳，在有效减少碳排放的同时，还可减少煤炭中的杂质对冶炼的影响，获得高纯度铁水。

2022 年 2 月，中国宝武湛江钢铁零碳示范工厂百万吨级氢基竖炉开工建设。该项目是国内首套百万吨级氢基竖炉，也是首套集成氢气和焦炉煤气进行工业化生产的直接还原生产线，项目预计 2023 年底建成，投产后对比传统铁前全流程高炉炼铁工艺同等规模铁水产量，每年可减少二氧化碳排放 50 万 t 以上②。

⑧ 关键零部件生产技术及设备

近年来，我国在氢能领域关键零部件生产技术及设备方面均实现了国产化突破（见表 6-1、表 6-2）。其中最具代表性的就是被誉为氢燃料电池“芯片”的膜电极制造技术及自动化生产线的国产化突破。

表 6-1 氢能产业关键技术装备国产化情况

	关键技术装备	国产化情况
电解水制氢	ALK 电解水制氢装备	国产化率约 95%，国产氢气阀门与仪表性能和寿命较国外有明显差距，目前尚依赖进口。国产电解槽的核心部件中，非石棉隔膜和电极技术水平与国外有差距，电流密度与能效较国外有差距，但国内成本优势明显，目前已达到 1800 元 /kW
	PEM 电解水制氢装备	国产化率约 80%，电解槽核心部件尚未完全实现国产化，质子交换膜主要依赖进口，国内具备质子交换膜生产能力，目前正在验证阶段，但膜树脂、膜溶液等原材料多为进口。国内第二代膜电极的制造技术已比较成熟，实现对外出口，国内 PEM 电解水装备实现小规模商业化应用，但设备成本高昂，且在效率、电流密度、可靠性方面与国外差距较大

① 数据来源：人民网。

② 数据来源：中国宝武钢铁集团有限公司。

续表

	关键技术装备	国产化情况
气态储运	长管拖车用储氢瓶	国产化率约 80%，在储氢容器基础材料方面，瓶体材料、碳纤维、阀门（20MPa）已实现完成国产化研发并开始向气瓶厂批量供货，且国产替代率较高；在储氢瓶容器生产设备方面，碳纤维缠绕设备仍需进口，国产设备在自动化、缠绕速度及布线和张力控制精度等方面与国外设备仍有差距
	车载储氢气瓶	国产化率约 40%，在基础材料方面，Ⅲ型储氢气瓶的内胆材料已完成国产化替代，Ⅳ型储氢气瓶的内胆材料尚未完成国产化突破，塑料内胆材料仍被帝斯曼等国际材料巨头垄断。碳纤维制造方面国内制造商也取得了进展，并已开始国产化应用，但在性能和稳定性方面与国外略有差距。适用于 70MPa 的气瓶阀门也依然被海外品牌垄断，国内部分厂商已开发出了样品，目前仍在验证阶段。在制造设备方面，碳纤维缠绕设备与内胆成型设备仍需进口，国产设备在自动化、缠绕速度及布线和张力控制精度等方面与国外设备仍有差距
	天然气管道	管道材料已实现国产化，天然气管道掺氢已开展小规模示范，材料和应用燃气具适应性已初步得到验证。辽宁朝阳天然气管道掺氢项目已安全运行 2 年以上
	纯氢管道	国内运营 3 个项目，运营长度 110.2km，其中，管道材料已实现国产化，缺乏长距离管道运行经验、高性能临氢材料开发及运营监测手段
液氢制取	氢气液化装置	核心装备方面，低温透平膨胀机、正—仲氢转换器、低温阀门等核心设备进口依赖度高。目前国内已初步掌握核心工艺及技术，已开始进行替代验证。成套设备方面，国内已研制出 1.7t/d 液氢制取设备，其国产化率达 90%。中科富海也实现 1.5t/d 氢液化设备的全国产化。但氢液化能力大于 5t/d 的设备仍在研制中，国产设备产能与国外仍有较大差距，目前国外单台（套）液化装备产能最大可达 30t/d
液氢储运	液氢储罐	国外一般为球形，国内多为圆柱形，且蒸发率高于国外水平。液氢储罐制造技术及规模与国外差距较大，国内自主研发的储罐为 300m^3，国际上最大的储罐为 3500m^3
有机液体储运	供热脱氢装置	供热脱氢装置已实现国产化。同时，120kW 级氢气催化燃烧供热的有机液体供氢装置安装调试完成
加氢站设备	加氢机	核心零部件如加氢枪、调压阀、截止阀、流量计、氢气检测器、传感器国内已有相关产品，但一致性和耐久性尚需持续验证，市场以进口部件为主，国内仅做系统集成及加注控制软件，设备成本高
	压缩机	核心部件如压缩机机头、膜片尚依赖进口，国内主要采购 PDC 等国外企业机头，然后在国内进行系统集成，国产化率约 30%，性能上尤其是可靠性方面与国外有较大差距
	液氢泵	液氢泵完全依赖进口。国内液氢泵仍处于样机研制阶段，且出口压力仅 10MPa，国外液氢泵出口压力可达 87.5MPa，国内外技术水平差距巨大

续表

	关键技术装备	国产化情况
发电领域燃料电池系统	质子交换膜燃料电池	国产化率接近70%。电堆方面性能与国外相比仍有差距。关键材料质子交换膜树脂、催化剂、碳纸仍以进口居多。膜电极已实现国产替代并对外出口。石墨双极板国内技术水平已与国外相当，金属双极板在精细加工方面差距较大
	固体氧化物燃料电池	国内SOFC国产化率95%以上，但单电池、电堆等部件性能与国外差距十分明显，从而导致SOFC在系统层面的功率、效率、寿命等关键技术指标全面落后

资料来源：中国产业发展促进会氢能分会

表6–2　国内外氢能产业关键技术指标对比

产业链		关键技术装备	关键技术指标	国内情况	国外情况
氢制取方式	电解水制氢	ALK电解水制氢装备	电流密度	$0.3A/cm^2$@1.84V	$0.4A/cm^2$@1.8V
			成本	200~300美元/kW	380~450美元/kW
		PEM电解水制氢装备	电流密度	$1.5A/cm^2$@1.92V	$2A/cm^2$@1.8V
			成本	1500美元/kW	1800美元/kW
氢储运方式	高压气态储运	长管拖车用储氢瓶	工作压力	20MPa	52MPa
			储氢瓶型号	Ⅱ型	Ⅲ型
	液氢储运	氢气液化装置	液化能耗	15~20kW·h/kg	10~13kW·h/kg
		液氢储罐	日蒸发率	0.50%	0.30%
			容积	$300m^3$	$4732m^3$
	有机液体储运	供热脱氢装置	脱氢能耗	16~20kW·h/kg	20kW·h/kg

续表

产业链	关键技术装备	关键技术指标	国内情况	国外情况
加氢站设备	加氢机	流量范围	0.18~3.5kg/min	0.5~5.0kg/min
	压缩机	工作压力	45MPa	140MPa
交通领域燃料电池及系统	质子交换膜燃料电池	系统效率	55%~60%	60%
		单堆额定功率	240kW	140kW
		寿命	乘用车：>5000h 商用车：10000h	乘用车：>5000h 商用车：20000h
	固体氧化物燃料电池	最大功率	120kW	250kW
		最高系统效率（热电联产）	92.55%	95%
		运行寿命	—	>40000h

资料来源：中国产业发展促进会氢能分会

膜电极是电堆中氢能转化为电能的反应场所，由催化层、质子交换膜、气体扩散层、密封结构组成。其成本占电堆总成本的60%以上，且膜电极的性能直接决定了燃料电池的应用性能。膜电极技术目前已发展到第三代，第一代膜电极是气体扩散膜电极，采用热压的方式（GDE）将催化剂制备在扩散层上，该类膜电极制备工艺简单，技术成熟，但因催化剂利用率低以及催化剂层与质子交换膜之间结合较差、膜电极总体性能不高、催化剂利用率低等原因，第一代膜电极技术目前已经基本被淘汰。采用催化剂涂覆膜技术（CCM）的第二代膜电极现阶段应用最为广泛，也相对成熟，但第二代膜电极也存在铂载量高、催化剂利用率低、单位面积功率成本高的问题。造成这种现象的根本原因是催化层中反应气体、质子和水等物质在传输通道中处于无序状态。因此，美国3M公司开发出的有序化膜电极是第三代膜电极，利用催化剂和微孔层的有序化结构，大幅降低大电流密度下的传质阻力，实现高效的三相传输，进一步提高燃料电池性能。

目前，我国自主研发的第二代 CCM 型膜电极及膜电极自动化生产线，成功打破了美、日等企业的垄断，解决了燃料电池商业化的“卡脖子”问题。我国自主研发生产的 CCM 膜电极较进口膜电极有较明显的成本优势，已占据了国内大部分的市场份额，并且实现了向美国、德国、韩国等国家的出口。同时，在“用氢”环节的燃料电池领域和“制氢”端的 PEM 电解水领域，国内制造商也完成了膜电极的开发及量产，开始为国内 PEM 电解槽制造商供货。第二代膜电极的制造及铂载量、启停、冷启动和抗反极等已达到国际水平。

现阶段，膜电极的制备工艺路线尚处于验证阶段，各家膜电极供应商的工艺路线尚未统一，因此尚未形成通用标准，涂布设备等需要“定制”。这也促进了国内膜电极设备制造商的快速发展。目前，国内以隆深氢能、魔方新能源等为代表的生产及检测设备整线制造商已开始在国内供货，且价格相较进口设备有明显优势，为国产膜电极制造成本进一步降低提供了良好基础。

与 CCM 膜电极制造技术的飞速发展相比，质子交换膜、催化剂、气体扩散层等材料的国产化进度相对较慢，整体成熟度不高，目前还处于小批量试用阶段，尚未大批量导入。同时，第三代有序化膜电极的量产技术依然被美国 3M 等国际材料巨头垄断。未来在膜电极制造过程中国产材料的导入，有助于降低膜电极成本，加快膜电极商业化进程。同时，加快掌握有序化膜电极量产技术，开发有序化的催化剂颗粒分布、催化剂支撑物、质子交换膜和气体扩散层孔隙均匀分布的膜电极制备方法，提高贵金属催化剂利用率，降低燃料电池成本，并提升膜电极的使用寿命，是未来膜电极产业的发展方向。

（2）氢能领域关键材料技术水平有待提升

关键材料的技术水平是影响我国氢能领域相关产品性能的主要因素，也是氢能上下游产业规模化、商业化、多元化发展的重要制约因素。在国家和地方政策的大力支持下，越来越多的企业、高校和院所加入氢能产业链的各个环节，为我国氢能全产业链技术的突破提供了有力支撑。近年来，我国氢能产业在关键材料的研发和应用方面取得了长足进步，实现了多领域技术突破。与此同时，由于发展时间较短，因此在产品的成熟度、可靠性、稳定性以及部分性能指标方面，与国际领先水平相比仍显不足。

经过近几年的发展，质子交换膜、催化剂、气体扩散层、碳纤维等领域已取得一定成果，但综合性能与国际领先水平相比仍显不足。同时，除了实验室的材料性能及寿命检测外，更重要的是通过装车或装机实际运行验证。鼓励下游企业选择国产化材料进行替代，不断实现技术进步、提升技术水平，形成自主可控的供应链体系。

① 质子交换膜

质子交换膜是质子交换膜燃料电池的核心部件。具有阻隔阴阳两极反应物以及传导质子的作用。目前，质子交换膜主要采用磺化聚合物电解质，按含氟量可分为全氟磺酸膜、部分氟化聚合物膜、非氟聚合物膜及新型复合膜。其中，全氟磺酸膜由于其机械强度高、化学性能稳定、高湿条件下导电率高等优势得到了广泛应用，是目前商业化程度最高、应用最为成熟的质子交换膜。

目前杜邦、戈尔等海外企业仍然占据着国内质子交换膜市场的主要份额。近年来，随着国氢科技、东岳未来、绿动氢能、科润新材料等国内企业技术水平的提升，国产质子交换膜性能已达国际水平，并开始加速国产化替代进程。国产质子交换膜在五大示范城市群燃料电池汽车推广及冬奥会保障服务车辆中已实现批量应用。

在国产质子交换膜市场占有率不断提升的同时，国产质子交换膜制造商与国际先进制造商相比，在规模及产品综合性能方面仍存在差距，主要体现在制造产能及商业化应用规模小、产品耐久性及一致性相对较差等方面。此外，由于全氟质子交换膜存在高温条件下性能降低、成本高等缺点，研发高温低湿环境下仍能保持高质子电导率的复合膜以及提高无氟质子交换膜的使用寿命、降低质子交换膜成本是未来质子交换膜的主要研究方向。

② 催化剂

催化剂也是膜电极的核心部分之一，用于催化加速电极与电解质界面上的电荷转移反应。催化剂按铂含量可分为铂基催化剂、低铂催化剂、非铂催化剂。目前最成熟、商业应用最广泛的是 Pt/C 催化剂。在燃料电池铂基催化剂方面，我国已突破技术瓶颈，实现量产，但是在催化效率以及铂含量方面与国际先进水平仍有差距。以铂含量为例，丰田 Mirai 燃料电池催化剂 Pt 含量已经降低至 0.17g/kW（约 20g/ 辆）以内，国产燃料电池铂含量则仍然停留在 0.3g/kW（约 35g/ 辆）的水平（见图 6–9）。

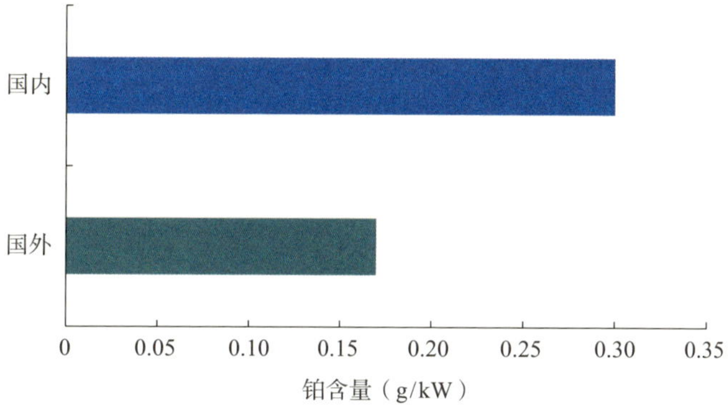

图 6–9 国内外催化剂铂含量对比

资料来源：中国产业发展促进会氢能分会

此外，铂作为贵金属，价格昂贵，且铂基催化剂存在催化性能易下降、易发生 CO 中毒等问题。因此低成本的低铂、非铂催化剂的开发以及提高催化剂稳定性是催化剂未来的发展方向。其中，在非铂催化剂中，过渡金属氮碳催化剂（M–N–C）具有比表面积大、孔径分布合理、氧化还原反应催化活性高、寿命长、抗甲醇的优势，且价格相对低廉，近年来受到了广泛关注，成为热门的研究领域，但现阶段由于这类催化剂存在制备工艺复杂且材料一致性不好等问题，仍处于研发验证阶段，未实现商业化。国内催化剂供应商在低铂、无铂催化剂的研发方面进展相对缓慢，加大低铂、无铂催化剂国产化的研发投入，简化制造工艺、提高材料一致性、降低成本，是国内催化剂供应商提高市场份额、实现“弯道超车”的重点发展方向。

③ 气体扩散层

气体扩散层按材料分类，可分为碳纤维纸、碳纤维编织布、无纺布、碳黑纸。碳纤维纸具有质量轻、表面平整、孔隙率均匀、导电性能和化学稳定性以及热稳定性优异的优点，是目前应用最广泛、最成熟的气体扩散层材料。

现阶段，我国气体扩散层仍然高度依赖进口，国内通用氢能、仁丰特材等企业已完成了气体扩散层的国产化研发，产品性能已达到国际水平，但目前多还在测试验证阶段。

未来需降低气体扩散层的厚度、减小传导阻力、提高散热性和排水性，以适应燃料电池汽车，尤其是燃料电池重卡电堆功率不断提升的发展要求。同时，提高国内气体扩散层产能、降低成本、提升成品率是打破国外企业垄断的发展方向。此外，作为气体扩散层的基础材料，从碳纤维层面实现碳纤维纸的国产化，也是国内企业打破日本东丽等海外企业垄断、提升国产化优势的重要方面。

④ 氢能阀门

氢能阀门作为氢系统中的关键控制部件，在加氢站及加氢系统、车载供氢系统、制氢系统、氢储运环节均有广泛的应用，且氢能阀门在氢能产业各个环节中的成本占比较高，尤其是在加氢站以及车载供氢系统中，各类阀门的成本占比已超过总成本的10%。我国在氢能各个应用领域的阀门仍然高度依赖进口，以加氢站为例，目前加氢站所用阀门90%左右仍然依赖进口，而70MPa车载气瓶瓶口阀方面则完全依赖进口。主要原因还是瓶口阀、减压阀、安全阀等高附加值的氢能阀门具有集成度高、密封性能要求高、工况适应范围宽的特点，因此在阀门的制造技术、材料要求及产品稳定性等方面要求高、技术难度大，且这类氢能阀门大多涉及氢在使用过程中的安全性和可靠性，因此下游客户不愿轻易尝试。

这也导致了我国氢能阀门发展相对缓慢，仍存在“卡脖子”的问题。

在氢能阀门的国产化方面。近年来，上海舜华、富瑞阀门等国内阀门公司纷纷加大氢能阀门的研发投入。目前已在35MPa车载供氢系统瓶口阀方面取得突破，并与国内气瓶制造商及主机厂展开合作，开始小批量应用。同时，对于排压阀、泄压阀这类技术难度相对较低的氢能阀门，国内厂家已开始进入规模化生产应用和国产替代阶段。但对于电磁阀、70MPa瓶口阀、安全阀等高技术含量氢能阀门，国内阀门制造商仍然处于研发和验证阶段。

因此，加快突破国产化电磁阀、70MPa瓶口阀、安全阀等高价值氢能阀门的技术和制造瓶颈，提升国产阀门的可靠性与稳定性，提高国产阀门的寿命，联合下游客户展开小批量应用验证，是国内阀门制造商突破国外市场垄断、实现氢能产业自主可控的重点工作方向。

（3）氢能领域关键部件制造工艺有待改进

① 电堆方面

电堆根据双极板类型的不同可分为石墨板电堆和金属板电堆。石墨板电堆寿命长、耐腐蚀性好，一般用于中小功率电堆。金属板电堆功率密度高，一般用于需要高功率的卡车。

目前，以国氢科技、国鸿氢能、重塑科技等为代表的电堆制造企业已实现关键核心技术的自主化，电堆性能也已基本达到国际水平。随着膜电极、双极板等电堆核心材料国产化的推进，电堆的价格也降低至2000元/kW以内。现阶段，国内电堆的性能（包括额定最大功率、功率密度等方面）已基本达到甚至超过国外水平。但与丰田、巴拉德等国际先进电堆供应商相比，国内供应商在成本控制方面仍有不足。在技术水平和材料成本相近的情况下，制造工艺水平决定了电堆的性能和生产成本。

随着国产电堆单堆功率不断突破新高，对电堆集成制造工艺水平的要求也在不断提升。在电堆密封方面，密封路径总长度已达到千米级别，因此对电堆的密封工艺提出了更高的要求。同时，随着我国燃料电池车，尤其是在重卡和工程机械领域的推广，燃料电池电堆的工作环境也日趋复杂和严苛，这也对电堆集成过程中的可靠性和稳定性提出了更高的要求。因此，进一步提升电堆集成工艺的可靠性和稳定性，优化紧固压力等工艺过程，提高电堆效率，进一步降低电堆成本，是目前国内电堆制造商的重点提升方向。

目前，在功率密度方面，丰田 Mirai 二代燃料电池汽车采用的金属板电堆单堆功率密度为 5.4kW/L，巴拉德推出的石墨板电堆单堆功率密度为 4.3kW/L。国内金属板电堆最大额定功率 240kW，功率密度也达到了 5kW/L，石墨板电堆单堆功率密度达到了 4kW/L 的水平（见图 6-10）。现阶段我国在电堆功率密度方面已经达到了国际水平，单堆最大额定功率更是达到了国际领先水平。但与此同时，我国电堆制造商应明确自身发展路线，在追求大功率、高功率密度的同时，更应充分打磨制造工艺和集成技术，提高电堆的寿命、稳定性和一致性，避免出现“虚标”的情况。

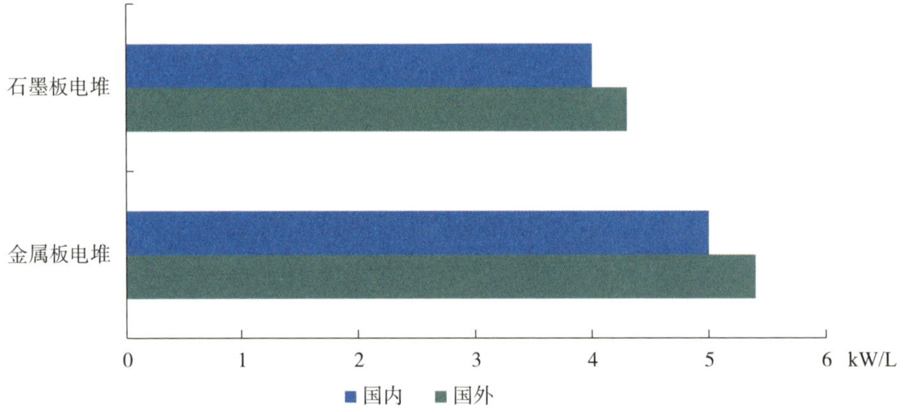

图 6-10　国内外电堆单堆功率密度对比

资料来源：中国产业发展促进会氢能分会

② 膜电极方面

膜电极作为燃料电池的“芯片”，是电堆的核心部件之一，膜电极决定了电堆的性能、寿命以及成本上限。在性能方面，目前国产膜电极已经达到国际水平，但在设计和制造工艺环节上还有较大的提升空间。薄膜制备和催化剂涂布是两个最主要的工艺环节。其中，涂布工艺是影响效率和成本的核心环节之一，涂布质量直接决定了膜电极的性能。目前国内膜电极制造商尚未形成统一的涂布工艺路线，其中卷对卷直接涂布、丝网印刷、喷涂法应用较为广泛。

提高催化剂利用率、增强催化剂与质子交换膜之间的结合力、降低铂的负载量、改善分布均匀性以及提升生产效率是涂布工艺未来的发展方向。其中，双面直涂工艺具有原材料利用率高、一致性好、生产效率高等优势，受到了众多膜电极制造商以及涂布设备制造商的广泛关注，有希望成为未来膜电极涂布的主流工艺路线。如何通过设备工艺改造和浆料配方调整有效地解决质子交换膜在溶剂作用下的溶胀起皱问题以及提高树脂和催化剂的分散性与稳定性，保证催化层厚度均匀性，是未来膜电极制造工艺改善和提升的重要方向。

③ 双极板方面

双极板是燃料电池电堆的重要组件，根据材料的不同，双极板分为金属双极板、石墨双极板和复合双极板。目前，金属双极板和石墨双极板应用较为广泛，其中，金属双极板功率高、成本低，但抗腐蚀性差、成型困难，主要应用于高功率电堆。石墨双极板导电性和导热性好、耐腐蚀、寿命长，但成本高、气密性不好、加工时间长，主要应用于低功率电堆。

目前石墨双极板和金属双极板均已实现国产化，并可批量化生产。但在双极板的雕刻加工以及涂层工艺方面与国外先进水平还存在一定差距。提高精细加工水平及稳定性，探索更有效的涂层工艺，提高双极板寿命以及适应越来越复杂的使用工况，是目前我国双极板制造商的主要提升方向。

（4）我国氢能产业发展面临的挑战

① 国产化技术缺乏应用场景验证

国内企业通过多年的技术积累和不断的探索，已在氢能多个领域实现了突破，但在国产化产品导入过程中，尤其是基础材料及核心零部件方面，缺乏下游企业的支持，下游企业对国产化产品信心不足。产品在不同工况下的稳定性和可靠性验证周期长，延缓了产业链国产化的步伐。加大政策扶持力度，推动氢能下游企业积极使用国产化技术，有助于帮助上游企业积累数据、提升产品竞争力，加快产业链国产替代速度，构建自立自强的氢能产业链体系。

② 核心专利不足，面临专利付费问题

发明专利和国际专利相对较少，核心技术领域专利落后国际水平。我国氢能领域专利公开 / 授权数量近几年呈快速增长趋势，累计数量居世界前列，但在核心专利方面，丰田、巴拉德等国际企业处于垄断地位，按照既有技术路线发展，我国将可能面临部分核心专利付费的问题（见表 6–3）。

表 6–3 燃料电池领域专利公开 / 授权情况

国家	专利公开 / 授权数量（件）	排名
日本	61005	1
中国（不含港澳台）	60129	2
美国	57863	3

资料来源：国家知识产权局（截至 2022 年 12 月 31 日）

③ 标准输出有限，国际影响较小

参与制定国际氢能标准数量有限，氢能领域标准输出不足。相对于日本、美国和欧洲等发达经济体，我国参与国际标准制定数量相对较少，在技术、安全等标准方面与发达国家存在一定差距。我国目前涉及氢能产业的现行标准 222 项，覆盖氢能安全与管理、氢能基础设施建设与运营以及氢能“制储输用”多种场景和全产业链中的各个环节，为氢能产业的健康发展起到了引导作用。但多为企标或团标，国标数量相对较少，且在标准起草制定时，大部分性能指标、技术要求以及安全指标仍然以参考国外标准为主，尚未形成完整的自主评价体系，不利于标准“出海”。

6.1.4　我国氢能产业发展的机会

（1）以市场促产业，以示范促创新

氢能的广泛应用是实现双碳目标的重要手段，在氢能产业导入期，脱碳需求将推动高耗能、高排放企业加速能源转型，增加氢能的市场需求，促进氢能产业发展。随着“燃料电池汽车示范城市群”和“氢进万家”项目的落地与推进，目前全国已具备一定规模的示范基础，示范创造的需求将推动氢能应用，促进相关技术创新迭代，加快自主创新步伐。

2021 年 4 月科技部“氢进万家”重点专项在山东稳步开展，标志着我国开始推动氢能在交通、工业、建筑等领域大规模应用。日本已推广超过 35 万套天然气重整制氢热电联产设备，具备较完善的运营经验，而我国在绿氢制取及应用、热电联产、天然气掺氢等方面仍需验证技术、积累经验。

我国重视氢能在交通领域的应用，特别是在专用车辆、重卡、客车等方面已取得一定成果，乘用车相对较少，轨道交通领域已开展示范，民航、船舶领域处于研发试验阶段。据不完全统计，截至 2022 年 12 月，我国氢能整车制造企业已达 141 家（包括乘用车、商用车、卡车、叉车、环保及工程车辆），燃料电池系统企业更是达到了 234 家（包含已具备量产能力及正在研发尚未投产的企业）。截至 2022 年 12 月，我国燃料电池出货量超过 500MW，基本能够满足我国 2025 年燃料电池汽车示范推广目标。当前国内燃料电池汽车保有量已接近 1.3 万辆[①]，其中多以重卡和城市公交为主。在公交方面，依托 2022 年北京冬奥会重要契机，我国成功完成了大规模的集中应用示范，并积累了大量运营经验。在氢能重型卡车方面，我国也已完成测试并积累了丰富的运行

① 数据来源：中国汽车工业协会。

经验和数据，步入了走出城市迈向跨省运输的新阶段。乘用车方面，长安等国内车企陆续发布了旗下的氢燃料电池汽车，但在重用车方面应用规模较小，主要是因为目前我国氢能配套基础设施尚未完善，用氢成本偏高，同时相比于国外，我国氢燃料电池车领域起步较晚，运营经验不足。

随着氢燃料电池需求规模不断扩大、电堆功率密度和电堆集成工艺水平不断提升，以及质子交换膜、催化剂等材料国产化进度不断推进，未来燃料电池系统成本将快速降低，预计 2025 年系统成本可降低至 1000 元 /kW 的水平，到 2030 年有望实现全国产化替代，系统成本将降至 500 元 /kW 水平（见图 6–11）。

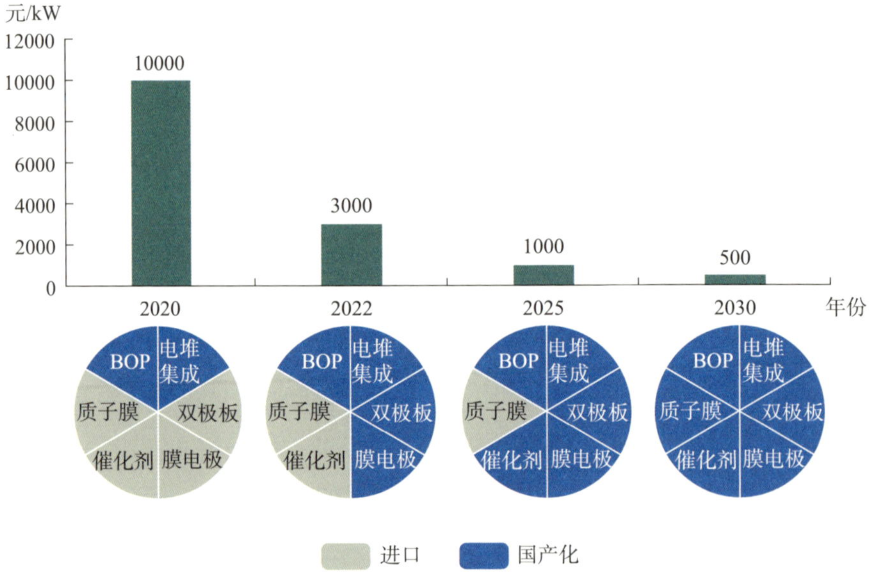

图 6–11　燃料电池系统国产化进程及成本预测

资料来源：中国产业发展促进会氢能分会统计预测

（2）依托能源企业，推动绿氢发展

随着我国大力推动能源结构转型，光伏和风电装机量快速增长。截至 2022 年 12 月，我国光伏发电装机容量约 3.9 亿 kW，同比增长 28.1%，风电装机容量约 3.7 亿 kW，同比增长 11.2%。其中 2022 年全年，我国光伏新增装机 8741 万 kW，风电新增装机 3763kW。2022 年我国风电、光伏发电量首次突破 1 万亿 kW·h，达到 1.19 万亿 kW·h，较 2021 年增加 2073 亿 kW·h，同比增长 21%，占全社会用电量的 13.8%，同比提高 2 个百分点，接近全国城乡居民生活用电量[①]。

随着我国能源企业可再生能源发电规模的快速扩大，可再生能源发电成本将进一步下降，部分地区甚至将低于化石能源发电成本，可再生能源制氢成本的持续下降为绿氢规模化应用提供了基础。另外，在海上风电制氢、核能制氢、生物质制氢及海水制氢方面，国内可拓展空间巨大，并且在关键技术和装备上已取得重大突破，开展了相关示范应用项目。在“双碳”目标的激励下，我国低碳社会将加速到来。目前绿氢的制取、应用等技术国内外已经基本处于同一起跑线，在关键材料和核心装备方面国内技术及制造水平也在快速提升，在政策的大力支持和全产业链协作创新的推动下，我国将加快实现氢能全产业链独立自主。在标准体系方面，随着我国氢能市场的不断扩大、应用经验的不断积累，同时凭借我国在绿氢领域的资源和市场优势，我国必将实现技术和标准的对外输出。

（3）推动深度脱碳，加快工业等领域的应用

根据国际能源署的统计，我国 2022 年二氧化碳排放量为 114.8 亿 t，较 2021 年下降了 2300 万 t。除了受到广泛关注的能源电力领域和交通领域外，工业领域和建筑领域也成为我国碳排放的“贡献”大户，尤其是工业领域，占比超过全国碳排放总量的 30%。因此，工业领域将是深度脱碳、推动我国实现“3060”目标的重点领域。在工业领域，化工行业和冶金行业的脱碳需求尤为迫切，目前，我国在化工行业和冶金行业的绿色低碳转型取得了可喜的进展。

---

① 数据来源：《人民日报》。

化工领域对氢气需求量巨大，主要用于合成氨、甲醇、石油化工等领域。其中合成氨和合成甲醇的氢气消费占比达到了化工行业的50%左右，且多以煤制氢或天然气制氢获得氢源。随着可再生能源制氢技术的不断进步以及电解槽等关键设备的国产化与成本持续降低，可再生能源制绿氢与化工行业耦合的步伐正在逐渐加快。2022年下半年，吉林大安风光制绿氢合成氨一体化示范项目、内蒙古鄂尔多斯10万t/a液态阳光——二氧化碳加绿氢制甲醇技术示范项目等一批绿电绿氢绿氨/绿色甲醇项目的开工建设，为我国化工行业的绿色转型按下了加速键。

在冶金领域，可使用绿氢作为烧结燃料，降低烧结工序焦粉、煤粉等高碳能源的消耗。在高炉工序方面，氢气可以作为还原剂用于高炉喷吹。同时，氢能还可以应用于直接还原和熔融还原炼铁等非高炉炼铁工艺。2022年宝武湛江钢铁零碳示范工厂百万吨级氢基竖炉工程、内蒙古包头国际氢能冶金化工产业示范区、四川安宁铁钛股份有限公司100万t氢冶金直接还原项目等一批项目的落地和开工，为我国冶金行业实现绿色低碳发展起到了积极的示范作用。

近年来，随着氢能应用的多元化发展，我国对氢能在建筑领域中应用场景的探索也在不断加深，并取得了一定的示范效果。以株洲动力谷自主创新园氢能绿色建筑示范项目为例，该项目利用燃料电池动力系统，根据建筑特殊应用环境以及对能源的具体需求，采用了分布式供能系统。通过燃料电池的电化学反应产生的电能和热能进行热电联供，为建筑物供能。这种冷热电联供的方式可同时为建筑提供冷、热、电及生活热水，能量整体利用率可达85%以上，综合供能成本低于传统的供电模式。

未来，采用屋顶光伏等分布式可再生能源制氢进行储能，利用热电联供模式为住宅、商业、工业厂房等建筑物供能，将是我国传统建筑向绿色建筑转型的发展模式。同时，在建筑领域碳排放量最高的水泥行业中，利用氢气替代煤作为熟料烧成燃料等技术的推广与示范，为水泥行业实现深度脱碳提供了“氢能”方案。

（4）合资企业增加，自主企业挑战与机遇并存

合资企业、技术引进型企业逐渐成为行业发展的主流，我国氢能领域具有世界影响力的企业数量较少。林德、液空、巴拉德、丰田、科慕等成为向我国进行技术输出的主要头部企业，在氢液化、质子交换膜和燃料电池系统等领域与本土企业合作，正在快速占据各细分领域市场份额（见表6-4）。氢能产业各环节合资企业的成立以及国外先进技术的引进，一方面挤占了本土自主研发企业的市场份额，加大了企业的自主研发压力；另一方面，国外领先企业和技术的引入，有助于本土企业借助国外先进技术及工艺实现自身核心竞争力的快速提升，快速掌握核心技术，实现全产业链自主可控。

表6-4　国外主要企业产品及技术输入情况

企业名称	国别	优势技术	国内主要合作单位
巴拉德	加拿大	燃料电池电堆	潍柴动力、国鸿氢能、碧空氢能
丰田	日本	燃料电池电堆	亿华通
科慕	美国	质子交换膜	上海河森电气
林德	德国	液氢	浙江嘉兴港区开发建设管理委员会、上海华谊
		压缩机	大连冰山集团
		绿氢技术（解决方案）	北京绿氢科技
法液空	法国	加氢站设备（加氢机）	厚普股份
康明斯	美国	电解水制氢	中国石化
西门子能源	德国	PEM电解水制氢系统	北京绿氢科技

资料来源：中国产业发展促进会氢能分会

6.2 国内外氢能产业对比分析

6.2.1 战略层面

从全球各地区的氢能产业战略来看，美国、日本从20世纪70年代开始布局，将氢能作为技术储备，最先在细分领域形成产业优势，拥有大量的技术储备和应用经验，使得美国和日本至今仍在多个关键材料和核心装备制造方面保持绝对的技术优势；德国、英国等欧洲国家迫于环境压力，在碳减排趋势下，依托自身强大的制造业基础，加速推动既有技术实现产业化；澳大利亚和加拿大资源丰富，氢能替代迫切性不高，产业链不完整，对氢经济的影响有限，目前主要倾向于氢气和技术装备出口。在政策制定和战略实施方面，欧美日韩等国家和地区通过不断修订目标，保证了政策延续性，通过竞争性项目以及严格的内部控制来选择资助对象，以保证最优秀的科研团队来承担相关课题。应依据国家氢能整体计划对各个项目的进程进行系统性跟踪，并实施定期及不定期的内部或外部评估，保证国家氢能计划的高效实施（见表6-5）。

表6-5　各国战略对比

国家	国家层面氢能战略	2030年目标	主导部门	资金投入规模	重点发展方向
德国	德国国家氢能战略	5GW绿氢项目	德国联邦经济和能源部（BMWi）	90亿欧元	70亿欧元用于绿氢产业；20亿欧元用于与其他国家建立伙伴关系
英国	英国氢能战略	5GW绿氢项目	英国商业、能源和工业战略部（BEIS）	已确定10亿英镑的投资计划	蓝氢；海上风电制氢

续表

国家	国家层面氢能战略	2030年目标	主导部门	资金投入规模	重点发展方向
美国	《美国氢能战略》《美国氢能源经济路线图》	全美氢总需求量突破1700万t，燃料电池汽车总量将达到120万辆，30万辆燃料电池叉车投入应用，4300个加氢站投入运营，年度投资总额预计达到80亿美元	美国能源部（DOE）	47.32亿美元投资预算，其中包括对氢能工业脱碳领域的投入；23亿美元投资预算用于碳捕集、氢能和太阳能光伏等相关项目	扩大成熟的应用领域（如叉车）和接近收支平衡的应用领域（如备用电源），乘用车和加氢站更新至二代产品，开始在燃气网中使用混合气体，为氢能大规模利用做准备
加拿大	《加拿大氢能战略》	燃料电池汽车进入快速应用阶段；氢气和天然气混合后应用于工业、建筑和化工生产领域，并进行商业化试点；将氢能并入电网，助力能源系统实现碳中和；氢气产量超过400万t/a，占能源总量的6.2%	跨政府部门工作组	—	结合政策手段，刺激产业投资，建立国际伙伴关系，促使加拿大成为全球领先的氢供应国，改变能源结构
日本	《氢能燃料电池战略路线图》《2050碳中和绿色增长战略》	增加氢气在发电、交通和工业等领域的应用，计划到2050年突破2000万t用量，推广1500万辆燃料电池汽车，到2030年实现30日元/Nm^3的供氢成本	日本经济产业省（METI）	METI下的新能源产业技术开发组织（NEDO）设立了2万亿日元的“绿色创新基金”，以此引导私营企业投入约15万亿日元进行研发和资本投资，还将吸引来自世界各地约3000万亿日元的ESG资金，这将为日本创造新的收入和就业机会	推动氢能发电涡轮机出口、燃料电池汽车应用和固定燃料电池研发，加快提升储氢瓶和电解槽等产品的欧洲认证水平，推动钢铁领域脱碳技术研发，推动氢液化和冷冻技术的研发

续表

国家	国家层面氢能战略	2030年目标	主导部门	资金投入规模	重点发展方向
韩国	《氢经济发展路线图》	推动氢能在移动出行、能源和化工领域的应用，计划通过研发和示范促进2030年前实现商业化和对外出口，预计到2040年推广燃料电池汽车620万辆，建设1200座以上加氢站，推动燃料电池发电应用15GW以上，建筑领域应用2.1GW以上，氢需求超过526万t/a，氢价格降到3000韩元/kg，同时推动氢燃气轮机在2035年左右开始商用发电	韩国产业、通商和资源部（MOTIE）	—	在燃料电池汽车，加氢站，氢能发电，氢气生产、存储和运输以及安全监管等方面采取措施。普及发电用燃料电池装置，开发用于大规模发电的氢燃气轮机技术，力争2030年后通过验证并启动商业化。建立海外生产基地，稳定氢气本土生产及海外进口水平
澳大利亚	《澳大利亚国家氢能战略》	在2030年，将澳大利亚打造为亚洲前三的氢能出口基地，同时在氢安全、氢经济以及氢认证方面走在全球前列，成为有国际影响力的氢能出口国，氢能项目规模达到500~1000MW	澳大利亚政府理事会（COAG）能源委员会	联邦政府注资3.7亿美元（约合24亿元人民币）设立了氢能发展基金。澳大利亚可再生能源署（ARENA）和清洁能源金融公司（CEFC）分别为氢能示范性项目提供投资和融资	建立以出口为导向的大规模氢能产业群，依托丰富的太阳能、风能、水电及土地资源大力开展可再生能源制氢，建设氢能应用领域的基础设施与研究监管机构

我国氢能在民用领域发展较晚，2022年3月出台的《氢能产业发展中长期规划（2021—2035年）》从顶层设计角度统筹规划，提出了产业发展目标和要求，但具体的支持性产业政策仍在逐步完善阶段。国家氢能

战略制定可依托国内市场规模巨大的优势，优先推动全产业链自主创新发展，加强先进技术和优势资源的引入，并合理规划布局氢能产业。各地方政府在规划和发展本地氢能产业时，也应因地制宜，发挥自身资源禀赋和产业链优势，发展各具特色的地方氢能产业链。

6.2.2　技术及研发体系

从全球各地区氢能产业的研发体系来看，技术研发由主导部门统一负责，制定以本国优势企业参与为主的课题，并形成了多部门协作机制，推动政、产、学、研、用的合作发展模式。核心技术研发方面，各国强调技术要素的优先性、技术路径与市场路径的合理结合，保证在获得技术优势的前提下，推动实现商业化应用层面的成功。研发资金投入方面，采用提供专项资金作为引导，带动社会资本投入的模式（见表 6-6）。

表 6-6　各国技术及研发体系对比

国家	研发计划	主导部门	主要参与企业	核心技术	预算规模
德国	国家氢能及燃料电池技术创新计划（NIP）	BMWi	林德、西门子、Sunfire、法液空、戴姆勒、宝马	电解水制氢 燃料电池	7 亿欧元
英国	低碳氢供应链优选项目 1 期	BEIS	ERM、ITM、Pale Blue Dot、Progressive Energy	浮式风电制氢 海上风电制氢 天然气重整制氢	3300 万英镑
美国	《氢能项目计划 2020》《H2@Scale》	DOE 国家实验室	AP、Praxair、Plug Power、Fuel Cell Energy、Bloom Energy	推进氢能和燃料电池关键核心技术突破，进一步提升电解槽和重型卡车用燃料电池性能，并降低其成本，加速其在交通运输行业中的部署进程	能源部燃料电池办公室从《氢能项目计划 2020》中获得 1.5 亿美元财政资金；未来 5 年将在“H2@Scale”计划框架下投入 1 亿美元

续表

国家	研发计划	主导部门	主要参与企业	核心技术	预算规模
加拿大	氢能战略中提出四大行动	学术界、政府实验室和私营部门实验室	巴拉德、康明斯（原水吉能）、Sask Power	可再生能源发电（用于制绿氢）、CCUS技术（用于制蓝氢）、燃料电池及汽车技术	设立研发专项资金
日本	《氢能、燃料电池技术开发战略》	NEDO	丰田汽车、本田汽车、丸红、川崎重工、三菱、岩谷产业、新日本石油、东丽、松下、日立、千代田、大阪燃气等	燃料电池汽车及燃料电池系统，氢/氨燃气轮机，膜电极、气体扩散层、液氢运输船、小型热电联产装置，充装设备组件及液氢卸载设备	项目可申请2万亿日元的绿色创新基金支持和社会资本支持
韩国	《氢经济发展路线图》	MOTIE	现代汽车、SK、浦项制铁、GS Caltex、韩华集团、晓星集团、天然气公司等	燃料电池汽车及燃料电池系统，燃料电池无人机	2021年计划投入8244亿韩元（相比2020年增加40%）用来支持氢能移动出行、氢气生产及流通基础设施、核心技术开发和氢能示范城市等
澳大利亚	“氢簇计划”	由NERA牵头的国家集群	洲际能源、CWP Global、CWP Energy Asia、维斯塔斯、麦格理	创建氢能枢纽，在运输、工业和天然气管道网络中应用氢能，并将氢能技术以提高可靠性的方式整合到澳大利亚电力系统中，打造氢能社会试点	投资185万澳元（约合879万元人民币）
中国	国家重点研发计划氢能技术重点专项	科技部	国家能源集团、国家电投、南方电网等	围绕氢能绿色制取与规模转存体系、氢能安全存储与快速输配体系、氢能便捷改质与高效动力系统及“氢进万家”综合示范进行技术研究	11.95亿元人民币（2021年7.95亿元人民币，2022年4亿元人民币）

2022年我国科技部国家重点研发计划启动实施氢能技术重点专项，围绕氢能绿色制取及规模转存体系、氢能安全存储与快速输配体系、氢能便捷改质与高效动力系统及“氢能万家”综合示范4个技术方向，发布24项指南任务，安排国拨经费4亿元。其中共性关键技术类15项，基础研究类2项，青年科学家类7项。通过重点专项实现“以推动能源革命、建设能源强国等重大需求为牵引，系统布局氢能绿色制取、安全致密储输和高效利用技术，贯通基础前瞻、共性关键、工程应用和评估规范环节，到2025年实现我国氢能技术研发水平进入国际先进行列”的总体目标。

6.2.3　示范项目及商业模式

从目前国际氢能示范情况来看，主要分为产品示范和综合项目示范两类。产品示范以燃料电池应用为主，综合项目示范以“可再生能源制氢及应用一体化”为主。如美国以燃料电池汽车示范为主，带动技术研发和产业链建设；中东、印度通过燃料电池汽车示范实现氢作为能源应用从0到1的突破；欧洲、日本和韩国则广泛开展可再生能源与氢的耦合系统应用以及氢在建筑、交通和工业领域的综合项目示范，德国的“美因茨”项目和日本“福岛氢社会”项目都是较为典型的综合示范项目。

从全球氢能产业商业模式来看，分为国家层面商业模式和企业层面商业模式。国家层面依托各国战略规划，形成产品、技术、应用模式输出及能源贸易合作等多种模式。产品、技术应用模式输出方面以美国、欧洲、日本和韩国为主，凭借其氢能技术和产业链方面先发优势，通过加大国家资金支持、推动本国示范应用、加快专利布局和抢占国际标准、建立国际合作项目等形式，掌握氢能贸易主动权，为未来持续获利奠定基础；能源贸易合作方面以中东和澳大利亚为主，这些地区拥有较强的资金实力和丰富的资源禀赋，通过与欧洲、日本和韩国等建立合作关系，实现氢能技术和产品导入与本国氢气大宗出口，借此参与全球氢能贸易合作，推动本国氢经济发展。

企业层面，在各国氢能产业战略下，企业积极探索高效、低成本和高附加值的技术路径和商业推动方案，聚焦产业链关键环节，通过建立产业联盟打通局部循环链条，形成一体化产业链优势，实现成本可控的产业发展模式。如美国从燃料电池重卡、仓储搬运业务、备用电源等应用场景出发，形成“供氢—燃料电池—燃料电池汽车—应用”的局部闭环商业模式，并主要在加利福尼亚州集中开展全产业链示范，成熟后逐步推广；加拿大主要以“战略合作 + 技术转让 + 全面解决方案”的商业模式参与全球氢能市场，巴拉德已向中国多家企业进行技术转让，水吉能已成为康明斯控股子公司；日本和韩国则以汽车企业为主要牵头单位，通过建立产业联盟，形成“需求反馈—选址—投资—建设—供氢—运营”一体化的加氢站推广模式，确保了加氢站经济性、便利性；德国氢能企业如蒂森克虏伯、林德、西门子等，均从整体经济性出发构建了“全产业链解决方案”的商业模式，依托自身核心技术，建立区域内跨行业、多方位联动的氢能网络，评估上下游配套产业经济性，以最低的成本完成氢能产业布局；中东、澳大利亚等地区企业则顺应国际减碳趋势并利用当地资源优势，聚焦于蓝氢和绿氢的生产和贸易，探索参与全球氢能源贸易的商业模式。

目前，我国氢能示范项目方面，主要以“燃料电池汽车示范应用城市群”“氢进万家”和以内蒙古为代表的三北地区“大规模风光制氢一体化项目”为主。

三北地区利用自身资源优势，在 2022 年开展了一大批大规模风光制氢一体化项目，为我国可再生能源制氢规模化应用和发展开启了快速上升通道。据不完全统计，截至 2022 年 12 月，内蒙古共有 24 个风光制氢一体化示范项目进入建设或规划阶段，投产后规划绿氢总产能超 37.27 万 t/a，投资规模突破 1110 亿元，领跑全国。

商业模式方面，国家层面的商业模式以构建氢能产业“内循环”为主，“引进来、走出去”为辅；企业层面的商业模式主要以借鉴国外案例为主，形成了政府与社会资本合作建立投资平台和运营平台的模式，开展一体化氢能项目投资和燃料电池汽车运营。国内氢能示范多以单一或少数企业牵头并在细分领域开展，如中国石化、中国石油等油气集团牵头的商用车加氢站和混合站项目，宝武、河钢等钢铁集团牵头的氢冶金项目等。我国可面向国际化发展的方向，在合适地区开展跨领域综合性的氢能示范项目，加快技术和产品验证，探索一体化的商业模式，政府可主导推动形成局部闭环的产业链联盟，加快基础设施布局和高水平技术突破。

6.2.4　标准体系

在标准体系建设方面，我国氢能产业的快速发展推动了氢能标准化体系的快速建设。目前，我国现行标准数量（包括国家标准、行业标准、团体标准）已远超其他国家，标准涉及领域也不断细化，某些细分领域标准研究已进入“无人区”（见表 6–7）。但由于我国氢能行业发展较晚、发展速度快的特点，我国在标准中的技术参数、性能指标、安全要求等方面依然大量参考和引用国外标准，缺乏适应中国氢能产业实际发展情况及应用场景需求的“中国特色”。因此在我国氢能产业标准化建设的过程中，在不断引入国际标准，参照国际标准进行产品和技术研发，实现赶超的同时，还应根据我国氢能产业的实际发展情况与应用场景需求，制定更符合我国国情及氢能发展阶段的标准，引导氢能产业发展方向。此外，在进一步建立完善我国氢能产业相关标准的同时，还应积极参与国际标准制定，为我国氢能产业技术和产品的海外输出争取更多话语权，打破垄断壁垒，实现“弯道超车”。

表 6-7 各国标准体系对比

国家	发布机构	现行标准数量	主要涉及领域
德国	德国标准化学会（DIN）、德国机械工程师协会（VDI）等	48	制氢、燃料电池、测试、氢安全
英国	英国标准部（BSI）等	43	燃料电池、燃料电池汽车、氢储运、氢安全
美国	ANSI、ASTM、AIAA、ASME、CGA、CSA、NFPA 等	147	制氢、储运、车载氢罐技术、加氢站建设、燃料电池标准及监测体系
加拿大	加拿大标准协会（CSA）等	3	储氢、燃料电池
日本	日本工业标准调查会（JAS）、日本船用装置工业会（SM）等	82	金属储氢、燃料电池技术、液氢运输和热电联产领域
韩国	韩国标准（KS）等	27	储氢、汽车及加氢站安全
澳大利亚	澳大利亚标准（AS）等	11	储氢、氢燃料、氢安全
中国	全国专业标准化技术委员会等	222	制备、储存、运输、加注、应用以及安全等领域

6.2.5 国际交流合作

在能源转型的大趋势和碳达峰、碳中和任务目标下，美国、欧盟和日本等国家和地区正在充分利用国际协调机制，发挥在 ISO、IEC 和 IMO 等组织中的主导作用，参与或主导制定国际标准，推动本国技术和机制被国际采用，加速抢占氢能及燃料电池在交通、建筑、能源、工业等领域的标准和专利高地，并利用主导地位构建氢能领域的全球合作机制，建立国际氢能贸易链。以氢能为基础的技术研发、项目建设和示范应用正成为全球氢能合作的主要内容，先发国家在技术和产品方面占有优势，后发国家成为主要产品消纳和氢供应市场。

当前我国主要在技术和产品引进方面开展国际合作，未来我国可积极参与 ISO、IEC 和 IMO 等组织活动，推动相关标准国际化，同时可发挥在“一带一路”、RCEP、“17+1”合作、亚太经合组织以及上海合作组织中的主导作用，拓宽氢能产业贸易市场，推进国际合作，全力打造我国氢能外循环价值链。

6.2.6 总结

国外氢能产业发展较早，政策体系、技术研发体系、标准体系、商业模式等方面相对成熟，国外企业在氢能细分领域的设备和技术等方面具备绝对优势。

我国氢能产业处于发展初期，市场规模小，应用时间短，研发投入不足，技术、材料、制造、人才、政策方面仍有短板，产业链企业参与研发创新积极性有待进一步提高，社会支撑服务体系尚未完善。氢能应用领域发展不均衡，交通、电力、化工等热门领域发展较快，建筑、医疗、民用航空等领域发展相对较慢。产业链发展存在下游产品和应用端快速发展、中游制造端加快跟进、上游材料端相对滞后的情况，导致我国在膜电极、储氢瓶、阀门、仪表等的基础材料方面依然存在"卡脖子"的问题，在制造水平以及制造工艺稳定性等方面与国外仍有差距。同时，新兴产业缺少应有的政策法规支持，部分环节的标准体系尚未建立，社会公众对氢能的认识还需要提高，我国氢能产业技术整体处于追赶国际水平阶段。

针对我国氢能产业发展情况，应充分发挥产业基础雄厚和应用场景丰富的优势，抓住发展机遇，促进氢能产业链整体技术水平提升。在传统能源企业的带动下，加快可再生能源制氢布局，推动绿氢产业发展，拓展绿氢应用领域，加速传统产业深度脱碳进程，通过示范实现技术创新和迭代，通过奖补推动自主技术应用。推动全产业链快速发展，形成稳定的市场需求，加快推动标准创新和标准输出，增加我国氢能领域国际话语权，实现氢能领域的全面赶超。

6.3 我国氢能技术与产业发展建议

2022 年，我国氢能产业发展按下"快进键"。随着国家发展改革委和国家能源局联合印发的《氢能产业发展中长期规划（2021—2035年）》、国家重点研发计划“氢能技术”重点专项等政策相继出台，以及五大燃料电池汽车示范应用城市群、“氢进万家”、能源大基地等项目的开展，我国在氢能低碳制取、安全经济储运和高效利用等环节的关键技术均取得突破，产业自主可控程度明显提升。在应用方面，随着燃料电池汽车示范城市群示范推广项目的启动，推动了我国燃料电池汽车的加快普及以及基础设施建设的快速完善。同时，氢能在化工、钢铁等“难以深度脱碳领域”的应用，也得到了更多的重视和发展。为更好地推动氢能产业发展，提出以下几方面建议：

（1）加强氢能产业战略研究，细化氢能发展路径

我国已将氢能写入《政府工作报告》，国家能源局发布的《中华人民共和国能源法（征求意见稿）》将氢能划入了能源种类。2021年10月国务院印发《2030年前碳达峰行动方案》进一步明确了氢在实现碳达峰中的作用和氢能发展方向。2022年3月，国家发展改革委、国家能源局出台的《氢能产业发展中长期规划（2021—2035年）》确立了氢能是未来国家能源体系的重要组成部分，是用能终端实现绿色低碳转型的重要载体，是战略性新兴产业和未来产业重点发展方向，并制定了氢能产业的发展目标和重点任务。2022年6月，国家发改委、国家能源局等9部门联合印发的《“十四五”可再生能源发展规划》对可再生能源大规模、高比例、市场化、高质量发展提出了目标和要求。

建议立足氢能在我国能源体系中的战略地位，加快适应氢能产业快速发展的需求，研究将氢能在部分领域和场景的管理纳入能源管理范畴，而不仅是按危险化学品管理，如在交通领域作为燃料管理，以及放宽制加氢一体站的区位要求等；扩展氢能应用示范城市群范围及示范领域，鼓励跨省市跨区域的产业联合和示范应用，利用不同地区的资源和产业优势打造“氢能联合体”，促进氢能产业打破区域限制，实现跨地域联合发展；进一步细化和明确氢能在各个领域的应用和发展目标，推动氢能成为国家能源战略的重要组成部分，制定各领域详细的氢能产业发展实施路线图，重点规划基于实现氢能与工业、电力、建筑、交通行业深度融合的安全高效、低碳、可持续发展的氢能供给网络与应用场景，同时适当增加可再生能源制氢、储运氢环节的经济性目标，引导产业各环节加快平价化发展，分阶段降低终端用氢成本，提升企业转型主动性；进一步明确“绿氢”评价标准，确立绿氢发展原则，推动以奖代补，提高产业绿氢替代积极性和主动性，大力推广“制储输用”一体化项目，拓展应用场景，鼓励就地、就近消纳，将发展绿色氢能与我国建设现代经济体系的重大部署紧密结合，实现产业高起点开局、高质量实施、可持续发展。

（2）建立健全产业政策、安全监管及技术标准体系

出台安全评价等关键审批事项自上而下的管理办法与技术论证方案，建立氢能项目“安全绿色”的审批通道，明确氢能项目的经济性评价准则，规范项目验收标准。加快健全我国氢能标准体系，进一步完善氢能设计、建设与验收等相关标准；立足我国国情，适时推出符合我国氢能产业不同发展阶段以及实际应用场景的技术标准和安全监察规范；加强基础材料的标准化研究，进一步规范统一产品类型及测试标准，避免差异化评价造成市场混乱；参照充电设施，尽快出台将加氢站纳入城市建设及跨省高速、省国道建设规划的指导意见；加快建立第三方检测认证机制；逐步建立健全产业准入与退出机制、氢能装备质量追溯体系、企业质量安全评价体系、责任延伸制度，与补贴政策、金融支持相挂钩；探索建立基于信息化技术的氢能安全监管平台；分类指导、稳步推进取消电解水制氢站选址受化工园区限制；加强氢能科普宣传，构建良好的产业发展氛围，吸引更多社会资源。

（3）构建清洁化、低碳化的氢能供应体系

秉承“绿氢为目标，蓝氢为过渡，灰氢不可取”的原则，构建清洁化、低碳化的氢能供应体系，明确近、中、远期各阶段的发展重点，制定切实可行的行动方案。近期，基于经济、技术和环境的现状条件，应重点利用工业副产氢并鼓励可再生能源制氢，发展高压气态储运、液态储运、固态储氢与管道输氢等关键氢气储运技术，鼓励不同模式加氢站、加氢制氢一体站的发展并给予政策支持。中远期，重点发展大规模的可再生能源制氢并结合管道输氢技术，鼓励先进技术的示范应用。

强化能源和环境政策监管，倒逼传统灰氢向蓝氢、绿氢转型。将氢能与碳排放权交易结合，为相关企业设立适当碳减排目标，引导行业逐渐减少碳排放。

（4）建立氢能关键技术攻关与核心装备自主化的长效机制

在氢能发展初期，积极引进氢能产业相关的国际先进技术，培育氢能领域的国际先进人才，建立国际合作与创新平台，鼓励实施氢能源国际大科学计划和大工程，实现技术引进吸收再创新，为国内长期有序高效发展打下坚实基础；依托行业骨干企业、科研机构和高校，联合组建国家级工程技术中心、国家实验室、国家制造创新中心等平台，共同开展氢能关键技术攻关，建立氢能知识产权共享机制，高效共享闲置和分散的知识产权资源，最大化地实现资源价值；建立国家级共享实验平台与联合示范区，为国内氢能企业提供研发资源及技术应用测试场景；加大国家及各地重点研发计划对氢能关键技术及装备国产化的支持力度；支持在具备条件的地区设立自主创新氢能产业示范区，利用已有优势加快产业聚集，布局一批具有引领作用的重大氢能示范工程；建立省级、国家级产学研用平台，鼓励企业发布课题需求、高校和院所发布研究成果，促进产业链与创新链深度融合。

（5）加强氢能专利保护

从全球范围的氢能专利布局看，大量核心专利掌握在美国、日本等国的大型企业手中。国外专利申请者多为实力雄厚的跨国企业，在行业内具有绝对的领先技术优势和资本优势，具有很强的专利保护意识和清晰的国际专利布局战略意图。而国内专利申请者多为高校和科研院所，成果转化能力相对薄弱，且专利保护意识不足，目前国际专利申请数量较少，不利于未来国际市场竞争与拓展。

针对以上情况，应加强企业、高校的专利保护意识，提升参与国际市场的核心竞争力，关注产业链上下游技术发展，做好相关领域国际专利申请和布局，提升竞争优势；加强高校与传统产业优势企业的合作，结合各方优势，促进核心技术的研发与应用，通过专利许可、专利转让等形式，尽快实现技术创新成果的市场价值最大化。

（6）加大对氢能全产业链的补贴政策及金融支持力度

制定产业链各环节项目基准收益等投资论证的科学决策依据，坚持市场主导与政策驱动并行，加强宏观质量调控，逐步建立科学合理的产业补贴政策与退坡机制；研究将氢气增值税降至与天然气同档税率，并享受增值税即征即退 50% 优惠政策；将加氢站、氢气管网纳入国家重点扶持的公共基础设施，享受企业所得税“三免三减半”政策；拓宽产业投融资渠道，鼓励建设政府金融平台与社会资本加入的多元化投资体系，支持各地设立氢能产业发展专项基金；支持各地给予前沿性氢能设施装备制造、率先采用国家科技专项成果的储运及加氢项目资金奖励、风险补偿与融资贴息等支持；建议将氢能列入国家绿色基金及投资管理体系，建立相应的资金和担保机制，扩大碳市场的行业范围，提高氢能的“绿色附加值”，提升清洁能源产品的市场竞争力，引导社会资本进入氢相关领域，重点解决氢能产业的投资问题，破除“先有鸡还是先有蛋”的困境。

（7）打造全方位的氢能产业生态圈

围绕氢能全生命周期的科学发展，构建全方位的氢能产业生态圈。积极探索炼化、钢铁、建筑、交通等重点行业内的脱碳机会，并通过创新刺激需求；同时鼓励在能源生产和工艺流程转型过程中逐步加大以蓝氢或绿氢作为燃料和原料的占比，为实现低碳氢的广泛应用奠定基础。在政府指导下，加强市场力量的跨界合作。从全生命周期角度，挖掘氢能在各个领域的发展潜力，鼓励市场资本要有前瞻性的投资策略，正确看待市场风险。

动员全社会的力量参与氢能发展和建设，加强对公众的积极引导、教育和宣传等。借鉴国际先进经验，深化氢能安全生产和使用的社会宣传工作，向民众普及氢能相关知识。

中国产业发展促进会氢能分会
简　介

中国产业发展促进会于2006年1月成立，是国家发展改革委为贯彻党的十六大关于加快培育和建设具有社会服务功能和社会监督职责的中介机构的精神，推进国民经济重要产业发展战略和规划决策科学化、促进产业发展，经国务院批准，在民政部审核登记注册，由境内外从事中国产业发展和产业政策研究工作的机构、团体和境内各类具有行业影响力的大型企业自愿组成的全国性联合组织。促进会有会员企业单位500余家，涵盖能源、化工、材料、机械、建筑、信息技术等多个行业。

为全面贯彻习近平总书记关于能源工作的重要指示，补齐产业短板、调整能源结构，推动我国能源安全战略的落地，支撑国家发展改革委、国家能源局及有关部委氢能相关工作，中国产业发展促进会氢能分会（简称氢促会）于2020年8月正式挂牌成立。

氢促会是由积极投身氢能事业、从事氢能全产业技术研究开发、生产制造、应用服务的企业及相关机构自愿组成的非营利性社会团体，拥有清华大学、中国石油大学、上海交通大学、同济大学、西安交通大学、华北电力大学、加拿大滑铁卢大学等17所合作高校和180余家覆盖氢能全产业链的国内外重点会员企业。成员单位包括：中国石化、国家电投、中国能建、中国电建、京能集团、水电总院、三峡资本、中船重工、中国寰球、中车时代、航天科技、中远海运、中材科技、中集安瑞科、金山股份、金开新能、伊泰集团、亿利集团、山高新能源、冀中能源、新奥燃气、隆基氢能、晶科电力、阳光氢能、特变电工、海泰新能、上海电气、明阳智能、三一重能、天润新能、远景能源、东风汽车、宇通集团、北汽福田、北奔重汽、国鸿氢能、重塑科技、海卓科技、天津大陆、海德利森、康普锐斯、氢能效率、舜华新能源、中电丰业、天海氢能、洺源科技、中科富海、维纳氢能、西部材料、保时来、英特利、黄河三角洲产业园、通达电磁能、中国氢能、盈锐氢能、中智天工以及法液空、林德、空气产品、康明斯、西门子、蒂森克虏伯、普顿、沙特阿美、壳牌、BP、必维、TUV南德、落基山研究所等。

氢促会以国家产业政策为指导，以市场为导向，本着“为政府决策服务，为产业发展服务”的理念，向国家有关部门建言献策；以企业为主体，搭建产、学、研、用的平台，积极支持国家氢能战略规划及路线图的制定，参与国家氢能专项课题的研究，提升会员企业的研究开发、生产制造、集成应用和服务水平，促进国际交流与合作，组织相关标准的制定和完善，提升氢能产业与技术的应用水平，完善我国氢能行业产业链，同时做好推广宣传，促进我国氢能产业的健康发展，不断增强中国氢能产业的竞争力。

国家电投集团黄河上游水电开发有限责任公司
简　介

国家电力投资集团有限公司（简称“国家电投”）是中央直接管理的特大型国有重要骨干企业，肩负保障国家能源安全的重要使命。是我国唯一同时负责牵头实施两个国家科技重大专项和一个国家专项任务的央企；是我国第一家拥有光伏发电、风电、核电、水电、煤电、气电、生物质发电等全部发电类型的能源企业；是全球最大的光伏发电企业、新能源发电企业和清洁能源发电企业。

黄河上游水电开发有限责任公司是国家电力投资集团有限公司控股的大型综合性能源企业。目前主要从事电站的开发建设与生产运营管理；硅产品和太阳能发电设备的生产销售；电解铝、铝合金及铝型材的生产销售；矿产资源开发等业务。电力总装机 2843.86 万千瓦，清洁能源占比 90.8%。拥有水电站 18 座，总装机容量 1154.24 万千瓦。已形成新能源装机规模 1427.62 万千瓦，其中光伏装机 933.61 万千瓦，风电装机 494.01 万千瓦；在青海西宁建成年产 3300 吨电子级多晶硅、1.2 亿片硅片、60 万吨电解铝和 30 万吨炭素项目；在西安、西宁两地建成年产太阳能电池 1100 兆瓦及组件 625 兆瓦生产线。

黄河上游水电开发有限责任公司积极推进绿氢等新兴产业项目孵化，储备优质项目资源。牵头对接落实中国—沙特可再生能源合作谅解备忘录落地，推动国家电投与沙特能源企业 ACWA Power 签署绿色能源产业投资合作谅解备忘录并纳入中沙联合声明，参与国家能源局中国—阿盟清洁能源合作中心、氢能发展联盟组建，在国内外积极寻找可再生能源制氢以及下游氨醇油等绿电转化项目，正在推进青海省内以及阿联酋、阿曼、摩洛哥、埃及等国别的绿氢（绿氨）项目，积极构建光伏产业、绿氢、金融等合作“生态圈”，持续提升全球绿氢项目资源整合能力和国际化发展能力。